Martin Wehrle   Die Geheimnisse der Chefs

Martin Wehrle

Die Geheimnisse der Chefs

So bekommen Sie Ihren Vorgesetzten in den Griff

orell füssli Verlag AG

© 2012 Orell Füssli Verlag AG, Zürich
www.ofv.ch
Alle Rechte vorbehalten

Dieses Werk ist urheberrechtlich geschützt. Dadurch begründete Rechte, insbesondere der Übersetzung, des Nachdrucks, des Vortrags, der Entnahme von Abbildungen und Tabellen, der Funksendung, der Mikroverfilmung oder der Vervielfältigung auf andern Wegen und der Speicherung in Datenverarbeitungsanlagen, bleiben, auch bei nur auszugsweiser Verwertung, vorbehalten. Vervielfältigungen des Werkes oder von Teilen des Werkes sind auch im Einzelfall nur in den Grenzen der gesetzlichen Bestimmungen des Urheberrechtsgesetzes in der jeweils geltenden Fassung zulässig. Sie sind grundsätzlich vergütungspflichtig.

Umschlaggestaltung: Hauptmann & Kompanie Werbeagentur, Zürich, unter Verwendung einer Illustration von Tatjana Hauptmann
Druck: fgb • freiburger graphische betriebe, Freiburg

ISBN 978-3-280-05445-0

Bibliografische Information der Deutschen Nationalbibliothek:
Die Deutsche Nationalbibliothek verzeichnet diese Publikation in der Deutschen Nationalbibliografie; detaillierte bibliografische Daten sind im Internet über http://dnb.d-nb.de abrufbar.

Inhalt

Einführung 11

Teil 1: Der Chef als solcher

Chef-Werdung: Wie die Jungfrau zum Kinde 16
Ihr Chef, die ungelernte Führungskraft 16
Denn sie wissen nicht, was sie tun! 18
Vom Höhenflug der Flügellahmen 20
Deshalb haben neue Chefs die Hosen voll 23
Don Quichotte gegen den Vorgänger 26

Chef-Schicksal: gut bezahlt – arm dran! 31
Mächtig einsam, Ihr Chef! 31
Und keinem macht er's recht 32
Chefs sind frei? Wie Vögel im Käfig! 34
Störfeuer frei! 36
Dem schwachen Chef ein Todesstoß? 38
Lean Management – Killer der Bosse 40
Weiß doch jeder – außer dem Chef 42
Die Angst des Chefs vor dem Mitarbeiter 44
CHEF-TÜV: Ist Ihr Chef ein armer Hund? 45

Chef-Antrieb: Spiele im Ego-Land 49
Die Kindheit eines Chefs 49
Die Firma ist ja so egal! 50

Wer bietet einen Judaslohn?........................ 52
Chef-Meeting: Und die Krähen hacken doch!........ 54
Was der Boss verdient? Bestimmen Sie!............ 56
Verhängnisvolle Gier.............................. 58

Teil 2: **Der Chef als Führer**

**Das Führungsdilemma: Und führe uns …
aber wie?**..................................... 62
Zuckerbrot oder Peitsche........................ 62
Die Wahrheit über «Management by …».......... 64
Der Oberboss bläst den Marsch................... 67
Wann führt Ihr Chef eigentlich?................. 68
Wann führt Ihr Chef eigentlich?................. 69
Mach dich überflüssig, Boss!.................... 70
Wie man in den Wald ruft 72
Maßlose Kritik 74
Die gute Laune macht's!........................ 76

**Der Möhren-Trick: Wie Chefs motivieren –
und auch sonst schwindeln!**................... 79
Motiviert und angeschmiert..................... 79
Chef-Päpste: Maslow und Herzberg............... 81
Hilfe, ein Motivationsprogamm!.................. 84
Gäule und Rennpferde 85
Ins Krankenbett motiviert...................... 87
Lob als Falschgeld 88
Abschreckendes Vorbild......................... 90
Die Trickkiste des Motivators 92
Chef-TÜV: Motiviert Ihr Chef mit faulen Tricks?.... 95

**Feinde, Freunde, Alpha-Tiere:
Wen Bosse fördern – wen sie feuern**........... 99
Hier spukt der Teamgeist....................... 99
Den Fleißigen beißen die Hunde................. 101

Warum duzen wir uns nicht?	103
Chefsache Mobbing.	104
Wen Ihr Chef feuert	107
Vom Höhenflug der Chefsekretärin	109
Wen Ihr Chef fördert.	111

Teil 3: Der Chef als schräger Typ

Dichtung und Wahrheit:

Ihr Chef auf der Kanonenkugel	116
Schwindeln ist ja so bequem	116
Falsches Zeugnis	117
Lügendetektor: So durchschauen Sie Ihren Chef!.	119
Die Hitliste der Chef-Lügen	121

Spleens und Schwächen:

Normal sein. Oder Chef sein.	129
Wer repariert den Chef?.	129
Mängelliste	131

Chef-Typen: Brüller & Co..	140
Von Raubkatzen und Schildkröten	140
Superstar: «Ich bin der Größte!».	142
Prinzipienreiter: «So geht's – und nicht anders!»	145
Nichtskönner: «Ach wie gut, dass niemand weiß…».	147
Bremsklotz: «Erst mal abwarten …»	150
Kreativer Chaot: «Hurra, eine neue Idee!»	153
Brüller: «Was fällt Ihnen ein!»	156
Erbsenzähler: «Was zählt, sind Zahlen!»	160
Big Daddy: «Meine Erfahrung sagt mir …»	163
Chef-TÜV: Was für ein Typ ist Ihr Chef?	166

Teil 4: Der Chef als Verhandlungspartner

Chef-Rhetorik: Auftritt mit Theaterdonner 174
Akteur im Rollenspiel 174
Die rhetorischen Pfeile – das Gegengift 176
Und wenn Ihnen die Worte fehlen? 181
Körpersprache: Von Chef-Gesten und Bücklingen. ... 182

Mitarbeitergespräch: Karriere im Visier 185
Verordnete Heuchelei – Ihre Chance! 185
Zeitdistanz: Sprint oder Marathon? 187
Fragebogen: Hier benoten Sie sich selbst! 189
Ihr erstes Wort – Stolperstein oder Sprungbrett! 191
Warum Chefs schwammige Ziele lieben 193
Beförderung & Co.: Sahnehäubchen des
Mitarbeitergesprächs 195
Dornröschen-Kuss: Wie kritisiere ich meinen Chef? .. 198
Im Kreuzfeuer der Chefkritik 200

Gehaltsverhandlung: Mehr Geld – so geht's! 202
Bosse, die knurren, geizen nicht. 202
Eigenlob macht reich. 203
So finden Sie Ihren Marktwert heraus 205
Chef in Spendierlaune – aber wann? 207
Drei Ziele für ein Ja-Wort 208
Prämie & Co.: Seitenwege zum Top-Verdienst. 210
Stumpf-Argumente: So treiben Sie Ihren Chef
auf die Palme. 212
Trumpf-Argumente: So treiben Sie Ihr Gehalt
nach oben 214
Unwilliger Chef: So kriegen Sie ihn rum! 219

Vorstellungsgespräch: Endspurt zum Traumjob 224
Die Angst des Chefs vorm Interview 224
Das Märchen von der Offenheit 225

Gespanntes Publikum – Sie spielen die Hauptrolle ...	227
Wenn Dilettanten Sie befragen	229
Vorstellungsgespräch: Reise nach Fahrplan	230
Profil zeigen – aber richtig!	232
Von der Kunst, zwei Chefs zu überzeugen	235
Der Chef auf Lügenjagd	238
Die gefährlichsten Fragen – die besten Antworten	241
Gehaltsrakete: So starten Sie durch!	245
CHEF-TÜV: Verhandelt Ihr Chef skrupellos?	247
Traumberuf: Karrierecoach	252
Weiterführende Literatur	253
Über den Autor	254

Einführung

Überall, wo Chefs regieren, schütteln Mitarbeiter die Köpfe. Geld fließt in Schnapsideen, Nieten werden befördert, Gehaltswünsche abgelehnt, Geschäftszahlen verheimlicht. Was Chefs beim Motivieren sagen, ist nicht so gemeint. Was sie im Zeugnis meinen, ist nicht so gesagt. Und abends gehen sie immer zuletzt, auch wenn ihre Arbeit um 15 Uhr bereits getan ist.

Stöhnen auch Sie manchmal über Ihren Chef? Gibt er Ihnen Rätsel auf? Kann es sein, dass Sie ihn für «eigenwillig», «schwer berechenbar» oder gar für eine «Naturkatastrophe» halten — je nachdem, wie oft er Sie schon vor den Kopf gestoßen hat?

Die gute Nachricht: Sie können Ihren Chef sehr wohl berechnen! Und zwar so perfekt, dass er nach *Ihrer* Pfeife tanzt. Sie müssen nur wissen, was in seinem Kopf vorgeht; denn Chefs ticken anders. Mein Bericht ist brisant. Ich schreibe, wenn Sie so wollen, als Spion von der Front. Lange war ich selber Vorgesetzter, zuletzt in einem Großkonzern. Jetzt plaudere ich aus dem Nähkästchen und decke die Geheimnisse der Chefs auf.

Wenn Sie wissen, wie Ihr Chef tickt, haben Sie leichtes Spiel: Sie werden Ihre Interessen besser durchsetzen, ob im Alltag oder in Verhandlungen. Sie werden Ausreden durchschauen, Entscheidungen vorhersehen, Fettnäpfchen meiden.

Im **ersten Teil** des Buches («Der Chef als solcher») erleben Sie die «Chef-Werdung». Warum startet Ihr Chef als «ungelernte Führungskraft»? Warum zittert er vor seinen Mitarbeitern*? Warum erfährt er Gerüchte immer als Letzter?

Sie bekommen Rezepte an die Hand, wie Sie gerade eigennützige Vorgesetzte für sich gewinnen. Es gilt der Grundsatz: Ihr Chef ist Egoist – helfen Sie ihm!

Im **zweiten Teil** («Der Chef als Führer») warne ich Sie vor faulen Führungstechniken, lasse Sie in die «Trickkiste des Motivators» blicken und verrate Ihnen, warum Ihr Chef (vielleicht) zu maßloser Kritik neigt – und wie Sie reagieren können.

Außerdem geht es ums Team: Wen fördert der Chef, wen feuert er? Warum braucht er Alpha-Tiere, hasst Querulanten, mobbt Schwache und macht oft Trottel zum eigenen Stellvertreter? Ich gebe Ihnen Ratschläge, wie Sie sich clever positionieren.

Im **dritten Teil** («Der Chef als schräger Typ») können Sie Ihrem Chef mit einem «Lügendetektor» auf den Zahn fühlen. Ich decke die «Spleens» der Vorgesetzten auf. Warum brüllt Chef A, wenn es absolut keinen Grund gibt? Warum kann Chef B nicht kritisieren, obwohl es allen Grund gäbe? Warum rechnet Chef C die Spesen bis auf den letzten Cent nach?

Ein Kabinett der Cheftypen gibt mit spitzer Feder die Artenvielfalt in der Führungsetage wieder – inklusive «Bedienungsanleitung», wie Sie die einzelnen Typen zähmen können.

Im **vierten Teil** geht es ans Eingemachte: Sie begegnen dem «Chef als Verhandlungspartner». Zunächst warne ich Sie vor der «Chef-Rhetorik»: Mit welchen Tricks müssen Sie in einer Verhandlung rechnen – wie kontern Sie am besten?

Dann mache ich Sie fit für die drei wichtigsten Verhandlungen. Ich verrate Ihnen, warum die meisten Chefs nicht viel von *Mitarbeitergesprächen* halten – und wie Sie gerade davon profitieren und nach oben durchstarten können. Ich erkläre Ihnen, wie Sie in der Gehaltsverhandlung Ihren Chef nicht auf die Palme, sondern Ihr

---

* Meine Leserinnen (und auch die Chefinnen!) mögen mir verzeihen, dass ich meist die männliche Form verwende. Natürlich sind Sie als Frau genauso gemeint! Nur dem Lesefluss zuliebe habe ich auf Kunstwörter wie «Mitarbeiter/-innen» verzichtet.

Einkommen nach oben treiben – auch gegen (scheinbar) erbitterten Widerstand. Und ich mache Ihnen klar, mit welchen Tricks Sie im *Vorstellungsgespräch* aufs Eis gelockt werden sollen – und wie Sie, statt einzubrechen, durch rhetorische Pirouetten Ihren Traumjob an Land ziehen. In «Die Geheimnisse der Chefs» lesen Sie die Gedanken eines Vorgesetzten, der alle möglichen Macken und Mängel hat. Ein idealer Sparringspartner! Ich garantiere: Wenn Sie ihn zu nehmen und zu überzeugen wissen, laufen Sie bei Ihrem Chef offene Türen ein!

Viele Chefs führen ihr Auto besser als ihre Mitarbeiter. Kein Wunder, das eine haben sie gelernt, das andere nicht. Dieses Buch zeigt Ihnen, wie Ihr Chef wirklich tickt und wie Sie ihn geschickt steuern, um Zusammenstöße zu vermeiden. Jede Enthüllung geht dabei mit ganz konkreten Ratschlägen einher: Wenn Sie Karriere machen wollen, erfahren Sie, wie Sie Ihren Chef als Aufstiegshelfer gewinnen, und wenn Sie mit Ihrem Vorgesetzten auf Kriegsfuß stehen – laut Umfragen jeder Dritte –, werden Sie sicher aus der Krise geführt.

Außerdem erfahren Sie:
- welche versteckten Abhängigkeiten und Motive das Verhalten Ihres Vorgesetzten beeinflussen,
- wie Sie manipulative Führung durchschauen und als Chance nutzen,
- wie Sie die einzelnen Chef-Typen zähmen und für sich gewinnen können,
- die Grundlagen der «Chef-Rhetorik» und wie man am besten damit umgeht.

Ein Spionagebericht aus der Chefetage voll brisanter Informationen, locker und humorvoll geschrieben.

Teil 1: **Der Chef als solcher**

Chef-Werdung: Wie die Jungfrau zum Kinde

Darf ich mich vorstellen? Hier schreibt Ihr Chef! Ich kann Sie befördern, wenn ich will. Ich kann Ihr Gehalt erhöhen. Ich kann Sie loben, bis Sie auf Wolken schweben, und Ihnen spannende Arbeit geben. Kann Fortbildungen genehmigen, auf Ihre Fähigkeiten vertrauen, Sie als Menschen schätzen.

Aber ich kann Ihnen die Arbeit auch zur Hölle machen, wenn ich will. Ich kann Sie anpfeifen ohne Grund und Ihnen Strafarbeiten aufs Auge drücken. Kann Sie bis aufs Komma kontrollieren, Ihre Ideen ignorieren, Ihren Urlaub verschieben. Kann Sie mobben. Kann Sie abmahnen. Kann Sie feuern.

Die schlechte Nachricht: Sie sind abhängig von mir! Die gute: Ich bin's *noch mehr* von Ihnen (eines der Chef-Geheimnisse, auf die ich noch zurückkomme)! Außerdem ist unser Verhältnis keine Einbahnstraße; Sie haben es durch Ihr eigenes Verhalten in der Hand, wie ich Ihnen begegne – ob als Feind oder als Förderer. Je besser Sie mich kennen, desto besser können Sie mich lenken.

Ihr Chef, die ungelernte Führungskraft

Wie ich auf dem Chefsessel gelandet bin? Fest steht: Beim ersten Mal wurde ich Chef auf Verdacht! Ob ich dafür tauge, konnte vorher niemand prüfen. Die Hauptaufgabe einer Führungskraft ist das Führen. Wie hätte ich mich darin bewähren sollen? Vor meinem Aufstieg gab es niemanden, den ich führen durfte. Höchstens mein Auto.

Und jetzt sind wir bei einem interessanten Unterschied: Zum

Führen eines Fahrzeugs brauche ich einen Führerschein, eine Qualifikation in Theorie und in Praxis. Je größer das Fahrzeug ist, desto umfangreicher die Ausbildung. Aber was brauche ich zum Führen von Menschen? Zum Steuern eines Konzerns auf der Überholspur des heutigen Wettbewerbs? Macht, sonst nichts!

Ich bin eine ungelernte Führungskraft. Alle Chefs sind das, zumindest anfangs. Wundert es Sie da, dass es überall kriselt und kracht? Dass der direkte Vorgesetzte immer noch der Kündigungsgrund Nummer eins ist? Dass wir Chefs unsere Finger in jedem zweiten Mobbing-Fall haben? Dass wir das Personal oft wie mit dem Blindenstock heuern und feuern, befördern und degradieren?

Mag sein, ich leide unter emotionaler Blindheit, wie sie der Bestseller-Autor Daniel Goleman vielen Führungskräften nachsagt. Ich fahre auf der Einbahnstraße meines schmalspurigen Denkens. Überrolle die Vorschläge meiner Mitarbeiter. Missachte die Stoppsignale des Controllers. Neige bei Entscheidungen zu Vollbremsungen, Fehlschaltungen oder reiße das Steuer unkontrolliert herum. Meine Abteilung schlingert, dass Sie und die anderen Mitarbeiter nur so purzeln.

Aber Sie wissen ja, wie das bei schlechten Fahrern so ist: Nicht ihr Fahrstil ist das Problem – nein, die Nerven der Mitfahrer sind es! Untersuchungen belegen eindeutig: Wir Chefs überschätzen uns maßlos – die Mitarbeiter können unsere Leistung besser beurteilen als wir selbst!

Natürlich gibt es einen drastischen Ausweg: Sie knallen mir Ihre Kündigung auf den Tisch. Aber bedenken Sie: In der nächsten Firma wartet der nächste Chef. Sicher auch kein Heiliger. Was halten Sie davon, den Begriff «Brötchengeber» neu zu definieren? Als Chef entlohne ich Sie nicht nur – ich geben Ihnen auch manch hartes Brot zu kauen. Es liegt an Ihnen, ob Sie sich die Zähne ausbeißen – oder das Brot in Milch mit Honig einweichen. Am besten fahren Sie, indem Sie meine Schwächen und Grenzen erkennen. Dann sind Sie mir nicht mehr ausgeliefert, sondern können mich, die Führungskraft, führen. Denn Ihr Verhalten beeinflusst mein Verhalten. Auf dieses Phänomen komme ich an anderer Stelle noch zurück.

> **Chef-Geheimnis:** Viele Chefs führen ihr Auto besser als ihre Mitarbeiter. Das eine haben sie gelernt – das andere nicht!
>
> **Tipp für Sie:** Steuern Sie Ihren Chef, um Zusammenstöße zu vermeiden. Das gelingt Ihnen am besten, wenn Sie seine Schwächen und Grenzen erkennen

Denn sie wissen nicht, was sie tun!

«Was hat sich der Chef bloß dabei gedacht?!» Keine Frage wird öfter gestellt, wenn meine Mitarbeiter tuschelnd ihre Köpfe zusammenstecken. Fassungslos stehen sie wieder mal vor meiner Entscheidung. Beim Versuch, ein Problem zu lösen, habe ich drei neue geschaffen. Vielleicht habe ich eine Anweisung erlassen, die den ganzen Betrieb lähmt. Oder dem Team zu Unrecht die Leviten gelesen und die Motivation in Grund und Boden gestampft.

«Was hat sich der Chef bloß gedacht?!» Diese Frage geht davon aus, dass ich die Folgen meiner Entscheidungen durchdenke. In Wirklichkeit liege ich oft daneben, weil ich die Konsequenzen gar nicht absehe. Wie ein Kind greife ich nach dem roten Griff an der Zugdecke, um einen Klimmzug zu machen. Dass der Abteilungs-ICE anschließend mit einer quietschenden Vollbremsung zum Stehen kommt, führe ich auf ganz andere Ursachen zurück. Das liegt wohl an meiner Praxisferne. Schließlich bewege ich mich einen großen Teil des Tages im luftleeren Raum der Meetings, meilenweit von der Front des Alltags entfernt, wo meine Entscheidungen aufschlagen.

Fragen Sie mal einen Unternehmensberater, wie wir Chefs unsere Entscheidungen beurteilen. Wir waschen unsere Hände in Unschuld, sogar vor den qualmenden Trümmern unserer Misswirtschaft. Wir schimpfen auf faule Mitarbeiter und unfähige Kollegen. Wir halten uns für Opfer der Wirtschaftslage, der Medien, der Wettbewerber. Dabei hat jeder die hausgemachte Katastrophe kommen sehen. Außer uns!

Denn wir wissen nicht, was wir tun, wir Chefs? Tatsächlich steigen wir meist als Experten auf – durch glänzende Leistungen in unserem Fach. Als müsste der beste Fachmann automatisch der beste Führer sein! Da hätte man Lothar Matthäus auch zum Manager von Bayern München machen können.

Nehmen wir an, ich arbeite zu Beginn meiner Karriere als Betriebswirt, jongliere zirkusreif mit Zahlen und Bilanzen. Die Vorgesetzten applaudieren begeistert; ich werde zum Leiter der Buchhaltungsabteilung befördert.

Plötzlich bekomme ich mein Gehalt dafür, dass ich delegiere, mich aus dem Tagesgeschäft zurückziehe. Schaffe ich das nicht, treibe ich meine Mitarbeiter zur Weißglut. Weil ich mich überall einmische. Weil ich so sehr in die alltäglichen Details verstrickt bin, dass zum Führen keine Zeit bleibt.

Schaffe ich den Rückzug doch, ist die Gefahr groß, dass ich allmählich abhebe. Ich sitze mir in Meetings den Hintern platt, lese Akten wie das Evangelium und rede bei Präsentationen das Blaue vom Himmel. Ich berichte mit Katzenbuckel an den Oberboss, werde eingeschworen auf eine wohlklingende, aber weltfremde Firmenstrategie und muss Sie und meine anderen Mitarbeiter führen – was ich jedoch nie gelernt habe!

Würde es Sie wundern, wenn ich mich in meiner Rolle als frisch gebackener Chef unglücklich und überfordert fühlte? Weil ich nicht mehr darf, was ich kann! Und weil ich nicht kann, was ich muss: führen, kommunizieren und repräsentieren!

Mit der Zeit werde ich sogar verlernen, was ich immer am besten konnte: das Handwerk des Bilanzierens – spätestens wenn eine neue Software und ein neues Steuergesetz kommen. Nun fehlt mir für viele Entscheidungen der Durchblick. Und schon gebe ich Ihnen allen Grund, über meine Entscheidungen zu stöhnen: «Was hat sich der Chef bloß gedacht?!»

Und falls ich doch mit großem Erfolg die Abteilung schmeiße? Dann ist die Katastrophe abzusehen: Man wird mich «zur Belohnung» erneut befördern: zum Hauptabteilungsleiter, zum Geschäftsführer, zum Aufsichtsrat und zur Not sogar zum Vorstandsvorsitzenden – so lange jedenfalls, bis ich endgültig die Stufe meiner Inkompetenz erreicht habe (Peter-Prinzip).

Dieses Beispiel können Sie auf alle Bereiche übertragen: auf den grandiosen Informatiker, der als Geschäftsführer ein Datenzentrum ruiniert, weil er sich mit Computern besser als mit Menschen versteht. Auf den exzellenten Werbetexter, der beim Schreiben kreativ war, als Agenturleiter aber nur noch ein insolvenz-ansteuernder Chaot ist.

Wir Chefs werden befördert, bis wir überfordert sind. Oft kommt es Ihnen zu, durch geschickte Manöver das schlecht gesteuerte Firmenboot vorm Kentern zu bewahren.

Wollen Sie diese Tatsache tragisch nehmen? Oder können Sie es positiv und mit Humor sehen, frei nach dem Dilbert-Prinzip: Ein unfähiger Mitarbeiter wird immer dahin befördert, wo er den geringsten Schaden anrichten kann – ins Management!

Geheimnis: Dass Chefs über den Dingen stehen, heißt auf Deutsch: Sie haben den Boden des Alltags unter den Füßen verloren und entscheiden im luftleeren Raum.

Tipp für Sie: Informieren Sie Ihren Chef immer wieder: Wie sieht es an der Basis aus? Welche ungeahnten Auswirkungen haben seine Entscheidungen? So avancieren Sie zum wertvollen Ratgeber.

Vom Höhenflug der Flügellahmen

Gut möglich, Sie haben beim letzten Kapitel gedacht: Wenn fachliche Qualitäten das Ticket für einen Aufstieg sind, dann muss mein Chef ein Schwarzfahrer sein! Zugegeben, es kann mich auch auf weniger ruhmreichem Wege in mein Amt verschlagen haben. Beliebte Beispiele:
- Ich habe «Vitamin B» genossen.
- Man hat mich aus dem Weg befördert.

- Ich hab's durch Stiefellecken geschafft.
- Ich habe die Macht geerbt.

Der Vitamin-B-Günstling
Nach meiner Beförderung ging das große Tuscheln los: «Warum gerade *der*?» Dann kam irgendwer zu der Erkenntnis, dass meine Frau und Madame Oberboss doch schon seit Jahren im selben Tennisclub ... Und waren die beiden Paare nicht auch schon zusammen auf Ibiza?

Man wirft sich wissende Blicke zu. Man hält mich, um nicht neidisch sein zu müssen, für eine arme Wurst. War ich schon vor meinem Aufstieg überfordert – jetzt erst recht! Nicht mal die einfachste Form der Führung, das An-der-Nase-Herumführen der Mitarbeiter, will mir gelingen. Meine Unfähigkeit ist offensichtlich. Aber keiner spricht es aus. Immerhin stehe ich unter dem Protektorat des Oberchefs!

Der Aus-dem-Weg-Beförderte
Ich bin das geworden, was man einen Frühstücksdirektor nennt! In meiner letzten Position habe ich die Möglichkeit, der Firma zu schaden, so ausgiebig genutzt, dass es sogar meinem Vorgesetzten aufgefallen ist. Aber ich hatte viele Dienstjahre auf dem Buckel, die Abfindung wäre teuer geworden und man wollte keine Unruhe stiften. Deshalb hat man mich statt zur Tür hinaus auf ein goldenes Abstellgleis befördert.

Wenn ich zum Beispiel Leiter der Entwicklungsabteilung war, darf ich mich jetzt «Abteilungsleiter für besondere Aufgaben» nennen – und habe nichts mehr zu sagen. Gegen die Langeweile habe ich einen Stab von Mitarbeitern an meiner Seite. Die hausinterne Bedeutung meiner Abteilung ist so gering, dass wir schon mal auf einer neuen Telefonliste fehlen.

Der Stiefellecker
Wenn Sie immer dachten, es werden innovative Köpfe befördert – ich bin der lebende Gegenbeweis! Ich kam nach oben, weil sich

mein direkter Vorgesetzter darauf verlassen konnte, dass nie – wirklich niemals! – ein eigener Geistesblitz durch meinen Kopf zucken wird.

Stattdessen habe ich wie ein Automat seine Befehle umgesetzt, Tag für Tag, Jahr für Jahr. Ich war das, was man einen «verlängerten Arm» nennt. Seit meiner Beförderung bin ich nur noch ein Arm – ohne Kopf, sprich: alten Chef.

Jede Entscheidung lässt mich zittern wie Laub im Sturm. Kann sein, ich entscheide mich dafür, nichts zu entscheiden. Oder ich schiebe die Verantwortung Ihnen und den Kollegen in die Schuhe.

Der Firmenerbe
Statt mich Stufe für Stufe zu bewähren, bin ich mit einem Sprung auf dem Chefsessel gelandet. Vom Kettcar in den Formel-1-Wagen, ohne Umweg übers Fahrrad! Natürlich zerreißt sich die ganze Firma das Maul, dass ich nicht aufgrund meiner Fähigkeiten hier sitze. Über allem liegt der Schatten meines großen Vaters oder meiner großen Mutter. Taktvolle Mitarbeiter, vor allem ältere, erinnern mich dauernd: «Aber Ihr Herr Papa hat doch immer ...» Im schlimmsten Fall zieht der Alte aus dem Hintergrund noch die Fäden. Sobald ich eigene Wege einschlagen will, pfeift er mich zurück.

Außerdem habe ich ein Autoritätsproblem: Auf dem Schoß derer, die ich heute führen soll, habe ich als Kind «Hoppe Reiter» gespielt. Natürlich duzt mich der halbe Laden. Kaum einer nimmt zur Kenntnis, dass ich 20 Jahre älter und inzwischen etwas klüger bin.

Falls ich einer dieser Chefs bin, ein unverdient Emporgekommener: Grämen Sie sich nicht! Unfähige Chefs haben einen Vorteil – sie brauchen fähige Mitarbeiter, damit sie nicht völlig verloren sind. Im dritten Teil des Buches werde ich die einzelnen Cheftypen ausführlich beschreiben – und Ihnen zeigen, wie Sie von ihnen jeweils bekommen, was für Sie drin ist!

> **Geheimnis:** Nieten werden befördert, indem sie erben, katzbuckeln, mauscheln – oder wenn man sie schlicht aus dem Weg haben will.
>
> **Tipp für Sie:** Gerade unfähige Chefs brauchen fähige Mitarbeiter! Helfen Sie Ihrem Boss auf die Sprünge. Dann genießen Sie bald Narrenfreiheit.

Deshalb haben neue Chefs die Hosen voll

Endlich geschafft! Jetzt bin ich der Chef! Nach außen trage ich Stolz und Freude. Doch innen pochen Zweifel: Was, wenn ich der Aufgabe nicht gewachsen bin? Wenn mich die Mitarbeiter nicht akzeptieren? Wenn die Zahlen unter meiner Regie in den Keller stürzen?

Überhaupt: War meine Beförderung nicht ein Fehlgriff? Natürlich habe ich den Oberboss mit Eigenwerbung nach dem Make-up-Prinzip überzeugt: meine Schokoladenseiten betont, meine Schwächen übertüncht. Am Ende kommt die ungeschminkte Wahrheit doch noch ans Licht! Irgendwer merkt, dass ich kein geborener Menschenführer bin, sondern ein Mann mittleren Alters, auf den nicht mal seine Kinder hören ...

Die Selbstzweifel nagen an mir wie Mäuse am Schweizer Käse. So laufe ich in die nächste Buchhandlung und sehe nach, ob es einen Ratgeber für frisch ernannte Chefs gibt. Einen? Massenweise! Die Titel sagen alles. Zum Beispiel wird mir ein «Survival-Guide» für frisch gebackene Chefs offeriert – als würde mich ein Überlebenskampf im Dschungel erwarten!

Die schlauen Autoren klären mich auf. Ich leide am «Hochstapler-Syndrom». Das Gefühl, ich hätte den Aufstieg nicht verdient – ganz normal! Der Trick gegen die Angst: Ich soll erst mal so tun, als wäre ich ein von mir selbst überzeugter Chef – und dann, durch entsprechendes Handeln, würde ich es auch. Wenn ich selbstbewusst wie ein Löwe brülle, möchte ich vielleicht nur meine inneren Zweifel übertönen. Lassen Sie sich nicht einschüchtern!

Das nächste Chefbuch verrät mir, wie ich virtuos auf der Klaviatur der Taktik spielen kann, nach Möglichkeit schon vor meinem Amtsantritt. So wird mir empfohlen, eine rauschende Feier zum Abgang meines Vorgängers organisieren zu lassen, damit auch die letzte Schlafmütze merkt: Jetzt ist er weg! Und vor allem: Jetzt folgt ein Neuer nach!

Für eine Antrittsrede lautet der Rat: Bloß nicht offen sagen, dass ich alles umkrempeln will! Besser ein Loblied auf den Vorgänger singen, einen Knicks vor der bisherigen Arbeit machen. Erst wenn ich auf Ihre Schulter geklopft habe, darf ich zum Klopfen auf die Finger übergehen. Das heißt, Sie sollten mein anfängliches Lob nicht allzu ernst nehmen.

Und warum starte ich so rücksichtsvoll? Weil ich Ihre Unterstützung brauche! Und die ist nicht selbstverständlich. Schließlich leben Sie in einer demokratischen Gesellschaft. Alles dürfen Sie wählen: den Bürgermeister, den Bundestag, die Marke Ihrer Frühstücksmargarine und nicht zuletzt Ihren Arbeitgeber.

Doch nun, entgegen demokratischer Gepflogenheit, werde ich Ihnen als Chef vor die Nase gesetzt – ob es Ihnen passt oder nicht. Und da Sie kein demokratisches Mittel haben, mich abzusetzen, werden Sie womöglich verdeckt gegen mich arbeiten. Das kann mich Kopf und Kragen kosten! Egal, woher ich als Chef komme:

- als Bewerber von außen oder
- als Aufsteiger aus dem eigenen Betrieb.

Der Neu-Chef von außen

Als Neu-Chef von außen hänge ich am Tropf Ihrer Informationen! Sogar der Auszubildende weiß besser als ich, wie der Hase in Ihrer Firma läuft. Welchen Ruf genießt meine Abteilung? Wie klappt die Kooperation mit den anderen Bereichen? Sind genug Mitarbeiter da, um die Arbeit zu schaffen? Oder womöglich zu viele? Wo sind Verbesserungen nötig? Und wie sehen die Aufgaben der einzelnen Mitarbeiter aus? (Die Arbeitsplatzbeschreibungen lesen sich wie aus der Nachkriegszeit!)

Diese Informationen kann ich nicht vom Oberboss gewinnen,

den eine schwere Eichentür von der Wirklichkeit des Alltags trennt – nur von Ihnen! Aber was sollte Sie motivieren, Ihre Macht mit mir zu teilen? Warum sollten Sie mich über die Schwachstellen der Abteilung informieren – wo Sie doch Teil der Abteilung sind und sich selbst schaden könnten?

Mein Problem: Einerseits soll ich Ihnen als neuer Chef vom ersten Tag an sagen, wo's langgeht. Andererseits haben Sie (noch) den Kompass!

Also schlage ich nicht gleich raue Töne an, sondern fresse Kreide – um von Ihrem «Heimvorteil» zu profitieren.

Der Aufsteiger aus den eigenen Reihen
Als Aufsteiger aus den eigenen Reihen kenne ich die internen Abläufe, die Schwachstellen der Abteilung und ich weiß, wer mit wem verbündet oder verfeindet ist. Mein Problem: Wie soll ich Ihnen klarmachen, dass nun plötzlich ich der Chef bin?

Jeder kennt mich in der alten Rolle. Wir haben zusammen gelacht, gezecht und über die Firmenleitung gelästert. Wir haben Tricks ausgetauscht, um an Spesen zu genesen. Und jetzt sollen Sie mich, den alten Kumpel, als Vorgesetzten respektieren? Jetzt kontrolliere ich Ihre Spesenrechnung, schreibe Ihr Zeugnis, bestimme Ihr Gehalt?

Ich sitze in der Klemme: Lasse ich die Zügel locker, heißt es: «Und *der* will jetzt Chef sein!» Ziehe ich die Zügel stramm, heißt es: «Kaum Chef, schon macht er auf Diktator!» Den Mittelweg kann ich nur finden, wenn Sie mir zeigen, dass Sie mich in meiner neuen Rolle als Chef akzeptieren.

Das empfiehlt sich auch dann, wenn Sie selbst auf den Posten spekuliert haben. Ein Kampf gegen mich wäre Kraftverschwendung: Während Chefs von außen eine Probezeit haben, über die sie stolpern können, sitze ich fest im Sattel. Außerdem ist der Oberboss mein mächtiger Förderer. Seine Entscheidung zu revidieren hieße: einen Fehler bekennen. Niemals!

> **Geheimnis:** Alle frisch ernannten Chefs haben die Hosen voll. In den ersten Monaten verwenden sie die meiste Energie darauf, ihre Unsicherheit zu überspielen.
>
> **Tipp für Sie:** Signalisieren Sie dem neuen Chef, dass Sie ihn akzeptieren. So sammeln Sie Pluspunkte, ersparen sich seine Muskelspiele und kommen in der Sacharbeit ohne Schaukämpfe voran.

Don Quichotte gegen den Vorgänger

War Berti Vogts ein schlechter Bundestrainer? Oder hatte er nur das Pech, der Nachfolger von Franz Beckenbauer zu sein? Wie Sie mich als (neuen) Chef beurteilen, hängt immer vom Ansehen meines Vorgängers ab. Mein erster Kampf, der schwerste überhaupt, ist ein Schattenboxen gegen den Ex-Chef. In dieser Phase bin ich auf Sie angewiesen. Nie werde ich Ihnen vergessen, wenn Sie mir jetzt in den Rücken fallen! Genauso wenig vergesse ich aber, wenn Sie mich unterstützen.

Drei mögliche Vorgänger, mit denen ich zu kämpfen habe:
- der Charismatiker
- der Pensionierte
- Herr Niemand (cheflose Zeit)

Nachfolge des Charismatikers

Mein Alptraum: Ich trete die Nachfolge eines Superchefs an, eines Gründertyps, der die ganze Abteilung aus dem Boden gestampft hat. Jeder, der hier arbeitet, ist sein Fan, weil «der Alte» alle eingestellt hat.

Die Wutausbrüche, die Sturköpfigkeit, die taktischen Fehler – vergessen und verziehen! Das Lob, die Erfolge, die gute Zeit – behalten und bewundert! Wie soll ich bei diesem Maßstab vor Ihnen bestehen? Besonders dann, wenn ich bisher nur der bleiche Stellvertreter des Meisters war? Auch der talentierteste Dr. Watson hätte an der Rolle des Sherlock Holmes zu knabbern!

So ist der Chefsessel, auf den ich klettere, vom ersten Tag ein Schleudersitz. Nicht nur Sie, auch der Oberboss und die Geschäftspartner werden mit Argusaugen beobachten: Sind die Schuhe des Vorgängers nicht doch zu groß?

> *Tipp:* Es bringt nichts, dass Sie den alten Chef in Silber rahmen – er kommt nicht wieder! Der Versuch, mich als Nachfolger abzusägen, ist riskant: Wenn's nicht gelingt, wackelt Ihr Stuhl! Außerdem: Hätten Sie mit den nächsten Chefs nicht dasselbe Problem? Konzentrieren Sie sich auf meine Vorzüge! Vielleicht hat der Altmeister nur Monologe gehalten. Ich dagegen höre Ihnen zu und entscheide ausgewogen. Zeigen Sie mir, dass Sie mich akzeptieren und meine Stärken anerkennen! Lob ist in der Anfangszeit eine begehrte Mangelware, die ich Ihnen jetzt aus den Händen reiße. Ihre Unterstützung kann ich gebrauchen, vor allem bei Projekten, mit denen ich die Fußstapfen des großen Vorgängers verlasse. Wenn ich hier erfolgreich bin, sitze ich bald sicher im Sattel. Zu Ihrem Vorteil!

Nachfolge des Pensionärs
Mein Vorgänger ist in Rente. Die letzten Jahre hat er's ruhig angehen lassen. Nötige Neuerungen hat er verschleppt. Schwelende Konflikte hat er unter der Oberfläche gehalten, fällige Abmahnungen verschoben, unfähige Assistenten mitgeschleppt. Nur keine Aufregung mehr – so kurz vorm Abgang.

Und dann komme ich! Sie werden mich wie einen Kulturschock erleben. Frischer Wind bläst ins Kabinett der Wachsfiguren. Doch wenn ich entscheide, was längst überfällig ist, stoße ich auf lähmende Trägheit. Alle sagen: «Aber wir haben doch immer ...» Schnell bin ich verschrien als Aktionist. Die Mitarbeiter verhalten sich bockig, klammern sich an ihren Gewohnheiten fest. Umso mehr, wenn ich schließlich die hierarchische Peitsche schwinge.

> *Tipp:* War der neue Wind nicht überfällig, um wettbewerbsfähig zu bleiben – und somit Ihren Arbeitsplatz zu sichern? Punkten Sie, indem Sie sich offen für einen echten Neubeginn zeigen! Erkunden Sie in einem Ge-

spräch unter vier Augen, welches meine Ziele sind – gerade im Hinblick auf Veränderungen. Nur wenn Sie mit mir über die neue Reiseroute sprechen, können Sie die Richtung in Ihrem Sinne beeinflussen! Sonst werden Sie überrollt.

Nachfolge von Herrn Niemand

Wohl dem Chef, der eine frisch geschaffene Position antritt? Etwa in einer schnell gewachsenen Abteilung, die bislang ohne direkten Vorgesetzten auskam? Von wegen!

Erstens: Wo es bislang ohne Chef ging, sind die Mitarbeiter immer beleidigt, wenn ihnen einer vor die Nase gesetzt wird. Ich habe zu kämpfen mit Trotz und Blockade. Zweitens: Bis dem Oberboss auffällt, dass ein Chef installiert werden muss, haben Anarchie und Chaos schon hohe Wellen geschlagen. Mein Segeltörn beginnt im Sturm!

Tipp: Sehen Sie es positiv, dass jetzt ein direkter Vorgesetzter da ist! Ich kann Ihre Interessen nach oben vertreten, das Ansehen der Abteilung festigen und für geregelte Abläufe sorgen. Wenn Sie mich mit wichtigen Informationen füttern, stärken Sie die Position der Abteilung vor dem Oberboss – was höhere Etats und bessere Karrierechancen für Sie bedeuten kann!

Geheimnis: Jeder neue Chef kämpft mit einem unsichtbaren Gegner: seinem Vorgänger. Nur mit Ihrer Hilfe kann er diesen Kampf gewinnen.

Tipp für Sie: Tanzen Sie nicht nach dem alten Rhythmus, obwohl eine neue Musik gespielt wird! Hören Sie hin, worauf es Ihrem neuen Chef ankommt – und handeln Sie danach.

Ellbogen statt Einfühlung

Haben Sie schon erlebt, dass ich Untergebenen auf die Füße trete, ohne es überhaupt zu merken? Dass ich Einzelne vor versammelter

Gruppe kritisiere, Spitzenleistungen mit keinem Wort würdige? Und dass in meinen Ausführungen immer wieder ein Wort dominiert: «ICH»?

Wir Chefs sind nur selten Vorbilder, was unsere sozialen Fähigkeiten angeht. Fragen Sie sich nur, warum ich befördert wurde: Weil ich meine besten Ideen mit den Teamkollegen geteilt habe (was sozial wäre) – oder weil ich es verstanden habe, sie auf meine eigene Fahne zu schreiben? Weil ich anderen in Meetings einfühlsam zugehört habe (was sozial wäre) – oder weil ich es geschafft habe, andere unter den Tisch zu reden? Weil ich auf menschliche Konflikte im Team schlichtend eingegangen bin (was sozial wäre) – oder weil ich mich ausschließlich in Sachaufgaben verbissen habe?

Ich bin nicht aufgestiegen aufgrund meiner sozialen Kompetenz, sondern durch Ellbogentaktik, nicht aufgrund meines Interesses an Menschen, sondern durch kalten Sachpragmatismus. Der Anteil von emotionalen Blindschleichen unter uns Chefs ist erschreckend hoch. Eine ganze Industrie lebt davon, dass sie in Seminaren den tapferen Versuch unternimmt, uns das Einmaleins des Umgangs mit Menschen beizubringen. Seien Sie also rücksichtsvoll, wenn ich beim Führen nicht immer den richtigen Ton anschlage.

Vielleicht haben Sie schon von der These des Psychologen Alfred Adler gehört: Je minderwertiger sich einer fühlt, desto mehr strebt er nach Macht. Auf mich trifft das nicht zu! Sagen alle Chefs – ich auch. Sie können sich Ihren Teil dazu denken, je nachdem, wie ich mich im Alltag aufführe.

Falls ich mal wieder den großen Zampano spiele und meine Arbeitsaufträge wie Marschbefehle erteile – wollen Sie sich wirklich darüber ärgern? Oder hätte ich nicht eher Ihr Mitleid verdient? Offenbar habe ich es nötig, mich der ganzen Welt als toller Hecht zu beweisen.

Mag sein, ich schaue sehnsüchtig nach oben. Als Gruppenleiter schiele ich auf den Stuhl des Abteilungsleiters. Als Abteilungsleiter würde ich gern ein «Haupt» vor dem Titel sehen. Und auf Höhe der Geschäftsleitung fängt der Himmel an. Mein Horizont endet mit der Hierarchie.

So kommt es, dass ich vielleicht zu egozentrischen Alleingängen neige – ohne Auge für Ihre Interessen. Offenbar geht es mir nur um meinen eigenen Erfolg, um den steilen Aufstieg meiner «Ego-AG». Warten Sie nicht auf ein Wunder – etwa dass mich das nächste Führungsseminar doch noch zum Teamplayer verwandelt –, sondern füttern Sie mich mit Steilpässen. Bringen Sie mich bei meinem Sturmlauf voran. Zum Beispiel, indem Sie Ideen entwickeln, wie meine Abteilung hausintern an Einfluss gewinnen kann, wie die Arbeit noch profitabler wird, wie ich vor meinem Chef, dem Oberboss, glänzen kann. Wenn ich sehe, dass Sie meinem Vorteil dienen, werden Sie plötzlich wichtig für mich. Davon profitieren Sie vor allem im Mitarbeiter- und Gehaltsgespräch (darauf komme ich im letzten Teil des Buches zurück).

Geheimnis: Die meisten Chefs werden Chefs, weil sie ihre eigenen Interessen über die der anderen stellen. Und sie bleiben es aus demselben Grund – nicht etwa aufgrund «sozialer Kompetenz».

Tipp für Sie: Bei allem, was Sie Ihrem Chef vorschlagen: Betonen Sie, was er davon hat! Ihr Vorteil interessiert ihn nicht.

Chef-Schicksal: gut bezahlt – arm dran!

Wenn ich mich in der Kantine zu meinen Mitarbeitern setze, ist es mit dem unbeschwerten Plaudern vorbei. Die Gespräche werden einsilbiger, der Lachpegel fällt. Und der gestrige Kegelabend, zu dem ich nicht geladen war, ist plötzlich kein Thema mehr.

In solchen Momenten wird mir schmerzlich klar: Ich bin keiner von ihnen, gehöre nicht dazu! Mein Trikot hat eine andere Farbe; ich bin der Chef.

Mächtig einsam, Ihr Chef!

Natürlich habe ich nichts dagegen, dass ich mehr als Sie verdiene, einen schicken Dienstwagen fahre. Und die Position unter meinem Namen auf der Visitenkarte erfüllt mich mit Stolz. Aber das ändert nichts an meinem Wunsch: Ich würde gern dazugehören! Mit Ihnen lachen und plaudern, statt jedes Wort auf die Goldwaage zu legen.

Wenn ich Ihnen doch erzählen könnte, wie der Oberboss manchmal an meinen Nerven sägt! Wie mir die Firmenpolitik manchmal gegen den Strich geht! Meist bin ich nur der Bote, der die schlechten Nachrichten der Geschäftsführung überbringt – wofür Sie mich auch noch verfluchen!

Mit wem soll ich sonst darüber reden? Meine Chefkollegen liegen als Karriere-Konkurrenten auf der Lauer (siehe Seite 54)! Und beim Oberboss darf ich das Wort «Problem» nicht mal in den Mund nehmen; das käme einem Strich durch meine Karrierepläne gleich. Was er auch sagt, ich spende Applaus und nicke. Dass ich eine eigene

Meinung habe, fällt mir erst wieder ein, wenn sich die schwere Eichentür hinter mir geschlossen hat.

In solchen Situationen drängt sich mir die Frage auf: Wie echt ist eigentlich die Anerkennung, die Sie *mir* gelegentlich – allerdings viel zu selten! – spenden? Was würde passieren, wenn ich ab morgen ein titelloses Freiwild wäre? Wie viele Mitarbeiter würden mich laut verfluchen – statt leise wie bisher? Mag sein, diese Sorgen sind unbegründet, Sie akzeptieren mich sogar mit meinen Schwächen. Aber ich werde ein Gefühl einfach nicht los, das der bekannte Schriftsteller Max Frisch einmal so formuliert hat: «Wenn man einmal mächtig ist, gewinnt man keine Freunde mehr.»

Tränen des Mitleids erwarte ich ja gar nicht von Ihnen. Aber vielleicht werden Sie sich nun eher an meinen einsamen Tisch in der Kantine gesellen und ein paar heitere Geschichten erzählen. Oder – kühne Hoffnung! – Sie loben mich sogar. (Wenn ich's wirklich verdient habe, sonst erkenne ich die Heuchelei!) Das tut mir gut. Das tut unserem Verhältnis gut. Und das kann Ihrer Karriere folglich nicht schaden.

Geheimnis: Keiner ist so einsam wie der Chef! Seine Mitarbeiter sind potenzielle Rebellen. Seine Chefkollegen sind lauernde Konkurrenten. Und vom Oberboss wird er auf Distanz gehalten.

Tipp für Sie: Ein Lob, ein Lächeln, ein privates Wort – darüber freut sich auch Ihr Chef. Er möchte von Ihnen nicht nur als Funktionsträger, sondern auch als Mensch anerkannt sein.

Und keinem macht er's recht

Dauernd fühle ich mich in der Zwickmühle: Was ich auch tue, was ich auch lasse, immer trifft mich die Peitsche der Kritik! Entweder von unten, wo meine Mitarbeiter meutern. Oder von oben, wo mich mein eigener Chef zur Ordnung ruft.

Wenn Sie zum Beispiel eine Gehaltserhöhung von mir fordern und ich weiß, Sie haben's verdient – warum sollte ich dann nicht nicken? Mein Erfolg hängt von Ihrer Leistung ab. Ich brauche motivierte Mitarbeiter, da führt an einer gerechten Bezahlung kein Weg vorbei.

Aber welcher Eindruck entsteht beim Oberboss, wenn ich großzügig Gehälter erhöhe? «Verschwender!», wird er denken. Denn er, der das dickste Gehalt einstreicht, predigt mir, dass das Unternehmen jeden Euro zweimal umdrehen müsste – von wegen «Wirtschaftslage».

Wie ich mich auch entscheide – einen stoße ich vor den Kopf! Und so geht es mir immer, zehn Stunden am Tag, fünf Tage die Woche. Sie als Mitarbeiter fordern mich auf, Ihre Interessen nach oben zu vertreten! Höchste Zeit, dass die Büromöbel erneuert werden, die Stechuhr lahmgelegt wird und die Betriebssportgruppe einen vernünftigen Trainer bekommt!

Ihr Mandat in der Tasche, laufe ich los – zu meinem Chef, der mich wiederum auffordert, die Firmeninteressen zu vertreten: «Dafür werden Sie doch bezahlt!» Die morschen Möbel seien noch «so gut wie neu», die Stechuhr ein «Garant gegen Drückeberger» und der Betriebssport ohnehin «ein Risiko, weil sich der Krankenstand dadurch erhöht».

Nicht umsonst haben Psychologen für mein Dilemma einen treffenden Ausdruck gefunden: Sie bescheinigen mir eine «Sandwich-Position». Von unten drücken Sie, von oben drückt mein Chef. Und ich schwitze dazwischen.

Berücksichtigen Sie im Alltag diese Klemme, in der ich stecke? Liefern Sie mir, wenn ich ein Anliegen nach oben vertreten soll, auch Argumente, die den Oberboss überzeugen? Zum Beispiel, dass die alten Möbel potenzielle Kunden abschrecken? Dass ohne Stechuhr auch Überstunden nicht mehr bezahlt werden müssten? Und dass durch Betriebssport, vielleicht laut einer Untersuchung der AOK, der Krankenstand nachweislich gesenkt wird? Erst wenn Sie wissen, durch welche Nadelöhre ich kriechen muss, können Sie die Vertretung Ihrer eigenen Interessen richtig einfädeln!

> **Geheimnis:** *Der Chef sitzt oft in der Zwickmühle: Er muss Ihre Interessen nach oben vertreten – und gleichzeitig die Interessen der Firma nach unten.*
>
> **Tipp für Sie:** *Liefern Sie Ihrem Chef bei Vorschlägen überzeugende Argumente für die Geschäftsführung mit. So kann er beiden Seiten gerecht werden, statt zwischen die Fronten zu geraten.*

Chefs sind frei? Wie Vögel im Käfig!

Wie frei der Chef doch ist, denken viele Mitarbeiter. Er kommt und geht, wann er will. Er unterschreibt seinen Urlaubsantrag selbst. Er kann sich aussuchen, mit wem er arbeitet, kann heuern und feuern. Er rollt im Dienstwagen vor, führt seine Privatgespräche mit dem Firmenhandy und womöglich duzt er sich auch noch mit dem Geschäftsführer!

Ja, verglichen damit sind Sie als Mitarbeiter ein Sklave in Ketten. Die Wahrheit ist jedoch: Niemand ist so unfrei wie ich als Chef. Niemand ist verstrickt in so viele Zwänge, eingekeilt zwischen so vielen Fronten. Und immer bin ich «verantwortlich», was sich übersetzen lässt mit: «der Dumme»!

Denken Sie nur an meine Arbeitszeiten! Oft sitze ich 50 oder 60 Stunden pro Woche im Büro. Wenn ich endlich ins Wochenende eile, dann mit einer Tasche voller Akten. Das Firmenhandy trage ich am Leib und es kommt mir manchmal wie eine Bombe vor, so oft sprengt der Oberboss meine privaten Pläne. Ich bin rufbereit rund um die Uhr, zu allen Tages-, Nacht- und Urlaubszeiten. Der Oberboss kann nach mir pfeifen wie nach einem Schäferhund.

Die Probleme der Firma begleiten mich sogar dann, wenn ich ausnahmsweise doch mal privat verreise, statt meine Urlaubstage wie üblich ins nächste Jahr zu schieben.

In meiner Abwesenheit kann ich nur verlieren. Drei Möglichkeiten:

1. Das Chaos bricht aus! Sie und die Kollegen tanzen auf den Tischen, weil ich endlich mal weg bin.
2. Sie wollen alles besonders gut machen, aber können nicht. Weil ich auf dem nötigen Wissen sitze. Und unter fernen Palmen.
3. Sie und die Kollegen schmeißen den Laden so perfekt, dass mich kein Mensch vermisst, am wenigsten der Oberboss.

Alle drei Fälle sprechen gegen mich – und gegen meine nächste Beförderung. Im ersten Fall habe ich meine Leute nicht im Griff, im zweiten kann ich nicht delegieren und im dritten – am allerschlimmsten! – kommt die Frage auf: Bin ich als Chef nicht vollkommen überflüssig?

Auch beim Heuern und Feuern sind mir die Hände gebunden. Mein Wunsch nach neuen Planstellen treibt oft nur den Blutdruck des Oberchefs in die Höhe, nicht meinen Personaletat. Und der Kündigungsschutz in unserem Lande ist so ausgeprägt, dass sogar die meisten Volljuristen an dem Versuch scheitern, eine wasserdichte Abmahnung zu schreiben – von einer Kündigung ganz zu schweigen. Manchmal habe ich das Gefühl, eine Entlassung ohne fünfstellige Abfindung ist nur dann möglich, wenn ein Arbeitnehmer mir einen Kinnhaken verpasst, der Schlag nachweislich während der Arbeitszeit erfolgt (und nicht etwa in der Mittagspause) und jegliches Mitverschulden meinerseits, etwa durch unfreundliches Dreinschauen, zweifelsfrei ausgeschlossen werden kann.

Bei diesen Zeilen werden Sie sich die Hände reiben: Ihr Stuhl ist sicherer, als Sie dachten! Aber haben Sie sich nicht auch schon geärgert, dass einige Kollegen sich einen faulen Lenz machen? Dass einige aus ihrer dreiwöchigen «Krankheit» mit kaffeebraunen Gesichtern und mit knirschendem Meersand unter den Sandalen zurückkommen – während Sie vor lauter Überstunden kaum mehr Ihren Heimweg kennen? Jetzt wissen Sie, warum ich nicht härter durchgreife. Wie frei der Chef doch ist? So frei wie ein Vogel im Käfig!

> **Geheimnis:** *Die Freiheit Ihres Chefs ist eine Scheinfreiheit. In Wirklichkeit bewegt er sich wie eine Marionette an den Fäden diverser Zwänge.*
>
> **Tipp für Sie:** *Machen Sie sich bewusst, welche Freiheiten Sie Ihrem Chef voraushaben! Das sorgt für bessere Laune, als wenn Sie sich grundlos als Sklave an seiner Kette sehen.*

Störfeuer frei!

Früher glich mein Vorzimmer einer Festung. Eine Audienz beim Papst war nichts gegen einen Termin bei mir. Und leichter hätten Sie sich an einem bissigen Wachhund vorbeigeschlichen als an meiner Sekretärin. Früher kam ich noch zum Arbeiten!

Aber heute? Der Oberboss predigt in seinen Rundschreiben ein «Management der offenen Türen». (Bei ihm wagt ja eh keiner anzuklopfen!) Mit anderen Worten: Alle sind herzlich eingeladen, mich bei der Arbeit zu stören! Das gilt auch für flächendeckende Bombardements mit E-Mails sowie für Anrufe auf all meinen Festnetz- und Handynummern, abendfüllende Nachrichten auf der Mailbox inklusive.

Zweifellos ist es wichtig, dass mein Chefbüro nicht zum Wolkenkuckucksheim verkommt; ich bin angewiesen auf Ihre Informationen, ich muss wissen, wie die Geschäfte laufen, wo es Probleme gibt und wo meine Entscheidungen gefragt sind. Aber nicht nur Sie kommen auf mich zu! Auch Kunden, Lieferanten, Personalvermittler, auch Chefkollegen, der Controller und der Oberboss: Alle laufen Sturm auf mein Büro!

Schlaue Untersuchungen haben bestätigt, was ich schon vorher wusste: Wir Chefs fangen pro Stunde oft mehr als 30 verschiedene Tätigkeiten an! Wie das Ergebnis dieser Arbeiten aussieht, bei nicht mal zwei Minuten pro Vorgang, können Sie sich ausmalen! Das fängt beim Alltäglichen an. Kann sein, Sie wollen eine Entscheidung von mir: Wie ist mit der Beschwerde eines schwierigen Großkunden zu verfahren? Es geht um viel Geld. Ich höre Ihnen mit einem Ohr zu, während der Bildschirm sich blinkend über eine neue Mail freut, die Sekretärin mir Briefe zum Unterschreiben auf den Tisch wirft, die Auszubildende ins Büro stürmt und schließlich auch noch das Telefon nach mir ruft.

«Ich denke einen Tag darüber nach», vertröste ich Sie. Und greife zum Telefon. Der Hausjurist! Wo bleibt die Aktennotiz über das Schlichtungsgespräch mit einem Wettbewerber? Ach ja, die Notiz! Ich wühle in den Akten, will meine Sekretärin zu Hilfe rufen, aber sie kommt schon von alleine. Mit einem anderen Vorgang: Der Kongressveranstalter lässt fragen, wann das Manuskript für den Vortrag kommt. Ach ja, der Vortrag! Die Auszubildende bricht derweil in Tränen aus: Der Sachbearbeiter habe sie wieder gemobbt! Ich hätte ihn doch ins Gebet nehmen wollen. Ach ja, das Kritikgespräch!

So werde ich gehetzt, gescheucht, getrieben. Von einem Vorgang zum anderen. Ohne Unterschied zwischen Nichtigkeit und Wichtigkeit. Natürlich werden Sie am nächsten Tag vergeblich auf meine Entscheidung warten. Ihre Anfrage ist abgeprallt an meinem vollen Kopf! Per Mail wäre es Ihnen kaum besser ergangen; bei einer Flut von 70 Eingängen pro Tag komme ich manchmal nicht über die Betreffzeilen hinaus.

Und auf diesen Ablauf des Tages bin ich auch noch stolz! Unter Chefkollegen prahle ich schon mal mit der Zahl meiner täglichen Mails und werfe meinen randvollen Terminkalender als Beweisstück auf den Tisch: Seht her, ich bin ja so gefragt! Ohne mich könnte dieser Laden doch dichtmachen!

Aber wenn mir schon die Konzentration für kleine Alltagsentscheidungen fehlt – wie steht es dann mit den wirklich wichtigen Arbeiten? Zum Beispiel mit der Personalentwicklung: Komme ich dazu, mir Gedanken darüber zu machen, wie ich Ihre Talente optimal fördern und Ihnen eine interessante Aufstiegsperspektive in der Firma bieten kann?

Natürlich nicht. Nur Sie sind der Anwalt Ihrer Interessen. Gehen Sie mit der nötigen Hartnäckigkeit vor. Scheuen Sie sich nicht, mir so lange auf die Füße zu treten, bis Sie haben, was Sie brauchen: eine Antwort auf Ihre Frage, eine Unterschrift für Ihre Fortbildung, einen Termin für Ihr Jahresgespräch und eine schriftliche Vereinbarung über Ihre nächsten Karriereschritte.

Halten Sie die Ergebnisse unserer Besprechungen schriftlich fest und lassen Sie mir diese Notizen zukommen – immer auf Papier, niemals als Mail(-Anhang)! So steigt die Chance, dass in meinem Gedächtnis doch etwas hängen bleibt. Falls Folgetermine fällig sind: Nageln Sie mich gleich auf ein Datum fest.

Die meisten Mitarbeiter sind viel zu zurückhaltend: Sie deuten ihre Vorstellungen nur an, auf dass die Saat in meinem Kopf Früchte trage. Wenn nichts passiert, sind sie beleidigt. Genauso gut könnten sie Trüffel in die Ostsee pflanzen!

> *Geheimnis:* Ein Chef, der rund um die Uhr arbeitet, beweist damit seine Unfähigkeit zum Delegieren. Es fällt ihm schwer, zwischen «nichtig» und «wichtig» zu unterscheiden.
>
> *Tipp für Sie:* Machen Sie ihm deutlich, warum ein Vorgang wichtig ist. Welche negativen Folgen hat es, wenn er liegen bleibt? Welche positiven, wenn Sie ihn erledigen?

Dem schwachen Chef ein Todesstoß?

Hat mich der Oberboss schon angebrüllt, dass sein Bass durch die schwere Eichentür drang? Gilt unsere Abteilung als Prügelknabe der Firma? Zittern in hektischen Momenten meine Hände? Und glänze ich nur durch meine schweißnasse Stirn?

Seien Sie ehrlich: Die Versuchung, einem schwachen Chef den Todesstoß zu versetzen, ist groß! Indem Sie nur noch mit halber Kraft arbeiten. Sie kommen spät, gehen früh, sind oft krank. Manches Kind, das in den Brunnen fällt, hätten Sie durch einen dezenten Hinweis retten können – zum Beispiel Projekttermine, die ich im Stress übersehen habe. Und sobald ich Ihnen und Ihren

Kollegen den Rücken zudrehe, ziehen Sie abfällige Grimassen und sagen laut, was Sie über mich denken, auch gegenüber anderen Abteilungen.

Ihr Ziel ist verständlich: Sie wollen einen angesehenen Chef, keine Memme. Aber werden Sie das auf diese Weise erreichen? Vergessen Sie nicht: Der Oberboss leidet an Beißhemmung, wenn es darum geht, einen leitenden Angestellten zu entlassen. So erbärmlich ich meine Rolle auch ausfülle, ich gehöre doch zur Familie der Führungskräfte. Er persönlich hat mich in diesen erlauchten Kreis berufen. Selbst wenn hinter der verschlossenen Tür die Fetzen fliegen: Nach unten, gegenüber den Mitarbeitern, hält er zu mir. Ein schwarzes Schaf in der Familie hat auch Vorteile. In Gegenwart eines Blinden werden die Einäugigen zu Königen! Außerdem bin ich ein vorzüglicher Sündenbock: Geht etwas schief, kann's der Oberboss mir in die Schuhe schieben.

Nun malen Sie sich aus, ich bleibe jahrzehntelang als schwacher Chef im Amt. Dann arbeiten Sie in einer Abteilung, die eher als Schrotthaufen denn als Talentschmiede gilt. Wie wollen Sie da Karriere machen? Wie wollen Sie Ihre Ideen verwirklichen, Ihre Gehaltswünsche durchsetzen? Und was sollte Sie motivieren, mit großem Ehrgeiz an die Arbeit zu gehen und täglich Ihre Qualifikation zu verbessern?

Was Sie brauchen, ist ein starker Chef. Drei Wege führen ans Ziel:
- Sie wechseln die Firma oder die Abteilung. Aber bitte rechtzeitig, bevor ich Sie mit in den Image-Sumpf gezogen habe!
- Sie kicken mich aus dem Amt, indem Sie mich mobben, boykottieren und ins offene Messer laufen lassen. Wie schwierig das sein kann, habe ich beschrieben. Es sei denn, Sie bekommen klare Signale vom Oberboss! Öffentliche Kritik aus seinem Mund gilt als Startschuss zum Kesseltreiben – gerade in Betrieben, wo das gefürchtete Gespenst aller Chefs umgeht, das Gespenst vom Lean Management (siehe nächstes Kapitel). Wie das Wort «Kesseltreiben» schon sagt: Sie dürfen nicht allein antreten, sondern brauchen die Unterstützung der Kollegen!

- Die dritte Möglichkeit wird Sie überraschen: Sie sorgen dafür, dass ich meinen Stand verbessere, ein stärkerer Chef werde! Sie analysieren, wie es kommt, dass mein Ansehen so gering ist. Liegt es an der Organisation meiner Abteilung? Werden Termine verschlafen? Stimmt die Qualität der Arbeit nicht? Machen Sie Vorschläge, wie es aufwärts gehen kann. Wecken Sie bei Ihren Kollegen das Bewusstsein: Wir sind nur so stark wie unser Chef! Wenn Ihnen eine solche Wende gelingt, können Sie sicher sein, dass Sie bei mir ein Stein im Brett haben – und wahrscheinlich auch beim Oberboss, dem Ihr Einsatz nicht verborgen geblieben ist.

Geheimnis: Pflaumen auf dem Chefsessel bleiben oft lange hängen, weil der Oberboss sie hält.

Tipp für Sie: Wenn Sie einen schwachen, aber von oben gehaltenen Chef stürzen wollen, bleiben oft Sie auf der Strecke. Wenn Sie ihn stärken, profitiert die ganze Abteilung davon.

Lean Management – Killer der Bosse

Wenn es ein Wort gibt, vor dem ich zurückschrecke wie der Teufel vor dem Weihwasser, dann «Lean Management». Nichts gegen eine Diät für die Firma – es sei denn, ich bin der Speck, der abgebaut werden soll! Genau das ist die Idee des Lean Management: Wozu noch Gruppen- und Abteilungsleiter beschäftigen? Die Oberbosse können doch gleich die Fäden bis nach ganz unten ziehen, assistiert von schlecht bezahlten Mitarbeitern in den Abteilungen, sogenannten Alpha-Tieren.

Natürlich geht es ums Geld! Mit Prämie komme ich, je nach Firma, als Abteilungsleiter locker auf ein Gehalt zwischen 70 000 und 100 000 Euro. Dazu addieren sich mein Dienstwagen, mein Handy, meine Reisespesen, das Gehalt meiner Sekretärin ... Nicht gerade ein Fall für die Portokasse!

Falls *Lean Management* als zündende Idee bei uns gehandelt wird, brennt mein Stuhl. Da sehe ich nur eine Chance: die Flucht nach oben! Durch Aufstieg in die Oberboss-Etage.

Kann sein, ich kämpfe nun skrupellos um meine Beförderung. Diese Schlacht ums Überleben verengt meinen Blick; auf Sie und die anderen Mitarbeiter nehme ich kaum mehr Rücksicht. Wenn Sie mir zum Beispiel eine Idee liefern, wie sich Geld sparen lässt, ist es nicht ganz unwahrscheinlich, dass ich damit gleich zum Oberboss laufe – allerdings natürlich ohne Ihre Urheberschaft zu erwähnen. Schließlich will ich meine Beförderung erreichen – und nicht Ihre!

Sie wollen mehr Gehalt? Diese Forderung werde ich ganz sicher nicht an den Oberboss weitergeben; wo doch für mich schon zu wenig da ist! Sie wollen aufsteigen? Dafür werde ich keinen Finger rühren; über Ihnen befindet sich doch ein völlig luft- und positionsleerer Raum!

In dieser Situation können Sie Ihren Vorteil nur wahren, indem Sie auf zwei Gleisen fahren:

Zum einen dürfen Sie es sich mit mir nicht verscherzen – vielleicht erreiche ich ja tatsächlich die Beförderung und werde dann, wenn ich in Sicherheit bin, wieder gnädiger.

Zum anderen sollten Sie feine Fäden zum Oberboss spinnen – für den Fall, dass der Hausmeister doch bald mein Namensschild von der Tür schraubt! Dann wäre Ihre Arbeit der letzten Jahre vielleicht für die Katz gewesen und meine Versprechungen keinen Cent mehr wert. Nutzen Sie deshalb jede Gelegenheit, dem Oberboss mit Ihrer Arbeit aufzufallen – er kann schon bald Ihr direkter Vorgesetzter sein. Mein Urlaub bietet sich da geradezu an. Dann habe ich keinen Grund, mich über- oder gar hintergangen zu fühlen.

Keine Angst, Sie gehen dem Oberboss nicht auf die Nerven, wenn Sie ihn in wichtige Vorgänge einweihen – die Idee des Lean Management läuft ja darauf hinaus, dass die Informationen eine Hierarchieebene überspringen.

Aber nicht nur Ihre Arbeit, auch ein freundlicher Gruß, wenn Ihnen der Oberboss auf dem Flur begegnet, ein nettes Gespräch im

Lift oder ein Kompliment fürs letzte Interview in der Lokalzeitung: All das kann Ihre Position für die Zukunft stärken. Sorgen Sie dafür, dass er Ihr Gesicht und Ihren Namen kennt!

> *Geheimnis:* Der prächtige Chefsessel wird immer öfter zum Schleudersitz. Wo Lean Management regiert, zittert keiner so sehr um seinen Arbeitsplatz wie der Chef.
>
> *Tipp für Sie:* Unterstützen Sie Ihren Chef, wenn er sich durch Aufstieg retten will. Diese Hilfe wird er nicht vergessen.

Weiß doch jeder – außer dem Chef

Alle haben es gewusst: Dass meine Sekretärin ein Verhältnis mit Herrn Holzmann hat. Dass Herr Koch aus dem Lager täglich zum Flachmann greift. Dass ein wichtiger Liefertermin, den ich persönlich zugesagt habe, platzen wird. Und wer erfährt es als Letzter? Ich!

Ein großer Teil meiner Macht soll darin bestehen, dass ich mehr weiß als Sie. Bei Geschäftszahlen, Personalplanung oder anstehenden Umstrukturierungen habe ich tatsächlich einen Informationsvorsprung. Aber nicht bei alltäglichen Vorgängen.

Warum bin ich so schlecht informiert? Zwei Gründe:
- Die Tür der Gerüchteküche steht mir nicht immer offen; als Chef bin ich ein Außenseiter.
- Mir geht's wie dem Kaiser mit den neuen Kleidern: Unangenehme Wahrheiten will mir keiner ins Gesicht sagen!

Fangen wir mit den Gerüchten an: Warum müsste ich wissen, dass meine Sekretärin und Herr Holzmann ... Vielleicht deshalb, weil sie für seine Spesenabrechnung zuständig ist. Eine unnötige Einladung zur Mauschelei!

Oder nehmen Sie Herrn Koch, den Alkoholiker aus dem Lager. Wenn ihm bei einer Botenfahrt ein Kind unter die Räder kommt und er hat zwei Promille im Blut: Was meinen Sie, wen der Oberboss dafür zur Verantwortung zieht? Ich höre ihn schon brüllen: «Jeder in der Firma hat es gewusst! Warum ausgerechnet Sie als sein Vorgesetzter nicht?»

Noch fataler: Niemand warnt mich, den Kaiser, vor einer (bevorstehenden) Blöße! Nehmen Sie den im Platzen begriffenen Liefertermin. Ich denke natürlich: Alles in Butter! Nervöse Nachfragen des Kunden glätte ich mit beruhigenden Worten. Am Liefertag trifft mich die Hiobsbotschaft wie ein Blitz aus heiterem Himmel. Wie stehe ich jetzt da? Das kann mich Kopf und Kunden kosten!

Alle Studien belegen: Wir Chefs sind zu optimistisch, was die Funktionstüchtigkeit und die Aussichten unserer Firmen betrifft. Ich schaue durch die rosarote Brille. Und die Mitarbeiter wagen es nicht, mich von meiner Wolke zu stoßen. Keiner will sich zum Boten einer schlechten Nachricht machen – aus Sorge um seinen Kopf! Psychologen haben unsere verzerrte Wahrnehmung treffend benannt: Sie sprechen von der «Geschäftsführer-Krankheit» (die freilich auch vor mir als Abteilungsleiter nicht Halt macht). In Wirklichkeit würden Sie mich als Bote einer schlechten Nachricht allenfalls kurzfristig zornig machen – aber langfristig dankbar! Wenn ich zum Beispiel weiß, dass ein Liefertermin platzt, kann ich durch Gespräche im Vorfeld den Schaden verringern. Ich erwarte von meinen Mitarbeitern sogar, dass sie mich nicht nur als Hofnarren bei Laune halten – sondern mich vor Katastrophen warnen. Um in solchen Fällen einzugreifen, werde ich schließlich bezahlt. Je später mich die Information erreicht, desto größer meist der Schaden.

Wenn Sie also merken, dass ich an der Geschäftsführer-Krankheit leide: Verpassen Sie mir ungeniert Ihre Informationsspritzen! Diese erste Hilfe wird eine zweite Hilfe nach sich ziehen – die ich Ihnen leiste, wenn es darum geht, Ihre Interessen nach oben durchzusetzen.

> **Geheimnis:** Die meisten Gerüchte gehen an den Ohren des Chefs vorbei. Dabei sollte er am besten informiert sein!
>
> **Tipp für Sie:** Wie wäre es, dem Chef gelegentlich mal die Augen zu öffnen? Im Gegenzug werden Sie wichtige Infos von oben früh erfahren.

Die Angst des Chefs vor dem Mitarbeiter

Das waren Zeiten, als es noch klare Rollen gab: hier der Chef als Herr, dort der Mitarbeiter als Knecht. Heute scheint es mir oft umgekehrt: Ich fühle mich abhängig von Ihnen! Der Oberboss erwartet, dass ich Sie «modern» führe. Nicht brüllen soll ich, sondern überzeugen, nicht bestrafen, sondern belohnen.

Meine Mitarbeiter sind der Motor des Abteilungswagens, ich sitze nur am Steuer. Wenn Ihre Arbeit stottert, komme ich nicht voran. Das kostet mich meinen guten Ruf – und meine zielgebundene Jahresprämie noch dazu.

Mein Alptraum: Jeder von Ihnen arbeitet ein bisschen weniger und schlampiger. Schon fällt das Jahresergebnis meiner Abteilung 15 Prozent schlechter aus. Und ich bin beim Oberboss unten durch. Im Ernstfall gilt dasselbe wie in der Fußballbundesliga: Nicht die ganze Mannschaft wird gefeuert – nur der Chef(trainer).

Die moderne Führung stellt das alte Rollenverständnis auf den Kopf. Nehmen Sie das jüngste Folterinstrument gegen uns Chefs, die «Vorgesetztenbeurteilung». Jeder einzelne Mitarbeiter darf mir ein Zeugnis ausstellen – natürlich anonym –, damit ich meine Stärken und Schwächen sehe. Aber welche Schlüsse zieht der Oberboss aus dem Ergebnis? Er vergleicht, wie die einzelnen Abteilungsleiter abschneiden – und leitet daraus ein *Ranking* ab: Hoch im Kurs steht, wer seine Mitarbeiter hinter sich hat. Und unten durch ist, wer in einer solchen Befragung abgewatscht wird.

Wer weiß, ob Sie nicht auch im Alltag an meinem Image kratzen, zum Beispiel durch Tratsch. Mit Leichtigkeit können Sie mich beim

Schwätzchen am Kopierer abteilungsübergreifend zum Trottel stempeln. Dabei lebe ich als Chef von meinem guten Ruf; ich möchte als unfehlbarer Macher gelten.

Falls ich Ihnen bei einer solchen Intrige auf die Schliche komme, muss ich sogar meinen Racheschlag, der Sie freilich treffen wird, möglichst gut tarnen – sonst heißt es am Ende noch, ich sei nicht «kritikfähig»! So nennt man es heute, dass ich mir als Vorgesetzter alles gefallen lassen muss.

Vielleicht sehe ich auch Gespenster: Während Sie über den jüngsten Politikerwitz lachen, beziehe ich den Spott auf mich. Und warum? Weil ich permanent ein schlechtes Gewissen habe! Wie oft reite ich auf der Kanonenkugel durch die Abteilung (siehe Seite 121, «Die Hitliste der Cheflügen»). Ich überspiele meine Wissenslücken. Ich mache Zusagen, von denen ich weiß, dass ich sie nicht halten kann. Und wenn Sie nach den jüngsten Entwicklungen an der Unternehmensspitze fragen, rede ich mich geschickt aus der Affäre.

Was, wenn dieses Kartenhaus aus Lügen und Halbwahrheiten über mir zusammenbricht?

Geheimnis: Der Chef sitzt zwar am Steuer des Abteilungswagens – aber seine Mitarbeiter sind der Motor! Ohne sie läuft gar nichts.

Tipp für Sie: Seien Sie sich Ihrer Macht bewusst – beispielsweise in Verhandlungen mit dem Chef. Zeigen Sie ihm deutlich, mit welchen «PS» Sie ihn voranbringen.

CHEF-TÜV: Ist Ihr Chef ein armer Hund?

Die folgenden Fragen beziehen sich auf Ihren eigenen Chef. Versetzen Sie sich beim Antworten in ihn und kreuzen Sie jeweils eine Lösung an. Am Ende erfahren Sie, wie er sich in seiner Rolle fühlt – ob als Glückspilz oder armer Hund.

1. Falls Ihr Chef einen Vorgesetzten hat: Wie schätzt er wohl sein Verhältnis zu diesem «Oberboss» ein (in seinen eigenen Worten)?
   a) «Ausgezeichnet! Wir verstehen uns blind.»
   b) «Ich mache gute Miene zum bösen Spiel.»
   c) Oft muss ich ausführen, was mir selbst nicht passt; sonst gibt's eins auf die Mütze.»
   d) «Ich werde vom Oberboss bezahlt. Sein Wunsch ist mir Befehl.»

2. Was, glauben Sie, geht in Ihrem Chef vor, wenn er einen langjährigen Mitarbeiter aus wirtschaftlichen Gründen entlassen muss?
   a) «Der Stoff, aus dem meine Alpträume sind! Ich leide fast genauso wie der Abschusskandidat.»
   b) «Persönliches Pech für meinen Mitarbeiter. Aber so werden andere Arbeitsplätze gesichert.»
   c) «Wo gehobelt wird, fallen nun mal Späne. Geschäfte lassen keinen Platz für Sentimentalitäten.»
   d) «Das verdirbt mir die Laune. Aber nach außen wahre ich Fassung; schließlich bin ich Vorbild.»

3. Wie denkt Ihr Chef vermutlich über seine alltägliche Arbeit?
   a) «Manche Chefarbeiten sind Strafarbeiten – aber immerhin werde ich dafür gut bezahlt.»
   b) «Was der Firma dient, dient mir. Ob heuern oder feuern, Roulette oder Routine – bei mir zuckt keine Wimper.»
   c) «Hätte ich doch mehr Zeit für meine alte Fachaufgabe! Seit meiner Beförderung habe ich weniger Spaß.»
   d) «Meine Arbeit macht mir Freude – so viel, dass ich sie manchmal den Hobbys vorziehe.»

4. Was mag in Ihrem Chef vorgehen, wenn er abends wieder mal als Letzter in der Firma sitzt?
   a) «Überstunden sind in meinem Gehalt inklusive – und in dem meiner Mitarbeiter eigentlich auch!»

b) «Ist schon o.k. Meine Arbeit macht mir so viel Spaß, dass die Zeit wie im Flug vergeht.»
   c) «Ich beiß halt in den sauren Apfel! Mein Gehalt versüßt ihn mir!»
   d) «Am liebsten würde ich Feierabend mit den anderen machen!»

5. Wie würde Ihr Chef die Tatsache definieren, dass er für seinen Bereich die Verantwortung trägt?
   a) «Sobald etwas schief läuft, bin ich der Dumme. Egal, wer's verbockt hat.»
   b) «Ich habe das Glück, dass viele Hände mir zuarbeiten. Auf die Erfolge bin ich stolz.»
   c) «Die Firmenleitung hat mich ernannt. Das berechtigt mich, die Marschrichtung vorzugeben.»
   d) «Ich trage schwer an der Verantwortung. Aber das gehört nun mal zu einer leitenden Funktion.»

6. Falls Ihr Chef Kollegen auf derselben Hierarchiestufe hat: Wie, glauben Sie, definiert er sein Verhältnis zu den anderen?
   a) «Keine Konkurrenz! Wir haben Spaß miteinander und vertrauen uns.»
   b) «Es gilt das Gesetz Darwins: Der Stärkste setzt sich durch. Das wichtigste Ziel: das Überleben der Firma.»
   c) «Anstrengend – aber Konkurrenz hält mich wach.»
   d) «Ein verzehrender Kampf wie im Wolfsrudel. Jeder von uns will für den Oberboss ein Alpha-Tier sein!»

7. Ihr Chef setzt sich zu einer fröhlichen Mitarbeiter-Runde in der Kantine. Was geht wohl in seinem Kopf vor?
   a) «Hoffentlich haben die nicht über mich gelacht.»
   b) «Die freuen sich bestimmt, dass ich mich zu ihnen setze!»
   c) «Als Chef bin ich immer im leidigen Dienst. Ein wenig Mitarbeiter-Pflege muss auch in der Mittagspause sein!»

d) «Ich bin nun mal kein Kollege unter Kollegen. Aber man kann nicht alles haben.»

Vergleichen Sie Ihre angekreuzten Antworten mit der folgenden Aufstellung. Ordnen Sie die Kreuze zu und zählen Sie am rechten Rand zusammen.

Armer Hund: 1c, 2a, 3c, 4d, 5a, 6d, 7a = ____
Tapferes Schneiderlein: 1b, 2d, 3a, 4c, 5d, 6c, 7d = ____
Treuer Soldat: 1d, 2c, 3b, 4a, 5c, 6b, 7c = ____
Glückspilz: 1a, 2b, 3d, 4b, 5b, 6a, 7b = ____

Wo haben Sie die meisten Kreuze gemacht? Nun wissen Sie, wie es Ihrem Chef (nach Ihrer Wahrnehmung) mit seiner Arbeit geht:

Armer Hund: Auch wenn Ihr Chef nicht jault: Er leidet unter seiner Position! Im schlimmsten Fall dreifach: Die Arbeit erfüllt ihn nicht. Der Oberboss schubst ihn herum. Und Ihnen, den Mitarbeitern, fühlt er sich zwar verbunden, gehört aber als Chef nie ganz dazu. Oft muss er sich gegen seine Gefühle und gegen Sie entscheiden.

Tapferes Schneiderlein: Ihr Chef empfindet ähnlich wie der arme Hund – aber er schafft es, seine Gefühle mit der Peitsche des Verstandes zu zähmen. Tapfer, manchmal sogar klug, erträgt er seine Sandwich-Position. Die Vorteile seiner Stellung sieht er an guten Tagen als Belohnung – an schlechten als Schmerzensgeld.

Treuer Soldat: Ihr Chef kümmert sich wenig um Gefühle – nicht in seiner Brust und noch weniger in Ihrer. Er marschiert in jede Richtung, auch auf den Abgrund zu, wenn es die Geschäftsleitung wünscht. Die Firma ist ihm heilig; Menschen sind nur Mittel zum Zweck.

Glückspilz: Ihr Chef ist glücklich mit seiner Arbeit. Seine Aufgabe erfüllt ihn. Die Position zwischen Ihnen und dem Oberboss fordert ihn eher heraus, als dass sie ihn belastet. Ein lebenskluger Mensch? Oder ein naiver, dem gar nicht bewusst ist, dass er über dem Abgrund jongliert?

Chef-Antrieb: Spiele im Ego-Land

Eines Tages der Chef sein, das schien mir schon als Kind ein Weg zu Anerkennung, Macht und Reichtum. Ich wollte aller Welt zeigen, wer ich bin. Nicht zuletzt meinen Eltern und den Lehrern. Sie sollten sehen, dass ich es geschafft habe.

Die Kindheit eines Chefs

Als Chef würde mir niemand was zu sagen haben! Nicht, wann ich ins Bett muss. Nicht, wann meine Hausaufgaben zu machen sind. Stattdessen hätte *ich* das Sagen! Alle würden hören auf mein Kommando, tanzen nach meiner Pfeife. Ich würde das dickste Auto fahren, in Goldtalern baden und hätte eine wahre Fee als Sekretärin. Die anderen in der Firma wären keine Konkurrenten – wie die Mitschüler auf dem Schulhof –, würden mich nicht täglich zum Kampf herausfordern, um wieder mal zu klären, wer der Stärkere ist. Nein, es wäre völlig klar: Ich bin oben – sie sind unten!

Die Fantasie, der allmächtige Herrscher zu sein: Viele Kinder entwickeln sie. Meist in einer Zeit der Ohnmacht. Sie sind klein und hilflos. Ernährt von den Eltern, benotet von den Lehrern, gegängelt von älteren Schulkindern. Manchmal wird die Seele verletzt und blutet ein Leben lang. Die Psychologen sprechen von «narzisstischen Defiziten». Nicht selten sind solche Kränkungen der Motor hinter einem Aufstieg. Ein rein egoistisches Motiv.

Ich möchte nie mehr – wirklich nie mehr! – der kleine Befehlsempfänger sein, der Abhängige. Nie mehr bloßgestellt und befohlen, verniedlicht und vorgeführt. Also verwandle ich im Berufsleben meine Ohnmacht in Macht. Der kleine Hüpfer bläst sich auf zum großen Chef!

Um meinen Traum ganz zu verwirklichen, müsste ich ein eigenes Imperium gründen. Aber wenn sich herausstellt, dass ich eben kein Bill Gates bin? Dann muss ich mir zähneknirschend eine Firma als Mittel zum Zweck suchen, als Steigbügelhalter für meine Träume. Allerdings werden meine Machtfantasien nur zu kleinen Teilen wahr: Als leitender Angestellter bin ich nicht nur mächtig, sondern auch ohnmächtig, nicht nur Befehlender, sondern auch Befehlsempfänger. Wie alle anderen kann ich gefeuert werden; über mir thront der Oberboss. Heimlich hasse ich vielleicht die Firma – von der Sie denken, ich würde sie lieben –, weil ich von ihr abhängig bin!

Geheimnis: Viele Chefs werden Chefs, um das Sagen zu haben, statt sich was sagen zu lassen. Dieser Wunsch erfüllt sich in leitender Anstellung kaum, solange der Oberboss den Kurs bestimmt.

Tipp für Sie: Fordern Sie von Ihrem Chef nichts, was seine Macht überschreitet. Ein Abteilungsleiter kann zum Beispiel nicht die gesamte Firmenpolitik verändern. Wenn Sie ihn an seine Ohnmacht erinnern, fällt das auf Sie zurück.

Die Firma ist ja so egal!

Manchmal tue ich so, als wäre ich der verlängerte Arm des Unternehmens, als wären die Firmeninteressen mit meinen Eigeninteressen identisch. Was für ein Märchen! In Wirklichkeit bin ich an mir selbst interessiert: an meiner Karriere, meinem Gehalt, meiner Macht! Die innere Reihenfolge, nach der ich entscheide: Erst komme ich. Dann die Abteilung. Dann die Firma.

Ich betone: Die Firma kommt an letzter Stelle! Der Oberboss, selbst ein Chef, wittert meinen Egoismus. Sein Misstrauen drückt sich darin aus, dass er mir einen außergewöhnlich großen Teil meiner

Vergütung vorenthält. In manchen Firmen bekomme ich als Chef nur 50 bis 70 Prozent meiner Vergütung als monatliches Grundgehalt. Den Rest gibt's als Prämie. Aber lediglich, wenn ich meine Jahresziele erreiche! So will der Oberboss eine Brücke zwischen meinen Zielen und denen der Firma schlagen.

Schon bei meinem Aufstieg habe ich Ego- gegen Firmeninteressen durchgesetzt. Ginge es nach der Firma, würde ein Mitarbeiter, der seine Position exzellent ausfüllt, möglichst lange dort sitzen bleiben. Immerhin hat das Unternehmen in meine Aus- und Fortbildung investiert, bis ich ein hohes Leistungsniveau erreicht habe. Und genau in diesem Moment, da ich die Traumbesetzung auf meinem Stuhl bin, soll ich auf einen völlig anderen Sessel gehoben werden? Das ist so, als würden Sie Manuel Neuer vom Tor ins Mittelfeld befördern, nur weil es ihm in seinem Kasten allmählich langweilig wird.

Zu oft schon wurde beispielsweise der beste Verkäufer des Unternehmens zum schlechtesten Vertriebsleiter gemacht. Eine doppelte Katastrophe: Er versagt auf dem neuen Stuhl und fehlt auf dem alten. Und selbst wenn ich der Herausforderung gewachsen bin: Die Beförderung macht mich wieder zum Anfänger! Ich muss mich einarbeiten, muss Führungsseminare besuchen, meine Mitarbeiter kennen lernen, Akten wälzen. Und für diese Phase des Warmlaufens lasse ich mir von der Firma natürlich schon eine Chefgage auf den Tisch blättern, die deutlich über meinen alten Bezügen liegt!

Mich möglichst lange in der Fachposition halten: Das wollte die Firma! Die Tür zur Beförderung hat sich nur geöffnet, weil ich an ihr gerüttelt habe. Die Triebfeder meines Handelns sind meine eigenen Interessen! Nur aus strategischen Gründen muss ich Schnittflächen zwischen meinen Wünschen und denen des Unternehmens herstellen. Beispielsweise könnte ich dem Oberboss die Fusion zweier Abteilungen schmackhaft machen. Dadurch würde, wie meine Berechnung nachweist, viel Geld gespart. Und raten Sie mal, wen ich für den Posten des Leiters der Doppelabteilung vorschlage ...

Achten Sie bei der Gewichtung Ihrer Arbeit also darauf, dass Sie nicht zu global auf die Interessen des Unternehmens zielen – sondern auf meine Interessen und die der Abteilung! Beispielsweise ist es sicher im Sinne des Unternehmens, wenn Sie feststellen: Zwei fest angestellte Mitarbeiter meiner Vertriebsabteilung könnten reibungslos durch freie Vertreter ersetzt werden. Aber raten Sie mal, wie ich auf Ihren Vorschlag reagiere, falls mit der Personalstärke meine Macht schwinden sollte ...

Ihr Erfolg in der Abteilung hängt direkt davon ab, wie sehr Sie zu meinem persönlichen Erfolg beitragen. Fragen Sie immer wieder in Vier-Augen-Gesprächen nach, welches meine Ziele sind und was Sie beitragen können, damit ich sie erreiche.

Geheimnis: Die Firma kommt für den angestellten Chef an letzter Stelle. Es geht ihm um seine Macht, sein Geld, seine Karriere.

Tipp für Sie: Argumentieren Sie bei Vorschlägen nicht mit dem Vorteil der gesamten Firma – sondern heben Sie den direkten Nutzen für Ihren Chef und seine Abteilung hervor.

Wer bietet einen Judaslohn?

Auf den ersten Blick halten Sie mich vielleicht für die Loyalität in Person. Ich verliere nie ein schlechtes Wort über den Oberboss. Ich verkünde jede Schnapsidee der Geschäftsführung mit feierlicher Miene. Und wenn ich über die Konkurrenz spreche, dann stets in abfälligem Ton: Wir sind schlagkräftig, modern und zukunftsfähig – die anderen flügellahm, altbacken und der Insolvenz geweiht!

Bin ich also ein treuer Firmensoldat, der unter allen Umständen zur Fahne hält? Falls ich aus einem anderen Unternehmen komme, können Sie daraus auf die Antwort schließen. Denn wie treu war ich meinem alten Arbeitgeber? Während ich dort noch meine Nase in vertrauliche Unterlagen steckte und mich als loyaler Firmendiener gab, habe ich heimlich meine Bewerbung getippt und, Lügen erfindend, zweimal kurzfristig einen Tag Urlaub genommen für die beiden Vorstellungsgespräche. Und schließlich, wie aus heiterem Himmel, habe ich meine Kündigung auf den Tisch geworfen.

Das Groteske: Auch der neue Oberboss wusste, dass ich durch meine Bewerbung die alte Firma hintergangen habe. Aber weil es zu seinem Vorteil war und weil das beim Wechseln so üblich ist, hat er es akzeptiert. Das System fördert die Illoyalen! Zumal ich in der neuen Firma immer einem Loyalen, der sich nirgendwo beworben hat, vor die Nase gesetzt werde.

Was meinen Sie, wie ich morgen reagiere, wenn wieder ein Headhunter meine Nummer wählt? Der Gesetzgeber hat, in einer bösen Ahnung, solche Anrufe in der Firma ausdrücklich eingeschränkt. Aber natürlich schmeiße ich nicht den Hörer auf die Gabel – ich habe meine Visitenkarten doch gezielt unter Headhuntern gestreut! Ihre Angebote geben mir die Möglichkeit, meinen Marktwert zu testen oder durch einen Wechsel mein Gehalt zu verbessern – oder am Ende sogar irgendwo der Oberboss zu sein!

Von meiner Taktik können Sie lernen: Intern bin ich die Loyalität in Person! Ich gebe dem Oberboss nach unten und zur Seite Rückendeckung, auch wenn ich anderer Meinung bin. Falls ich den Mut habe, Kritik zu äußern, geschieht das hinter verschlossener Tür.

Gleichzeitig bin ich nach außen, gegenüber anderen Firmen und Headhuntern, für alles offen. Ich lasse mir kein Fachpodium entgehen, um neue Kontakte zu knüpfen, meine Visitenkarten zu verteilen und die Oberbosse von der Konkurrenz zu beeindrucken. Mein Netzwerk ist perfekt.

Mit derselben Überzeugung, mit der ich heute das Lied unserer Firma singe, könnte ich morgen schon hinter der Fahne eines Wettbewerbers marschieren. Wenn Sie klug sind, halten Sie sich ebenfalls alle Türen offen – und lästern in meiner Gegenwart nicht allzu laut über die Konkurrenzfirmen. Dann kann es passieren, dass ich Ihnen nach meinem Wechsel ein lukratives Angebot mache. Denn wir «loyalen» Chefs wandern selten allein ab, sondern ziehen unsere besten Leute mit!

> *Geheimnis: Der Chef ist der Firma nicht treu – sobald ihm ein Vorteil winkt, fällt er dem nächsten Unternehmen in die Arme.*
>
> *Tipp für Sie: Schneiden Sie sich von diesem gesunden Egoismus eine Scheibe ab! Falls es Abteilungen oder Firmen gibt, in denen Sie sich besser verwirklichen könnten – wagen Sie den Sprung!*

Chef-Meeting: Und die Krähen hacken doch!

In den meisten Firmen hänge ich nicht allein in der Felswand der Hierarchie, sondern da sind Bergsteiger links und rechts von mir – meist andere Abteilungsleiter. Diese Chefkollegen sind genauso hoch wie ich gestiegen. Alle starren wir gebannt zum Gipfel hinauf, wo der Oberboss thront. Belustigt verfolgt er unseren Wettkampf: Jeder will am höchsten in seiner Gunst steigen, zuerst in Gipfelnähe sein.

Falls Sie bislang dachten, die anderen Chefs seien meine Freunde – vergessen Sie's! Wir sind erbitterte Konkurrenten im Kampf ums Ansehen, um die Etats und um die Karriere. Jeder Meter, den ein anderer gewinnt, ist für mich verloren.

Nehmen Sie den Etat meiner Abteilung. Seine Höhe ist ein Indikator für meine Macht. Vom Budget hängt zum Beispiel ab, wie viele Mitarbeiter ich beschäftigen kann. Oder ob Sie Ihre Gehaltserhöhung bekommen oder nicht. Stellen Sie sich das Firmenbudget wie einen Kuchen vor. Der Oberchef verteilt ihn an die Abteilungen. Wer die besten Argumente hat, bekommt das größte Stück.

Was muss ich tun, damit ich gut abschneide? Ich muss meine Abteilung bei jeder Gelegenheit zum Nabel der Firmenwelt erklären – und gleichzeitig die anderen Abteilungen kleinreden.

Sie sollten mal bei einem Meeting auf Abteilungsleiterebene dabei sein! Da buhlt ein Haufen eifersüchtiger Kinder um die Gunst des großen Vaters! Unterm Tisch wird getreten und gekniffen. Überm Tisch kreist der schwarze Peter: Wenn zum Beispiel ein Projekt in den Brunnen gefallen ist, will von uns «Verantwortungsträgern» wieder mal keiner verantwortlich sein! Als Leiter der Forschungsabteilung klage ich den Chef der Produktion an, als Produktionsleiter fluche ich auf den ersten Mann im Vertrieb. Und alle zusammen knüppeln wir auf die Werbeabteilung ein, weil unsere Geniestreiche angeblich nicht publik geworden sind!

Die Macht der Abteilungen hängt in erster Linie vom direkten Anteil am Unternehmenserfolg ab. An letzter Stelle kommt überall die Personalabteilung. Sie gilt als Einwohnermeldeamt der Firma – und hat nichts zu melden. Wichtige Personalentscheidungen, zum Beispiel auch Ihre Beförderung, treffe ich als Abteilungsleiter selbst. Manchmal bilde ich Seilschaften mit anderen Chefs, sofern wir in dieselbe Richtung klettern. Zum Beispiel kann es sein, dass ich als Chefredakteur einer Zeitschrift dasselbe Interesse habe wie der Anzeigenleiter: Eine höhere Auflage soll unters Volk gebracht werden, auch unbezahlt in Lesezirkeln – was vielleicht dem Herstellungs- und dem Vertriebsleiter nicht passen wird, weil sie dann mehr drucken und verteilen müssen (was auf Kosten ihrer Etats geht). Also verbünde ich mich mit dem Anzeigenleiter, um den Oberboss für uns zu gewinnen und die Meinungsgegner im Meeting unter den Tisch zu reden.

Für Sie ist es wichtig, meine internen Freund- und Feindschaften zu kennen: Mit welchen Chefkollegen gehe ich essen, besonders im Vorfeld von Meetings? Wer geht in meinem Büro ein und aus? Mit wem stecke ich den Kopf auf dem Flur zum Tuscheln zusammen? Und wen würdige ich höchstens eines kurzen und kalten Grußes?

Nur wenn. Sie wissen, wer unsere Trikotfarbe trägt, können Sie den Ball in den eigenen Reihen halten! Oder wie käme es wohl an bei mir, wenn Sie den verfeindeten Produktionsleiter auf dessen Nachfrage mit einer internen Information versorgen – und er sie mir in der nächsten Sitzung als Pistole auf die Schläfe presst?

Wenn Sie mir dagegen zeigen, dass Sie Freund und Feindin in meinem Sinne unterscheiden können, werte ich das als Zeichen großer Loyalität – und die ist immer noch erste Voraussetzung dafür, dass ich Sie schätze und fördere.

> **Geheimnis:** Das Sprichwort von der einen Krähe, die der anderen kein Auge aushackt, gilt nicht unter Chefkollegen!
>
> **Tipp für Sie:** Flirten Sie nicht allzu heftig mit anderen Abteilungen, besonders mit den dortigen Chefs. Gegenüber potenziellen Feinden Ihres Chefs sollten Sie sich zugeknöpft geben.

Was der Boss verdient? Bestimmen Sie!

Was ich als Chef verdiene? Hängt von Ihnen ab! Und natürlich vom Oberboss. Der hat mir und meiner Abteilung Ziele gesetzt. Wenn es uns gelingt, diese Latte zu überspringen, klopft er mir auf die Schulter. Und der Pegel meines Kontos steigt. Wenn nicht, gelte ich als Versager.

Stellen Sie sich eine Chefvergütung in etwa so vor: Neben meinem Grundgehalt winkt mir eine Jahresprämie, die zwischen 20 und 50 Prozent meiner Gesamtbezüge ausmachen kann. Nehmen wir an, mein jährliches Grundgehalt liegt bei 70 000 Euro. Dann wird mir der Rest der Vergütung, in diesem Fall zwischen 14 000 und 35 000 Euro, vom Oberboss lockend vor die Nase gehalten – als Prämie! Sie kann am Jahresende für einen warmen Geldregen auf meinem Konto sorgen – falls ich meine Jahresziele erreiche. Diese Ziele legt der Oberboss mit mir zusammen im Jahresgespräch fest. Und jetzt kommt das Gemeine: Natürlich ist bei den Jahreszielen selten von der Qualität der Arbeit die Rede. Es geht vielmehr um messbare Ergebnisse. Meine Abteilung soll mehr leisten, mehr verdienen und weniger ausgeben! Als Leiter des Call Centers wird mir das Ziel gesteckt, aus mindestens 30 Prozent der reklamierenden Kunden wieder begeisterte Fans des Unternehmens zu machen (bislang haben 27 Prozent nach einer Beschwerde erneut gekauft). Als Vertriebsleiter soll ich den Umsatz von 14 auf 16 Millionen steigern. Als Chef der Produktion die Ausschussrate von
    4 Prozent auf 3,5 Prozent senken ...

Um uns gegen diese Zumutung zu wehren, haben wir Chefs einen Trick entwickelt: Wo immer möglich, drücken wir die Ist-Zahlen und unsere Prognosen nach unten – und stehen später mit einem mittelmäßigen Ergebnis glänzend da.

In den meisten Fällen bin ich abhängig von Ihnen, um meine Jahresziele zu erreichen. Ich bin nur der Trainer des Teams, auf dem Spielfeld stehen Sie! Drastisch gesagt: Sie haben es in der Hand, meine Bezüge zu kürzen oder zu erhöhen!

Darum werde ich in Ihrem Jahresgespräch, falls solche in unserer Firma üblich sind, mein Ziel auf Ihr Ziel herunterbrechen. Als Vertriebsleiter rechne ich mir zum Beispiel aus, welchen Umsatz jeder einzelne Mitarbeiter erzielen muss, auch Sie, damit ich auf die gewünschten 16 Millionen komme.

Ob ich Freund oder Feind Ihrer Arbeit bin, hängt direkt davon ab, ob Sie mich meiner Prämie näher bringen – oder an falschen Fronten Ihre Kräfte (und mein Geld!) verschwenden. Richten Sie Ihren Kompass immer wieder in Gesprächen mit mir nach meinen Prioritäten aus. Geben Sie mir in Zwischengesprächen Bescheid, was Sie schon für mich bewegt haben. Dann weiß ich: Auf Sie kann ich mich eben verlassen, was die wichtigste Sache der Welt betrifft: mein Geld und meine Karriere! Wie ich dagegen über Sie denke, wenn Sie mir die Vergütung kürzen? Das überlasse ich gerne Ihrer Fantasie!

Geheimnis: Was ein Chef verdient, bestimmen seine Mitarbeiter. Von ihrer Leistung hängt es ab, ob er seine Prämie bekommt – oft 20 bis 50 Prozent des Chefgehalts.

Tipp für Sie: Sprechen Sie mit Ihrem Chef über die Jahresziele seiner Abteilung. Was können Sie dazu beitragen? Wenn Sie dem Chef bares Geld bringen, stehen Sie bei ihm hoch im Kurs.

Verhängnisvolle Gier

Wehe, Sie drucken Entwürfe in Farbe aus! Wehe, Sie lassen nach Feierabend das Licht brennen! Wehe, Sie nehmen bei Dienstreisen nicht den allerkürzesten Weg, selbst wenn er in den Stau führt! Dann stehe ich bei Ihnen als Sparkommissar auf der Matte.

Aber ich selbst? Ich residiere bei Geschäftsreisen in Fünf-Sterne-Hotels, mache mich hinter dem Lenkrad eines Dienstwagens der S-Klasse breit und schöpfe mir jedes Jahr aus dem Gehalts- und Prämientopf so viel, wie es der Oberboss gerade noch zulässt.

Während Sie Ihre Büromöbel in «vierter Generation» benutzen, habe ich die Reliquien meines Vorgängers ersetzen lassen. Von der Wand leuchten Gemälde. Nicht für mich – wo denken Sie hin –, sondern um vor Geschäftspartnern zu repräsentieren!

Böse Zungen behaupten, ein guter Teil des Gehalts meiner Sekretärin sei Schweigegeld – zum Beispiel für meine Spesenabrechnungen. Oft nähren sie den Verdacht, ich hätte mit Freunden so richtig einen draufgemacht. Gar nicht wahr! Einer der Teilnehmer, Cocktail-Dieter – pardon, ich meine natürlich: Herr Dr. Herwig – ist Prokurist bei einem Geschäftspartner. Was die Party zu einem Dienstessen macht und den Schnaps zu Öl im Geschäftsgetriebe. Wie alle, die in der Nähe des Geldhahns sitzen, laufe ich stets Gefahr, dass ich den Hals nicht voll genug kriege. Wenn ein Fernsehsender es schaffen würde, alle Führungskräfte, die sich unfein an ihren Firmen bereichert haben, vor dem Bildschirm zusammenzutreiben – die Einschaltquote wäre beachtlich!

Manche Fälle haben Schlagzeilen gemacht. Sie haben von Aufsichtsräten gehört, die ihre Bezüge bei sich halbierenden Aktienkursen verdoppelt haben, von Landtagsabgeordneten, die vom «Gürtel enger schnallen» geredet und gleichzeitig in die Diätenkasse gegriffen haben. Legale Selbstbedienung!

Die illegale Selbstbedienung dagegen kommt in den meisten Fällen erst gar nicht ans Licht, selbst wenn sie aufgeflogen ist. Das Unternehmen fürchtet um seinen Ruf. Es mag zudem erpressbar sein, denn (Ex-)Chefs kennen immer brisante Details. Vielleicht hat der Oberboss auch selbst Dreck am Stecken. Dann kann er Wirtschaftsprüfer und neugierige Journalisten nicht gebrauchen. Hinzu kommt: Im Alltag erwartet der Oberboss doch auch nicht, dass ich ein Buchhalter der Aufrichtigkeit bin! Die Firmenbilanz soll ich in seinem Sinne färben, den Mitarbeitern eine Zukunft vom Himmel lügen, auch wenn die Pleite unserer Firma unmittelbar bevorsteht ...

Die Firma zwingt mich, mein Lügenschwert gegenüber anderen zu schärfen – aber beschwert sich, sobald es sich gegen sie wendet.

Und doch – auch das kommt vor! – kann ich als Chef gegenüber meiner Firma so ehrlich wie eine katholische Großmutter im Beichtstuhl sein. Aber selbst dann: Wenn der Etat für meine Abteilung aufgestockt wird, werde ich mir das dickste Stück des Kuchens nehmen. Wer freiwillig mit anderen teilt, der wird erst gar nicht Chef.

Geheimnis: Die Sparsamkeit der meisten Chefs beschränkt sich auf ihre Mitarbeiter – sie selbst nehmen mit, was in die Taschen passt. Auch in Krisenzeiten.

Tipp für Sie: Kopieren Sie das Erfolgsrezept auf legalem Weg! Vertreten Sie Ihre Interessen auch in der Wirtschaftskrise. Diese Sprache versteht Ihr Chef; er spricht sie selbst.

Teil 2: **Der Chef als Führer**

Das Führungsdilemma: Und führe uns ... aber wie?

Ich kann Sie führen, wie ich will, Sie werden immer was zu meckern haben! Greife ich durch, gelte ich als autoritärer Knochen. Überlasse ich die Entscheidungen dem Team, werfen Sie mir Führungsschwäche vor. Und halte ich mich aus allem heraus, bezichtigen Sie mich der Gleichgültigkeit.

Dabei habe ich Ihnen jetzt nicht drei persönliche Macken beschrieben, sondern die drei klassischen Führungsstile, wie Sie mir in allen Seminaren gezeigt werden:
- den autoritären Führungsstil
- den demokratischen Führungsstil
- den Laisser-faire-Führungsstil (den Dingen ihren Lauf lassen)

Aber was nützt mir die Kenntnis all dieser Stile, solange mir keiner sagen kann, welcher der beste ist? Zwar gibt es Hunderte von Studien – aber leider auch Hunderte von widersprüchlichen Ergebnissen.

Zuckerbrot oder Peitsche

Der richtige Stil, so heißt es, hinge ganz von der Situation ab, von meiner Persönlichkeit als Chef, von den Erwartungen der Mitarbeiter ... Womit die Verwirrung komplett wäre! Was ist richtig, was ist falsch? Wann bin ich Führer, wann Versager?

Ich sitze ganz schön in der Klemme, das werden Sie zugeben:

Einerseits soll ich Sie mitreden lassen – andererseits die Marschrichtung vorgeben.
- Einerseits soll ich Ihnen vertrauen – andererseits Ihre Arbeit kontrollieren.
- Einerseits soll ich Sie herausfordern – andererseits Routinearbeit verteilen.
- Einerseits soll ich Sie als Funktionsträger sehen, als Ziffer im Personaletat – andererseits als Mensch, als Persönlichkeit.

Oft befürchte ich, dass ich die Welt eben nicht als geborener Führer erblickt habe, dass mir zum Ausfüllen meiner Rolle etwas fehlt – zumal mir in der Führungsliteratur erklärt wird: Ein Chef muss gleich auf drei Augen sehen! Zum Führen brauche ich angeblich
1. formale Autorität (Macht durch Position),
2. Sachautorität (Macht durch Sachkenntnis) und
3. personale Autorität (Macht durch Persönlichkeit).

Das alles auf eine Person vereint: ein bisschen viel verlangt! Wie steht es zum Beispiel mit meiner formalen Autorität, meiner positionsbedingten Entscheidungs- und Einflussmacht? Kann ich als Abteilungsleiter in das Steuer der Firmenpolitik greifen? Kann ich nach Belieben neue Mitarbeiter einstellen? Kann ich Ihr Gehalt morgen verdoppeln? Natürlich nicht! Meiner formalen Autorität sind Grenzen gesetzt, manchmal sogar äußerst enge – falls der Oberboss sich als Gott und mich nur als Erfüllungsgehilfen auf Erden sieht!

Wie steht es mit meiner Sachautorität? Wahrscheinlich bin ich als Fachmann aufgestiegen – aber bin ich es geblieben? Oder zogen die neuesten Entwicklungen einfach an mir vorbei, während ich auf meiner Chefwolke saß? Oft sind Uni-Abgänger besser informiert als ich.

Und falls ich fachlich noch voll auf der Höhe bin, weil ich bis heute an meiner früheren Alltagsarbeit klebe? Dann fehlt es mir mit großer Wahrscheinlichkeit an personaler Autorität. Damit sind mein Auftreten, mein Horizont, meine Kontaktfreude usw. gemeint. Wer Weitblick hat, vergräbt sich nun mal nicht in Detailarbeit.

Falls ich mich als Chef nicht akzeptiert fühle, arbeite ich natürlich an meiner Autorität. Aber erfahrungsgemäß an der falschen – an der, die schon reichlich vorhanden ist, weil sich der Lernerfolg hier am schnellsten einstellt! Als Fachidiot (mit hoher Sachautorität) knie ich mich noch tiefer in die Materie, statt zum Beispiel meine Kommunikationsfähigkeit (und damit die personale Kompetenz) zu schulen. Als autoritärer Knochen (mit formaler Autorität) werde ich noch mehr Macht anhäufen, statt an meiner Sachkompetenz zu arbeiten. Bei dem Versuch, das Problem zu lösen, mache ich es größer.

> *Geheimnis:* Viele Chefs zerreiben sich beim Führen zwischen gegensätzlichen Anforderungen. Wie sollen sie zum Beispiel ihren Mitarbeitern vertrauen, aber sie gleichzeitig kontrollieren?
>
> *Tipp für Sie:* Kommen Sie Ihrem Chef entgegen – zum Beispiel, indem Sie Arbeitsergebnisse freiwillig durchsprechen, statt ihn zur Kontrolle zu zwingen.

Die Wahrheit über «Management by ...»

Die Amerikaner haben für alles Rezepte – für Coca-Cola genauso wie für Menschenführung. Während sie das Cola-Rezept streng hüten, werfen sie mit ihren Führungsgrundsätzen nur so um sich. Ich sauge diese «Management-by-Techniken» auf. Schon deshalb, weil sie so wichtig klingen, dass ihr Glanz auf mich abstrahlt. Es macht doch einen gewaltigen Unterschied, ob ich nur durch die Firma spaziere oder «Management by Wandering around» betreibe; ob ich Ihnen nur eine Akte gebe oder «Management by Delegation» praktiziere!

Lesen Sie, welche Management-by-Techniken ich bevorzuge, was sich die Erfinder dabei gedacht haben («Ideal») und was ich schlimmstenfalls daraus mache («Wirklichkeit»).

Management by Objektives (Führen durch Ziele)
Ideal: Das große Ziel der Firma kriegt Junge: kleine Ziele für jeden Mitarbeiter, die in ihrer Summe die Firma zu ihrem Wunschergebnis bringen. Ich gebe Ihnen die Chance, Ihr Ziel mitzubestimmen: Wie muss es aussehen, um das Unternehmen *und* Sie vorwärtszubringen? Bis wann können Sie es erreicht haben? Den Weg zum Ziel bestimmen Sie selbst; ich enthalte mich jeder Vorgabe. Durch entsprechende Zwischenziele überprüfen wir, wie gut Sie im Rennen sind.
Wirklichkeit: Ich drücke Ihnen ein Ziel aufs Auge, das Sie eher zähneknirschend akzeptieren – weil es nicht Ihrer Entwicklung dient, nur dem Profit der Firma. Meist lege ich die Latte unverschämt hoch und gebe Ihnen gleichzeitig einen Weg vor. Schließlich verweigere ich Ihnen auch noch einen Teil Ihrer (leistungsabhängigen) Vergütung, falls Sie das Ziel nicht erreichen.

Management by Delegation (Führen durch Delegieren)
Ideal: Ich weise Ihnen Aufgaben und Kompetenzen zu – durch klare Stellenbeschreibung und Führungsanweisungen. In diesem Rahmen können Sie völlig frei entscheiden, garantiert ohne meine Einmischung. So werden Sie Ihr eigener Chef, zumindest bei Alltäglichem.
Wirklichkeit: Ich stecke den Rahmen so eng, dass jede Entscheidung, die nur eine Messerspitze Gehirnschmalz erfordert, wieder auf meinem Schreibtisch landet. Entgegen unserer Abmachung rede ich Ihnen bei jeder Gelegenheit in die Arbeit («Ist ja nur ein Vorschlag ...»). Erst wenn etwas schief läuft und ich einen Sündenbock brauche: Dann landet die ganze Verantwortung bei Ihnen!

Management by Wandering around (Führen durch Herumwandern)
Ideal: Ich laufe regelmäßig durch meine Abteilung und spreche mit jedem Mitarbeiter einzeln. Meine Ohren stehen offen für Ihre Verbesserungsvorschläge, Kritik, Probleme, Sorgen usw. Der kurze Draht zwischen uns wirkt wie ein Erdungskabel: Er sorgt dafür, dass ich beim Führen nicht abhebe. Zudem sind wir menschlich verbunden.
Wirklichkeit: Ich drehe auf Zuruf meiner Sekretärin (Vermerk im Terminkalender!) alle zwei Wochen eine Alibirunde. Mein Interesse

ist oberflächlich, was Sie daran merken, dass sich meine Fragen mechanisch wiederholen. Ihre Vorschläge gehen bei mir zu einem Ohr rein, zum anderen wieder raus.

Management by Motivation (Führen durch Motivation)
Ideal: Die Mitarbeiter sind in meinen Augen das Kapital der Firma. Ich gehe davon aus, Sie geben gern Ihr Bestes, wenn ich nur die richtigen Voraussetzungen schaffe. Also sorge ich für Aufgaben, die Sie herausfordern, und für Vergütungsformen, die Ihre individuelle Leistung belohnen. Sie identifizieren sich mit den Zielen des Unternehmens und sind motiviert bis in die Haarspitzen.
Wirklichkeit: Oft sehe ich Sie als Faulpelz, den man zur Leistung anschieben muss! Das Motivieren ist nur ein Mittel zum Zweck, eine psychologische Manipulation. Ich halte Ihnen eine Möhre vor die Nase – und Sie spüren, dass ich Sie zum Esel mache! «Wie Chefs motivieren und auch sonst schwindeln», das erfahren Sie ausführlich ab Seite 79.

Management by Results (Führen durch Ergebnisse)
Ideal: Die Ergebnisse stehen im Mittelpunkt. Ihr Arbeitsplatz wird zum Profitcenter. Sie sind der Verantwortliche, können Kosten senken, Einnahmen steigern – und für ein Spitzenergebnis sorgen.
Wirklichkeit: Sie tragen die Verantwortung für die Ergebnisse – haben aber nur wenig Einfluss auf ihr Zustandekommen. Sie müssen die strategischen Fehlentscheidungen von uns Chefs ausbaden. Bei Misserfolgen lasse ich Sie gern als Bauernopfer über die Klinge springen.

Management by Participation (Führen durch Beteiligung)
Ideal: Wichtige Entscheidungen, so die Einstellung eines neuen Kollegen, werden nicht über Ihren Kopf hinweg getroffen: Sie reden ein Wörtchen mit, da Sie an der Arbeitspraxis näher dran sind als ich und mir Ihre Meinung wichtig ist.
Wirklichkeit: Oft habe ich mich innerlich längst entschieden. Nun stelle ich Sie vor eine Scheinwahl, meist zwischen zwei Möglich-

keiten, von denen sich eine von selbst verbietet. Dennoch dürfen Sie sich in der Illusion wägen, Sie hätten mitentschieden.

Management by Communication (Führen durch Kommunikation)
Ideal: Wir tauschen uns regelmäßig aus, beispielsweise auf Abteilungssitzungen. Sie erfahren, wie die Geschäfte laufen und was die Chefetage wieder aushcckt. Ich erfahre, wie Ihre Arbeit klappt und wo Probleme drohen. Durch diesen Informationsfluss wächst die Praxisnähe meiner Führung. Und Ihr Verantwortungsgefühl nimmt zu.
Wirklichkeit: Ich zeige Ihnen schon dadurch, dass ich jedes Mal zu spät komme, wie unwichtig unsere Besprechung ist. Mit positiven Nachrichten halte ich nicht hinterm Berg. Aber Unerfreuliches, zum Beispiel einen Standortwechsel, teile ich erst dann mit, wenn's schon (fast) in der Zeitung steht. Die Gerüchteküche ist tausendmal schneller!

> *Geheimnis:* Management-by-Techniken basieren auf guten Ideen, werden aber oft als Fastfood der Menschenführung missbraucht.
>
> *Tipp für Sie:* Wenn Sie die Technik Ihres Chefs erkennen: Lassen Sie sich nicht mit den Schattenseiten abspeisen. Fordern Sie das Ideal ein, indem Sie auf klare Abmachungen und auf deren Einhaltung drängen.

Der Oberboss bläst den Marsch

Haben Sie manchmal das Gefühl, ich spiele nur eine Rolle? Ich bin gar nicht ich, sobald ich als Chef auftrete? Ein Grund könnte sein, dass ich nicht führen darf, wie ich führen will. Zwar heißt es in der Theorie, jeder Chef sollte seinen Führungsstil individuell wählen, je nach Veranlagung. Aber in der Praxis?

Als angestellter Chef bin ich nur Bürger eines Landes. Das ist die Firma. Und nun raten Sie mal, wer die Gesetze der Führung – nennen wir sie Landessprache – vorgibt? Natürlich der Oberboss! Alle Führungskräfte haben nach seinem Takt zu tanzen. Und er wiederum wird dirigiert von der Tradition beziehungsweise von den Eigentümern des Unternehmens.

Beispiel: Ich bin Anhänger des demokratischen Führungsstils. Nun trete ich eine neue Position an bei einer Firma namens Militär. Und wie es meinem Naturell entspricht, lasse ich als Offizier meine Rekruten erst mal über den Sinn jedes Einsatzes diskutieren: Lohnt es sich, probehalber durch den Schlamm zu robben? Ist es sinnvoll, Menschen zu erschießen, nur weil sie eine andere Uniform tragen?

Diese Diskussion, so wünschenswert sie vielleicht wäre, ist kaum vorstellbar. Beim Militär sind Befehl und Gehorsam die Landessprache. Würde ich mit meinem Stil eine andere Richtung einschlagen, bekäme ich Probleme an zwei Fronten:

Erstens würden mir meine Oberbosse, die Generale, auf die Finger klopfen. Diese Firma will keine denkenden Mitarbeiter, sondern solche, die gehorchen. Zweitens würde ich meine Mitarbeiter, die Soldaten, völlig verwirren; sie haben eine andere Erwartungshaltung, verstehen nur die Landessprache. Die Diskussion über Einsätze würden sie wohl für eine Finte halten, mit der ich Drückeberger entlarven möchte. Mein Angebot würde keine Früchte tragen, im Gegenteil.

In der freien Wirtschaft gilt dasselbe: Ich muss die Landessprache der Firma und des Oberchefs übernehmen. Wo der übliche Führungston wie das Peitschen auf einer römischen Galeere klingt, werde ich mit sanften Worten nicht verstanden. Wo jeder kommt, wann er will, tut, was er will, und duzt, wen er will, zum Beispiel in einem Start-up-Unternehmen – dort ginge hingegen mein autoritärer Ton an den Ohren vorbei.

Was bleibt mir übrig? Ich singe das Führungslied der Firma, der ich gerade diene. Manchmal verfehle ich die Tonlage. Jetzt wissen Sie, warum!

> **Geheimnis:** Oft werden Chefs zu einem Führungsstil gezwungen, der ihrem Naturell nicht entspricht. Die Firma gibt die Tonlage vor, die Chefs singen nach.

> *Tipp für Sie:* Besprechen Sie kritische Punkte mit Ihrem Chef unter vier Augen. Dann fallen seine Reaktionen milder aus, als wenn er bei Sitzungen «im Namen der Firma» reagieren muss.

Wann führt Ihr Chef eigentlich?

Ein Maurer mauert die meiste Zeit, ein Schuster schustert, ein Brauer braut. Aber eine Führungskraft? Ja, wann führe ich eigentlich?

Rufen Sie sich einen Arbeitstag ins Gedächtnis. Wo setze ich als Ihr Chef meine Schwerpunkte: Erleben Sie es oft, dass ich von morgens bis abends für Sie da bin? Steht Ihnen meine Tür offen? Frage ich bei Problemen nach Ihrer Meinung? Sind mir Ihre Ideen und Ihre Kritik willkommen? Beteilige ich Sie an wichtigen Entscheidungen? Informiere ich Sie, wie sich die Geschäfte entwickeln, welche Neuerungen anstehen?

Wie gut kenne ich Ihre Arbeit: Kann ich einschätzen, was jeden Tag über Ihren Schreibtisch läuft? Gebe ich Ihnen eine sorgfältige Rückmeldung? Begründe ich Lob und Kritik, so dass Sie daran wachsen können? Mache ich mir Gedanken über Ihre Karriereperspektive? Frage ich nach Ihrem Bedarf an Fortbildung? Behalte ich alle unsere Absprachen im Gedächtnis?

Wie behandle ich das Team: Treffen wir uns regelmäßig zu Abteilungsmeetings? Sorge ich dafür, dass alle zu Wort kommen? Schalte ich mich bei Konflikten als Moderator ein? Ist die Personalauswahl ein Mittelpunkt meiner Arbeit? Stimme ich Stellenausschreibungen mit dem Team ab? Bereite ich mich gründlich auf Einstellungsgespräche vor? Präsentiere ich meine Top-Kandidaten Ihnen und den Kollegen, um Ihre Meinung zu hören?

Oder sieht die Wirklichkeit ganz anders aus: Delegiere ich ohne Liebe, informiere ich ohne System, entscheide ich auf eigene Faust? Kurz: Stecke ich bis über beide Ohren in Alltagsarbeit, so dass Sie regelrecht mein Unbehagen spüren, mich «auch noch um meine Mitarbeiter kümmern» zu müssen?

Tatsächlich berichten Zeitmanagement-Trainer: Manche Chefs verwenden pro Tag nicht mal 15 Minuten auf Personalführung! Wer auf eine Stunde kommt – circa ein Zehntel seines Tages –, gehört zur Spitzengruppe. Und wie kein Schuh vorankommt, wenn der Schuster nicht schustert, kommt keine Abteilung voran, wenn die Führungskraft nicht führt.

Natürlich merke ich, dass in meinem Laden nicht alles läuft, wie es sollte. Doch statt an meiner Einstellung zu arbeiten und meine Schwerpunkte zu verschieben, feile ich hektisch an meinen Führungs-«Techniken». Als würde alles rund laufen, sobald ich nur an der richtigen Schraube drehe.

> *Geheimnis:* Viele Führungskräfte halten das Führen für eine leidige Pflicht, die sie von der «eigentlichen Arbeit» abhält.
>
> *Tipp für Sie:* Erwarten Sie nicht, dass der Chef Ihre Bedürfnisse im Blick hat! Holen Sie mit Hartnäckigkeit, was Sie brauchen: Gesprächstermine, Rückmeldungen, Fortbildungen usw.

Mach dich überflüssig, Boss!

Wen halte ich wohl für den wichtigsten Mann in meiner Abteilung? Auf wessen Schultern sehe ich alle Verantwortung? In wessen Superhirn das wertvollste Wissen? Und auf wessen Schreibtisch die meiste Arbeit?

Kein Zweifel, ich spreche von mir selbst!

Nichts gegen das Delegieren. Aber meist geht es schneller, wenn ich die Arbeit selber mache. Nichts gegen offene Informationspolitik. Aber alles müssen Sie nun auch nicht wissen. Und nichts gegen demokratische Entscheidungen, zum Beispiel über den Speiseplan in der Kantine. Aber wenn es ums Geschäft geht, muss ich doch selber ran!

Ja, ich bin wie die meisten Chefs, ich habe mir ein Monopol an Kompetenz, Wissen und Entscheidungsbefugnis aufgebaut. Spätestens wenn ich im Urlaub bin, merken Sie endgültig: Ohne mich geht gar nichts! Einfachste Vorgänge häufen sich auf meinem Schreibtisch. Anrufer werden auf meine Rückkehr in drei Wochen vertröstet, wichtige Entscheidungen gehen in die Warteschleife. Und Ihre Alltagsarbeit lahmt womöglich auch, weil ich sie erst noch abnicken muss.

Ein schönes Gefühl, unentbehrlich zu sein! Wir Chefs halten oft Arbeiten fest, hüten Wissen, wollen die Firma immer persönlich repräsentieren, und sei es bei den Bewerbungsgesprächen von Schulpraktikanten. Auf die Frage, wer der Wichtigste in der ganzen Firma sei, gibt mir das Spieglein an der Wand erfreuliche Antwort. Über die Nachteile schweigt es sich allerdings aus:

- Während ich im Hamsterrad des alltäglichen Kleinkrams strampele, bleiben die wesentlichen Chefarbeiten liegen – eine davon wäre das Führen, für mich besonders: Unterpunkt Delegieren!
- Sobald ich außer Haus bin, bricht der Laden zusammen.
- Sie und Ihre Kollegen kommen sich entmündigt vor – Ihre Motivation erreicht den Nullpunkt (worauf ich wiederum mit «Motivationstechniken» reagiere, siehe ab Seite 79).

Dabei heißt es in meinen Seminaren: «Die erste Aufgabe eines Chefs: Mach dich überflüssig!» Ich soll die Arbeiten so geschickt delegieren, das Wissen so gleichmäßig verteilen, die Entscheidungsbefugnisse so vertrauensvoll weitergeben, dass Sie ganz alleine klarkommen – wie eine Fußballmannschaft auf dem Platz, während ich als Trainer zur Not auf der Tribüne sitzen kann.

Mich überflüssig machen – eine kühne Forderung! Schließlich bin ich Chef geworden, weil ich den Oberboss von meiner Wichtigkeit überzeugen konnte – und ich werde es nur bleiben, wenn mir das weiterhin gelingt; Lean Management sitzt mir im Nacken.

Falls Sie mich dennoch zum Delegieren bewegen wollen, gelingt Ihnen das nur mit einem Trick: Sie müssen mir zeigen, dass ich nicht überflüssig werde, indem ich die Arbeit abgebe – sondern noch wichtiger!

- *Schritt 1:* Heben Sie die (scheinbar) mangelnde Bedeutung der zu delegierenden Arbeit hervor: «Sie als Chef wollen sich wahrscheinlich nicht aufhalten mit ...»
- *Schritt 2:* Zeigen Sie mir meinen Vorteil auf, beispielsweise: «Dann kann die Produktion schon während Ihres Urlaubs beginnen und wir können zwei Wochen früher liefern!»
- *Schritt 3:* Geben Sie mir einen diskreten Wink, welche Heldentaten stattdessen möglich sind: «Sie können im Moment sicher einen freien Kopf gebrauchen für die Entwicklung der neuen Geschäftsstrategie.»

Wertvolle Tipps, wie Sie schwierige Cheftypen zum Delegieren bewegen, bekommen Sie auch im dritten Teil des Buches, zum Beispiel beim Cheftyp «Erbsenzähler» (siehe Seite 160).

> **Geheimnis:** Chefs haben den Auftrag, sich überflüssig zu machen. Aber sie tun genau das Gegenteil!
>
> **Tipp für Sie:** Reizen Sie Ihren Chef zum Delegieren – indem Sie ihm zeigen, dass es seinem Vorteil dient und seine Wichtigkeit erhöht.

Wie man in den Wald ruft ...

Das Resonanzgesetz besagt, volkstümlich ausgedrückt: Wie ich in den Wald rufe, so schallt es heraus. Die Art, wie ich Sie führe, beeinflusst Ihr Verhalten. An allem, was Sie tun oder lassen, habe ich einen Anteil. Sie werden Vertrauen mit Vertrauen belohnen, Aufrichtigkeit mit Aufrichtigkeit. Und schnell wird die Flamme meiner Begeisterung auf Sie übergreifen, Ihnen die Arbeit zum knisternden Vergnügen machen.

Wovon ich nichts hören will: Das Resonanzgesetz gilt auch im Negativen! Egal, welche Tugend ich von Ihnen erwarte: Ich werde auf Granit beißen, sobald Sie spüren, dass es bei mir nicht allzu weit damit her ist.

Natürlich halte ich lange Reden vom «vertrauensvollen Miteinander». Aber was hat dann die Stechuhr auf dem Flur zu suchen? Warum schicke ich Testkäufer in unsere Filialen? Aus welchem Grund kontrolliere ich Ihre Arbeit doppelt und dreifach?

Leicht können Sie den Eindruck gewinnen, Vertrauen sei nur eine hohle Phrase für mich. Darf es mich da wundern, wenn Sie mir ebenfalls misstrauen? Wenn Sie mein Lob für Falschgeld halten, meine Versprechungen für Augensand, meine Prognosen über den Aufstieg der Firma für leere Wahlversprechen?

Natürlich singe ich das hohe Lied der «Aufrichtigkeit». Aber warne ich Sie, falls über Ihrem Kopf schon das Beil einer betriebsbedingten Kündigung schwebt? Lasse ich einen offenen Austausch über die Höhe der Gehälter zu? Und schreibe ich ins Zeugnis eines schlechten Mitarbeiters, dass ich unzufrieden war? Oder heuchle ich, er hätte die Arbeit «zu meiner vollen Zufriedenheit» erfüllt (siehe auch «Falsches Zeugnis», Seite 117)?

Darf es mich da erstaunen, dass Sie ebenfalls die Aufrichtigkeit scheuen? Dass Sie Fehlentwicklungen nur andeuten und meinen Führungsstil gleichfalls mit der Bewertung «zur vollen Zufriedenheit» beurteilen – statt mir eine ehrliche Rückmeldung zu geben, vielleicht meine einzige Chance zur Korrektur?

Und meine «Begeisterung» für die Arbeit? Sie besteht oft aus einem gekünstelten Lächeln – während ich insgeheim träume von der «guten alten Zeit», der Zeit vor meiner Beförderung, als meine Schultern noch nicht gebeugt von der Verantwortung waren, als ich noch tun durfte, was ich am besten konnte und woran ich den meisten Spaß hatte: meine Fachaufgabe! Diese Frustration, so sehr ich auch versuche sie zu überspielen, kann Sie wie ein Strudel runterziehen.

Aber die Entscheidung liegt bei Ihnen: Das Resonanzgesetz gilt nämlich in beide Richtungen! Statt sich von mir negativ beeinflussen zu lassen, können Sie mich auch positiv beeinflussen. Zum Beispiel, indem Sie mir eine ehrliche und konstruktive Rückmeldung auf meine (Führungs-)Arbeit geben (siehe auch Seite 198, «Dornröschen-Kuss: Wie man einen Chef kritisiert»). Wahrscheinlich nehme ich diese Einladung zur Aufrichtigkeit Ihnen gegenüber sogar an.

> **Geheimnis:** *So mancher Chef beklagt die Untugenden seiner Mitarbeiter. Dabei steht er nur vor einem Spiegelbild seines eigenen Führungsverhaltens.*
>
> **Tipp für Sie:** *Lassen Sie sich nicht negativ anstecken! Beeinflussen Sie besser Ihren Chef durch konstruktives Verhalten – indem Sie ihn behandeln, wie Sie von ihm behandelt werden wollen.*

Maßlose Kritik

Manchmal genügt ein winziger Fehler – schon tobe ich los, als hätten Sie die Firma ruiniert. Schleudere Blitze der Kritik und grolle mit rhetorischem Donner. Beim nächsten Mal passiert echter Bockmist. Doch obwohl ich allen Grund hätte, Ihnen die Leviten zu lesen, führe ich diplomatische Eiertänze auf. Rede um den heißen Brei. Oder schweige völlig.

Mal zu heftig, mal zu lasch – das rechte Maß beim Kritisieren scheint kaum ein Chef zu kennen. Dabei schlägt der Zeiger nicht nur typbedingt aus, zum Beispiel beim cholerischen Chef zu heftig. Als ein und derselbe Chef kann ich beide Extreme an den Tag legen, je nach Situation.

Kritik gilt als wichtiges Instrument der Führung. Mit ihr kann ich Ihren Kurs korrigieren – aber nur, wenn ich sachlich kritisiere. Wenn ich über Ihre Arbeit spreche, statt Sie als Person zu verdammen. Und wenn ich Ihnen konstruktiv aufzeige, wie Sie's besser machen können.

Diese Grundregeln der Kritik beherrsche ich. Warum geht der Gaul der Emotionen trotzdem mit mir durch? Wenn Sie verstehen, was mich reitet, können Sie mit meinen Rüffeln besser umgehen. Übertriebene Kritik hat oft folgende Hintergründe:
- Sie sind nur *Blitzableiter* für mich! Ich gebe einen Tritt an Sie weiter, den ich zum Beispiel vom Oberboss bekommen habe.

Die Psychologen sprechen in diesem Fall von einer «verschobenen Aggression».
- *Anzeichen*: Ich war schon vorher schlechter Laune und habe nach allen Seiten gegrollt. Dann können Sie den Ausbruch gelassen hinnehmen. Sie standen nur zur falschen Zeit an der falschen Stelle. Die Wut ist schnell verraucht.
- Eine *aufgestaute Wut* entweicht. Seit Monaten ärgert mich ein Verhalten von Ihnen – zum Beispiel, dass Sie morgens immer mit leichter Verspätung kommen. Die Kritik hat sich zum vollen Fass gestaut. Für Sie völlig unerwartet bricht diese Flut los.
- *Anzeichen*: Wahrscheinlich habe ich meinen Ärger vorher angedeutet – und sei es nur mit missbilligenden Blicken. In diesem Fall sollten Sie mich ermutigen, künftig meine Kritik zeitnah und deutlich zu äußern: «Offenbar ärgern Sie sich schon länger. Ich habe das leider nicht bemerkt. Nett von Ihnen, dass Sie mich schonen wollten. Aber beim nächsten Mal bitte ...»
- Ihr «Fehler» dient mir nur als *Vorwand!* Tatsächlich habe ich eine Abneigung gegen Sie, will das aber nicht gestehen – weder Ihnen noch mir. Also suche ich mir sachliche Aufhänger, um Sie unter Feuer zu nehmen. Die Psychologen sprechen von einer «Rationalisierung».
- *Anzeichen*: Ich behandle Sie allgemein unterkühlt und ziehe die Kollegen vor. Dann sollten Sie mir Grenzen setzen und mir deutlich sagen, warum Sie meine Kritik für unbegründet halten – am besten in einer ruhigen Minute nach dem Ausbruch.

Der zweite Extremfall: Ich schieße mit meiner Kritik nicht übers Ziel hinaus, sondern bleibe vorher liegen. Auch dafür gibt es Gründe:
- Ich habe *Angst*, Sie gegen mich aufzubringen. Erstens werde ich gern geliebt (wie wir alle!). Zweitens bin ich auf Ihre Leistung angewiesen, um meine Ziele zu erreichen. Sie hätten Gelegenheit, es mir heimzuzahlen. Gerade als schwacher Chef scheue ich vor Kritik an wichtigen Mitarbeitern zurück.
- Ich bin *unschlüssig*. In meiner Brust schlagen mehrere Seelen (von Fachleuten «inneres Team» genannt). Die eine fordert zum

Beispiel: «Lies ihm gründlich die Leviten!» Die nächste: «Sei doch nicht so kleinlich!» Und eine dritte: «Schone deine Nerven, es bringt eh nichts!» Die Kräfte ziehen in verschiedene Richtungen, heben sich auf – deshalb kraftlose Kritik!

Falls ich Sie andeutungsweise kritisiere: Haken Sie nach, was ich konkret meine. Nur so können Sie das Problem an der Wurzel packen, eine spätere Explosion verhindern. Wichtigste Frage: «Wie, schlagen Sie vor, soll ich mich in Zukunft verhalten?» Dann bin ich gezwungen, mich konstruktiv und vor allem deutlich zu äußern.

Geheimnis: Wenn ein Chef wie die Axt im Wald kritisiert, war der (vermeintliche) Fehler des Mitarbeiters oft nur ein Auslöser. Die wahren Ursachen liegen tiefer.

Tipp für Sie: Finden Sie heraus, was die Kritik veranlasst hat. Im harmlosesten Fall waren Sie nur Blitzableiter für die schlechte Laune des Chefs.

Die gute Laune macht's!

Wie beurteilen Sie die Stimmung in unserer Abteilung? Ich frage aus aktuellem Grund: Nach einer Studie aus den USA konnte man in drei von vier Fällen aus dem Betriebsklima bei Versicherungen auf ihren Geschäftserfolg schließen. Bei anderen Firmen sieht es ähnlich aus.

Offenbar gilt: Wo Mitarbeiter die Köpfe hängen lassen, hängen die Gewinne durch. Wo die Laune stimmt, stimmt die Kasse. Gute Stimmung bringt Erfolg, zieht Kunden an.

Und wer soll der Stimmungsmacher in unserer Abteilung sein? Sie ahnen es bereits: wieder einmal ich! Als Chef habe ich positive Gefühle in Ihnen zu wecken, indem ich positive Gefühle ausstrahle. Das emotionale Zentrum unseres Gehirns, das limbische System, ist als offene Schleife angelegt. Meine Stimmung schwappt auf Sie über. Wie Salz in die Suppe oder Gift in den Brunnen – je nachdem.

Höchste Zeit, dass Sie meine emotionale Intelligenz einmal auf den Prüfstand stellen: Urteilen Sie selbst, was ich bin – emotionaler Führer oder Versager? Vier Faktoren entscheiden:

1. *Selbsteinschätzung*: Weiß ich, was ich fühle? Kann ich einschätzen, wie es sich auf Sie auswirkt? Höre ich auf meine Intuition? Oder gehe ich mit meinen Gefühlen wie ein argloses Kind mit dem Revolver um? Verletze ich Sie oft? Bin ich gefühlskalt? Oder werde ich überflutet von meinen Emotionen?
2. *Selbstmanagement*: Habe ich meine Emotionen und Impulse, vor allem Wut und Zorn, im Griff? Kann ich mich selbst motivieren, in gute Laune bringen? Stimmen meine Leistung und meine Initiativkraft?
   Oder brennen mir oft die Sicherungen durch? Erleben Sie mein Führen als Schlingerkurs, meine Laune als Auf und Ab? Laufe ich den Ereignissen hinterher, statt sie zu steuern?
3. *Soziales Bewusstsein*: Kann ich mich in Sie versetzen? Kenne ich Ihre Interessen und Bedürfnisse? Mache ich mich dafür stark? Habe ich gute Kontakte in der Firma?
   Oder sind Sie mir egal? Sehe ich nur meine Interessen? Pflege ich kaum Kontakte über den Tellerrand meiner Abteilung hinaus?
4. *Beziehungsmanagement*: Überzeuge ich Sie mit Visionen? Interessiere ich mich für Sie als Mensch? Gebe ich Ihnen konkrete Rückmeldungen und Anleitungen? Besteht zwischen uns eine echte Verbindung?
   Oder regiere ich nur mit Amtsautorität? Sind Sie in meinen Augen vor allem Funktionsträger? Melde ich mich vorzugsweise bei Ihren Fehlern zu Wort?

Nun, wie lautet Ihr Urteil? Falls Ihr Daumen nach unten zeigt, trösten Sie sich: Die meisten Chefs wollen von Gefühlen nichts wissen. Sie pressen den Deckel ihres Verstandes auf die Schlangengrube der Emotionen, dass es nur so zischt. Wie Sie mit diesen Cheftypen umgehen, vor allem mit dem «Prinzipienreiter» und dem «Erbsenzähler», davon wird noch ausführlich die Rede sein (ab Seite 145).

Geheimnis: Die meisten Chefs bemühen sich, emotionslos zu führen. Dabei lässt sich ein Team nur durch emotionale Führung zu Höchstleistungen anspornen.

Tipp für Sie: Locken Sie Ihren Chef aus der Reserve! Fragen Sie zum Beispiel nach seiner Vision und sagen Sie ihm, welche emotionale Rückmeldung und Behandlung Sie für Spitzenleistungen brauchen.

Der Möhren-Trick: Wie Chefs motivieren – und auch sonst schwindeln!

Vielleicht lobe ich Sie, dass sich die Balken biegen. Küre einen «Mitarbeiter des Monats», schreibe Dankesbriefe, verteile Urkunden, winke mit Prämien und lasse eine Betriebsfete steigen. Vielleicht fahre ich jeden Morgen ein Frühstück auf, richte das Großraumbüro als Wohnzimmer ein und ermuntere Sie zum Radiohören während der Arbeit.

Motiviert und angeschmiert

Sie sollen sich wohl fühlen in unserer Firma. So wohl, dass Sie gar nicht mehr nach Hause wollen! Dass Sie noch mehr Überstunden machen. Dass Sie trotz Grippe kommen. Dass Sie für zwei Mann schuften. Dass Sie keinen Frust kennen. Dass Sie nicht mit der Konkurrenz liebäugeln. Und dass Sie bloß nie nach dem Sinn Ihrer Arbeit fragen.

Ich will, dass Sie funktionieren: noch besser, noch schneller, noch zuverlässiger. Deshalb motiviere ich Sie! Das Prinzip ist einfach und schon im lateinischen Wortstamm von «Motivation» enthalten – «movere» heißt so viel wie «in Bewegung setzen». Ich halte Ihnen eine Möhre vor die Nase, um Sie auf Trab zu bringen. Auf dass Sie den Karren meiner Abteilung in die gewünschte Richtung ziehen.

Doch obwohl wir Chefs immer professioneller motivieren: Die Arbeitsmoral geht den Bach runter. Laut einer Umfrage der Unternehmensberatung Gallup haben in Deutschland 69 Prozent der Mitarbeiter innerlich gekündigt. Dadurch gehen der Gesamtwirtschaft jährlich 220 Milliarden Euro verloren – fast die Höhe des Bundeshaushalts!

Mehr Motivierung, weniger Leistung – wie ist das möglich? Für mich als Chef klingt «Motivation» nach moderner Führung, nach mehr Umsatz und Gewinn. Aber wie klingt es in Ihren Ohren? Viele Mitarbeiter reimen Motivation auf Manipulation. Sie brauchen das Wort nur zu hören, schon bekommen sie eine Gänsehaut.

Vielleicht durchschauen Sie meine mangelnde Aufrichtigkeit beim Motivieren. Ich tue so, als wären meine Gaben selbstlos, die Prämie ein Geschenk, die Fortbildung eine Gnade, der Betriebsausflug eine Lustreise – und das Lob von Herzen. Doch hinter meiner «Freigiebigkeit» steht kühle Berechnung: Ich habe kalkuliert, dass es sich lohnen könnte – nicht für Sie, wie ich lauthals behaupte, sondern vor allem für mich und die Firma; kein Unternehmen verschenkt Geld an seine Mitarbeiter.

Nehmen Sie das Frühstücksbüfett. Als Chef in jungen Computerfirmen fahre ich es täglich auf. Sagen wir: zwischen 8 und 9 Uhr. Danach wird abgeräumt. Klingt zunächst einmal nach selbstloser Motivation. Die Rechnung dahinter: Sie kommen eine Stunde früher in die Firma als sonst (bei gleitender Arbeitszeit), um das Frühstück nicht zu verpassen. Während das Brötchen beim Abbeißen auf Ihre Tastatur krümelt, legen Sie mit der Arbeit los. Natürlich sitzen Sie trotzdem bis in die Nacht vor dem Bildschirm. Ähnliche Rechnungen stehen hinter den meisten Motivationsversuchen: hinter Prämien für Verbesserungsvorschläge, hinter Incentive-Reisen für erfolgreiche Verkäufer, hinter Familieneinladungen zum Abendessen ...

Ich behandle Sie also nicht als erwachsenen Menschen, mit dem ich eine Absprache treffe, Motto: Das ist mein Vorteil, das ist Ihrer. Sondern ich greife in die «Trickkiste des Motivators» (siehe Seite 92), zaubere falsches Lob und anderes Blendwerk hervor und klammere meinen Vorteil, um den es letztlich geht, völlig aus.

Kein Wunder, dass Ihnen eine innere Stimme zuflüstert: «Vorsicht, Falle!» Zumal über allem wie eine Gewitterwolke die Frage schwebt: Warum veranstalte ich diesen ganzen Motivationszirkus?

Offenbar nur, weil ich Ihre Arbeitslust gering schätze! Weil ich denke, Sie tun weniger, als Sie könnten. Weil ich Sie bezichtige, eine stille Leistungsreserve gebildet zu haben – die es nun mit meiner Motivationsspritze anzuzapfen gilt. Diese Kultur des Verdachts ist kein fruchtbarer Boden. Höchstens für Frustration. Davon wird noch die Rede sein.

Geheimnis: Hinter jeder Motivierung steht der Verdacht, Sie enthielten der Firma einen Teil Ihrer Leistung vor.

Tipp für Sie: Dokumentieren Sie Ihre Leistungen, zum Beispiel in einem Erfolgstagebuch. So können Sie dem Chef deutlich machen: Ihr Arbeitsmotor läuft bereits auf Hochtouren!

Chef-Päpste: Maslow und Herzberg

Rufen Sie mir das Wort «Motivation» zu und ich werde Ihnen mit zwei Namen antworten: Maslow und Herzberg. Diese beiden Herren sind zwar längst von der Bildfläche verschwunden, doch ihre Lehren geistern immer noch durch jedes Führungsseminar. Wenn Sie meine Päpste kennen – und vor allem die Fehlbarkeit ihrer Theorien –, werden Sie besser verstehen, was ich Ihnen beim Motivieren vorbete.

Abraham Maslow stellte die Bedürfnisse des Menschen durch eine Pyramide dar, und zwar in fünf Ebenen, von unten nach oben. Wobei die «höheren» Bedürfnisse voraussetzen, dass die grundlegenden erfüllt sind; ohne Fundament keine Spitze:

- Selbstverwirklichung
- Anerkennung
- Sozialer Kontakt
- Sicherheit
- Existenzbedürfnisse

Übertragen auf die Phasen Ihres Arbeitslebens: Zunächst geht es Ihnen darum, überhaupt einen Arbeitsplatz zu bekommen (1. Ebene, Existenzbedürfnisse). Erst wenn das gelungen ist, denken Sie daran, diesen Job zu sichern und Ihr Gehalt auszubauen (2. Ebene, Sicherheit). Allmählich gewinnt der Umgang mit mir als Chef und den Kollegen an Bedeutung (3. Ebene, Sozialer Kontakt). Dann streben Sie nach einer Beförderung, nach Macht und Status (4. Ebene, Anerkennung). Und schließlich, falls Sie alles andere erlangt haben, wollen Sie Ihre eigenen Vorstellungen verwirklichen (5. Ebene, Selbstverwirklichung).

Wir Chefs lieben dieses Modell: Es stellt Führung als so herrlich einfach dar! Schließlich habe ich das existenzielle Faustpfand, Ihren Arbeitsplatz, in der Hand. Die leiseste Erschütterung an diesem Fundament, schon ist Ihnen alles andere angeblich egal:

Das Motivieren funktioniert laut Maslow am besten mit finanziellen Anreizen oder Sanktionen (2. Ebene). Erst wenn Sie ausgesorgt haben – und wer hat das schon? –, kommen das Klima im Team (3. Ebene) und die Anerkennung (4. Ebene) ins Spiel. Und die Selbstverwirklichung (5. Ebene) steht unter ferner liefen.

Nur in schwachen Momenten, etwa wenn wieder mal ein gut bezahlter Mitarbeiter gekündigt hat, frage ich mich: Wächst heute nicht doch das Bedürfnis nach Selbstverwirklichung? Warum sonst bewerten immer mehr Berufsstarter in Umfragen den «Spaß an der Arbeit» höher als das Gehalt und die Karriereaussichten? Warum sonst verschreiben sich immer mehr junge Menschen Non-Profit-Organisationen wie Greenpeace oder Amnesty International?

In den USA hat ein großer Konzern in einer Chiffre-Anzeige nach Universitätsabgängern gesucht. Er erhielt zahlreiche Bewerbungen. Aber als sich das Unternehmen als Rüstungskonzern zu erkennen gab, sprangen die meisten Bewerber ab. Obwohl das blutige Geschäft mit dem Krieg eine krisensichere Branche ist.

Kann es sein, dass die Selbstverwirklichung für manchen eben doch vor dem sicheren Arbeitsplatz kommt? Und dass der Hebel meiner Motivation an der falschen Stelle ansetzt – und so zum Dolch wird? Der zweite Motivationspapst, Frederick Herzberg, ging sehr praktisch vor: Er hat Arbeitnehmer befragt, wie sie ihre Arbeitslage bewerten – und daraus Schlüsse gezogen. Dabei stieß er auf zwei Faktoren: auf solche, die Lust an der Arbeit machen; er nannte sie «Motivatoren». Und auf solche, die gewährleistet sein müssen, damit ebendiese Lust möglich ist oder erhalten bleibt; er nannte sie «Hygienefaktoren».

Als wichtige Motivatoren machte er Leistungserfolg, Anerkennung, Verantwortung und die Arbeit selbst aus. Zu den Hygienefaktoren zählte er das Grundgehalt, vernünftige Personalpolitik, eine gute Beziehung zum Chef und Sicherheit des Arbeitsplatzes.

Wie ein gesunder Mensch nicht an seine Körpertemperatur denkt, solange er kein Fieber hat, kümmern Sie sich auch nicht um die Hygienefaktoren am Arbeitsplatz, solange sie stimmen. Oder motiviert es Sie besonders, dass Sie auf Bestellung neue Bleistifte bekommen oder dass die Kantine jeden Mittag ihre Pforten öffnet? Aber wenn diese Selbstverständlichkeiten nicht mehr gewährleistet sind, kann Ihre gesamte Arbeitsleistung kranken. Wie sollten Sie Spaß an der Arbeit finden, wenn Sie regelmäßig um Ihr Büromaterial kämpfen müssen? Dann stoße ich als Chef mit meinen Motivatoren ins Leere, weil die Basis fehlt. Auch die Theorie Herzbergs wirft Fragen auf. Zum Beispiel, ob die Trennlinie zwischen Motivatoren und Hygienefaktoren nicht ziemlich willkürlich verläuft.

In der Praxis greife ich zu Herzbergs Motivatoren – zum Beispiel reize ich Sie mit einer Prämie, wenn Ihre Leistung nicht mehr stimmt. Aber ich ignoriere seine Hygienefaktoren, die den Blick auf die Frage lenken: Warum stottert Ihr Arbeitsmotor? Welchen grundlegenden Fehler gilt es zu beheben? Ich kippe einfach neues Motivationsbenzin in Ihren Tank. Und wundere mich, dass dennoch nichts rund läuft ...

Geheimnis: Die meisten Chefs kümmern sich nicht um die tieferen Ursachen, wenn der Motor Ihrer Arbeitsleistung stottert. Sie füllen einfach neues Motivationsbenzin nach.

> *Tipp für Sie:* Überlegen Sie, woher Ihre Unzufriedenheit rührt: Was müsste geschehen, um das zu ändern? Formulieren Sie klare Wünsche an Ihren Chef. Nur wer sagt, was er will, bekommt, was er braucht.

Hilfe, ein Motivationsprogamm!

Der Oberboss spricht ein Machtwort: Jetzt muss ein Motivationsprogramm her! Er pfeift nach einem externen Berater. Der beginnt mit einer Umfrage zur Motivationslage – und gerät sofort ins Stolpern. Weil viele meiner Mitarbeiter einfach keine Auskunft geben wollen. Die mündlichen Antworten sind windelweich. Bei anonymen Fragebogen liegt die Rücklaufquote oft unter 50 Prozent. Viele Mitarbeiter fürchten offenbar, ihre Handschrift, ihr Drucker oder gar ihre Fingerabdrücke könnten sie verraten.

Der Oberboss will Ihnen Gutes tun – und Sie? Gehen in Deckung und sagen erst gar nicht, wo der Schuh drückt! Wie soll ich die Motivationsmängel dann beseitigen?

Ein Fragebogen zur Motivation tastet sich von harmlosen Fragen («Was macht Ihnen an Ihrer Tätigkeit Spaß?») zu den Knackpunkten vor: «Was gefällt Ihnen am Führungsstil Ihres Vorgesetzten nicht?» – «Was bemängeln Sie am Betriebsklima?» – «Wie fühlen Sie sich über die Firmenziele informiert?» usw.

Der Berater will seinen Auftrag nicht verlieren, nur weil die Hälfte der Mitarbeiter ihre Aussage verweigert hat. Also richtet er sein Motivationsprogramm an den vorliegenden Antworten aus – ohne Rücksicht auf die Meinung der eigentlichen Zielgruppe, der völlig Frustrierten, die geantwortet haben, indem sie nicht geantwortet haben: ein absolutes Misstrauensvotum gegenüber der Firma!

So schießt das Motivationsprogramm an den Demotivierten vorbei. Zum Beispiel könnten regelmäßige Abteilungssitzungen vorgeschlagen werden (falls die relativ motivierten 50 Prozent mangelnde Information beklagt haben) oder eine Reform des Betrieblichen Vorschlagswesens (falls dieselbe Gruppe bislang kein offenes Ohr für ihre

Ideen gefunden hat). Die eigentlichen Knackpunkte, zum Beispiel Mobbing durch mich, bleiben im Dunkeln – mangels Auskunft der Demotivierten.

Um die Wirksamkeit des Programms zu überprüfen, wiederholt der Berater die Umfrage in ein oder zwei Jahren. Außerdem führt er meist eine Motivationsbilanz ein. Diese Bilanz orientiert sich an messbaren Daten. Als Erfolg wertet der Oberboss zum Beispiel, wenn die Zahl der Krankheitstage und Kündigungen sinkt, die Zahl der freiwilligen Überstunden und eingereichten Verbesserungsvorschläge steigt.

Aber was, wenn die Mitarbeiter aus Angst vor mir zur Arbeit kommen, obwohl sie krank sind? Was, wenn sie freiwillige Überstunden nur deshalb leisten, weil sie sich unter Druck fühlen? Was, wenn sie nur deshalb nicht kündigen, weil sie örtlich gebunden oder am Arbeitsmarkt chancenlos sind? Eine Motivationsbilanz kann ein Sack voll Augenpulver sein.

> *Geheimnis:* Motivationsprogramme scheitern oft, weil sie die eigentliche Zielgruppe gar nicht erreichen – die wirklich Frustrierten verweigern sich schon beim ersten Fragebogen.
>
> *Tipp für Sie:* Falls Sie frustriert sind: Machen Sie trotzdem mit. Geben Sie der Idee eine Chance. Wunder geschehen immer wieder ...

Gäule und Rennpferde

Bilden Sie sich nicht ein, Sie wären vor meiner Motivationsspritze sicher! Ich brauche kein verordnetes Programm, ich bin aus eigenem Antrieb hinter allen Mitarbeitern her: den lahmen Gäulen *und* den Rennpferden. Lahme Gäule, das sind die Leistungsschwachen, die ich in Schwung bringen will. Rennpferde, das sind die Engagierten, aus denen ich noch mehr rausholen möchte.

Wie gehe ich bei lahmen Gäulen vor? Zum Beispiel bei einem Vertriebsmitarbeiter, dessen Umsätze in den letzten Jahren um 20

Prozent gesunken sind? Der Mitarbeiter macht einen völlig demotivierten Eindruck. Kritik hat nichts genützt. Hier hilft nur das Zuckerbrot der Motivation. Also werfe ich den letzten Trumpf auf den Tisch: Ich biete eine höhere Provision – aber nur, wenn er seine Umsätze wieder steigert.

Zunächst geht meine Rechnung auf: Die Umsatzkurve zeigt wieder nach oben. Aber ein paar Monate später bricht sie völlig ein, unter das alte Niveau. Ich ärgere mich über den Mitarbeiter: Nennt man das Dankbarkeit!?

Oder liegt der Fehler etwa bei mir? Immerhin habe ich den lahmen Gaul zum schnelleren Rennen animiert, *ohne* mich darum zu kümmern, welche Verletzung ihn eigentlich lahmen lässt! Ich habe die Gründe seiner Demotivation bestehen lassen, ja nicht mal nach ihnen gefragt (wieder bete ich meinem Papst Herzberg nur die Motivatoren nach, nicht die Hygienefaktoren!).

Kann sein, der Mann kommt mit einem neuen Großkunden nicht klar – und wäre bei einer Versetzung in ein anderes Gebiet wieder der Alte. Oder er muss neuerdings ein Produkt verkaufen, von dem er selbst nicht überzeugt ist – und eine andere Ware würde ihn wieder zum Rennpferd machen. Oder es fehlt ihm an meiner Rückmeldung – und eine kontinuierliche Arbeit an unserem Verhältnis würde ihn zur Bestform auflaufen lassen.

Doch das Warum einer Demotivation zu erforschen verlangt Zeit und Zuwendung – während mir der Griff zur Motivationsspritze schnell und gedankenlos gelingt. Was geschieht, wenn ein verletzter Gaul einfach weitertrabt? Seine Wunde wird größer. Danach lahmt er noch mehr. Falls der Verkäufer zum Bespiel mit seinem Produkt auf Kriegsfuß steht, würde jeder zusätzliche Kundenkontakt zu einer zusätzlichen Belastung. Meine Motivierung geht nach hinten los.

Bei der zweiten Art von Mitarbeitern, den Rennpferden, läuft es kaum besser: Nehmen wir an, Sie geben bei der Arbeit schon alles, was Sie haben. Nun verpasse ich Ihnen eine «Motivationsspritze». Das klingt nach Doping – und dieser Begriff trifft es auch! Sie zerreißen sich. Sie spüren Ihre Leistungsgrenze nicht mehr. Sie packen noch eine Akte mehr drauf, noch eine Überstunde, noch einen Wochenenddienst. Sie laufen, bis Sie völlig ausgebrannt sind. Dann durchschauen Sie den Schwindel.

Ihre Konsequenz ist klar, Sie denken sich: Das wird mir nicht noch mal passieren! Und wandeln sich vom Engagierten zum Frustrierten, vom Erfolgssucher zum Misserfolgsvermeider. Und schon habe ich einen lahmen Gaul mehr im Stall.

> **Geheimnis:** Motivationsspritzen wirken wie Doping: Ein Mitarbeiter spürt seine Leistungsgrenze nicht mehr, überfordert sich, brennt aus.
>
> **Tipp für Sie:** Wenn Sie schon auf Hochtouren laufen: Legen Sie keinen weiteren Zahn zu. Ganz egal, womit Sie Ihr Chef motiviert.

Ins Krankenbett motiviert

Was passiert, wenn ich einen gesunden Menschen in ein Krankenbett stecke, ihn an einen Tropf hänge und alle zehn Minuten seine Temperatur messe, weil ich ihn für krank halte? Kann es sein, dass er sich bald krank fühlt? Vielleicht sogar: dass er krank wird?

Was ich fest erwarte, beschwöre ich durch mein entsprechendes Verhalten herauf! Die Psychologen nennen es eine sich selbst erfüllende Prophezeiung.

Beim Motivieren erkläre ich Sie für leistungskrank, verordne Ihnen eine Therapie, hänge Sie an den Tropf meiner Motivation. Verzweifelt versuchen Sie, mir zu beweisen, dass Ihre Leistung kerngesund ist. Vergeblich!

Mit der Zeit resignieren Sie: Wäre jede Initiative nicht vergebene Liebesmühe? Ich wüsste es ja doch nicht zu würdigen! So fahren Sie Ihren Arbeitseifer auf das Niveau meiner Erwartung zurück, werden tatsächlich leistungskrank. Und nehmen mir immerhin die Chance, Sie zu *Unrecht* dafür zu halten.

Der Widerspruch ist klar: Ich wünsche mir Mitarbeiter mit kerngesunder Motivation – aber nehme Sie in Pflege. Womit Sie, an meinen Tropf gekettet, tatsächlich kaum mehr von der Stelle kommen.

Worauf ich wiederum, in meiner Einschätzung bestärkt, noch intensiver motiviere. Worauf Sie noch mehr demotiviert werden ... ein Teufelskreis!

Dabei kenne ich doch die Führungslehre des Amerikaners Douglas McGregor. Danach gibt es zwei Möglichkeiten, wie ich Sie als Mitarbeiter betrachten kann – die Theorie von X und Y.

- *Theorie X* besagt: Arbeit ist für Sie als Mitarbeiter unnatürlich, deshalb muss ich Sie dazu zwingen. Ich brauche Peitsche oder Zuckerbrot, muss Ihnen den Weg vorgeben, muss Sie kontrollieren.

  Diese Erwartung macht mich zum Dr. Frankenstein der Motivation. Welche Mitarbeiter bei diesem Experiment herauskommen, ist klar!

- *Theorie Y* besagt dagegen: Sie arbeiten gerne, wenn Ihre Arbeit Sie herausfordert, wenn Sie sich Ziele setzen und Verantwortung übernehmen können. Ich habe als Chef für Voraussetzungen zu sorgen, die diese Eigenmotivation ermöglichen.

  Diese Erwartung macht mich zum Gärtner: Ich glaube fest an das Wachstum Ihrer Leistung und schaffe ideale Rahmenbedingungen. Auch diese Prophezeiung erfüllt sich selbst – allerdings im Positiven!

> **Geheimnis:** Wer sich als Chef von Faulpelzen umgeben fühlt und deshalb motiviert, wird auch die fleißigsten Mitarbeiter zu Faulpelzen machen.
>
> **Tipp für Sie:** Steuern Sie bewusst Ihre Einstellung zur Arbeit. Lassen Sie sich nicht in die Demotivation motivieren.

Lob als Falschgeld

Ein Lob aus meinem Munde – und Ihr Tag ist gerettet? Wenn ja, dann sollten Sie sich vorsehen; Lob gilt als *die* Universalwaffe aus meiner Trickkiste der Motivation. Lob kostet nichts. Lob ist unverbindlich. Lob kann ich durch Lippenbekenntnisse in beliebigen Mengen produzieren. Ein wunderbares Trostpflaster, falls Ihre Gehaltserhöhung wieder mal ins Wasser fällt. Ein wunderbares Schmieröl, falls Sie überlastet sind und jammern. Und ein wunderbarer Türöffner, falls ich Ihnen zusätzliche Arbeiten aufs Auge drücken will.

Typische Szene: Ich stürme kurz vor Feierabend in Ihr Büro (vorher hatte ich mich lange nicht mehr blicken lassen!). Voller Begeisterung hebe ich an: «Großes Kompliment! Wie Sie das Projekt Meier über die Bühne gebracht haben, vor ein paar Monaten – einsame Klasse!»

Sie freuen sich, zumal ich selten lobe. Nur in Ihrem Hinterkopf regt sich eine Ahnung – ob da nicht ein Pferdefuß folgt? Und richtig, bevor ich Ihr Büro verlasse: «Apropos Projekt! Ich möchte Ihnen gern eine neue Aufgabe anvertrauen. Wenn ihr einer gewachsen ist, dann Sie. Und zwar ...»

Natürlich war mein einleitendes Lob ein Trick. Ich habe Ihre Eitelkeit gekitzelt, Sie auf eine Wolke gehoben. Und wollen Sie mich nun etwa enttäuschen – obwohl ich so hoch von Ihnen denke? Eine moralische Erpressung!

Mein Lob ist oft ein Köder, der Sie fangen soll. Doch bei genauer Betrachtung können Sie den Haken entdecken. Folgende Indizien können *falsches* Lob enttarnen:

- Mein Lob kommt nicht allein – ich lasse eine «kleine Bitte» folgen.
- Ich führe meinen Lobgesang theatralisch auf, übertreibe schamlos. («Einsame Klasse!»)
- Mein Lob ist allgemein («Projekt Meier»). Ihre individuelle Leistung erwähne ich nicht. (Kenne ich sie überhaupt?)
- Ich ziele, falls ich doch konkret werde, oft am Kern Ihrer Leistung vorbei.
- Das Lob kommt meist verspätet – nicht als direkte Rückmeldung.
- Ich lobe in unverbindlicher Form. Also mündlich statt schriftlich. Meist unter vier Augen.

Falls Sie Grund haben, an der Aufrichtigkeit meines Lobes zu zweifeln, sollten Sie nachfragen: «Was genau hat Ihnen an meiner Leistung gefallen?» Wie ich reagiere und antworte, wird Ihnen zeigen, ob mein Lob echt oder aus der Luft gegriffen ist (woran Sie meine Lügen erkennen, lesen Sie ab Seite 119).

Falls ich dem Lob eine (eigennützige) Bitte nachschiebe, sollten Sie scheinbar humorvoll fragen: «Steht Ihr Lob in Zusammenhang mit dieser Bitte? Oder darf ich es behalten, falls ich die Bitte ablehne?»

Sofort merke ich: durchschaut! Und werde Ihnen auf der humorvollen Ebene antworten, innerlich den Hut vor Ihrem Scharfsinn ziehen und nach einem neuen Motivationsopfer suchen. In der Firma wimmelt es ja von Mitarbeitern, die sich fürs kleinste Lob von mir zerreißen!

Geheimnis: Das Lob der Chefs ist oft Falschgeld. Aber es gibt einen Test, mit dem Sie seine Echtheit prüfen können.

Tipp für Sie: Seien Sie vor allem skeptisch bei übertriebenem Lob, das mit einer «kleinen Bitte» einhergeht!

Abschreckendes Vorbild

Rennlisten gibt es nicht nur auf der Trabrennbahn – sondern auch in unserer Firma, vor allem im Vertrieb. Monat für Monat mache ich öffentlich, wer die Nase vorn, die höchsten Umsätze hat. Auf dass sein leuchtendes Vorbild auf die anderen abstrahle.

Und damit die lahmen Gäule sich garantiert ein Beispiel nehmen, klopfe ich dem Rennpferd nicht nur auf die Schulter, sondern schicke es zur Belohnung noch eine Woche nach Teneriffa. Na, wäre Ihnen nicht auch nach solch einer Incentive-Reise?

Diese ausgeklügelte Motivation lässt die lahmen Gäule mit Staubwolke durchstarten. Denke ich. Und bin völlig erstaunt, wenn sie anschließend weniger Umsatz als jemals zuvor machen.

Vielleicht wäre ein Gedanke an meine eigene Kindheit heilsam (denn der Fingerzeig aufs leuchtende Vorbild stammt zweifelsfrei aus der Erziehung): Wie ging es mir, als mein Vater sagte: «Schau mal den Nachbarjungen Markus an! So ein braves Kind. Bringt gute Noten nach Hause – und nicht zerrissene T-Shirts vom Fußballplatz wie du!»

Wurde Markus durch diese Worte ein leuchtendes Vorbild für mich, dem ich nacheifern wollte? Pah! Eher war ich versucht, die sein Streber eine Tracht Prügel zu verpassen! Ich habe mich ungerecht behandelt gefühlt – und noch weniger gelernt und noch mehr auf dem Fußballplatz gerauft.

Genauso allergisch reagieren Sie, wenn ich Ihnen einen «Helden der Arbeit» als Vorbild präsentiere. Ihr Ohr empfängt die implizite Botschaft: Sie sind nicht o.k.! Sie müssen sich am Riemen reißen, wie das große Vorbild werden, nur dann kann ich Sie akzeptieren! Während ich hoffe, Sie zu locken, erzeuge ich Trotz. Sie fühlen sich zurückgesetzt.

Für die plumpe Vorbild-Tour gebührt mir kein Motivationspreis, zugegeben. Aber es liegt an Ihnen, was Sie daraus machen. Statt nur gekränkt zu sein, können Sie sich durchaus fragen: Was macht den Kollegen so erfolgreich? Gibt es Rezepte, Kniffe, Verhaltensweisen, die Sie von ihm übernehmen könnten? Und zwar nicht in meinem Interesse – sondern in Ihrem. Sie wollen sich ja entwickeln. So können Sie die Not zur Tugend machen und das betreiben, was unter Firmen Benchmarking heißt – Sie lernen von den Besten!

Geheimnis: Wenn Chefs einzelne Mitarbeiter auszeichnen, dann vor allem, um die «faule Mehrheit» auf Trab zu bringen. Allerdings geht der Schuss nach hinten los.

Tipp für Sie: Statt mit Trotz zu reagieren, sollten Sie sich fragen: Welche Qualitäten zeichnen den Belobigten aus? Übernehmen und verbessern Sie seine Erfolgsrezepte!

Die Trickkiste des Motivators

Ob Prämie oder Reise, Lob oder Abendessen, freie Einteilung der Arbeitszeit oder Entscheidungsrecht: Meine Trickkiste fürs Motivieren ist reich gefüllt. «Trickkiste» bedeutet nicht, dass all das Schwindel ist – aber ich kann es durch Missbrauch dazu machen! Wie Sie beim *Lob* ja schon gesehen haben.

Damit Sie auf alles gefasst sind, hier eine Aufstellung meiner besten Motivationsmaßnahmen: Ich beschreibe wieder erst das «Ideal»: So sollte es sein! Und dann die «Wirklichkeit»: Das kommt in der Praxis schlimmstenfalls dabei heraus!

Leistungsabhängige Bezahlung

Ideal: Schon durch Ihr Grundgehalt kassieren Sie Ihren fairen Marktwert. Nun haben Sie die Chance, durch zusätzliche Leistung auch zusätzlich zu verdienen – beispielsweise durch Prämie, Bonus oder Provision.

Wirklichkeit: Oft setze ich Ihr Grundgehalt so tief an, dass Sie auf den Zusatzverdienst angewiesen sind. Ein böses Erpresserspielchen: Weil ich annehme, dass Sie mir einen Teil Ihrer Leistung bewusst vorenthalten, mache ich es mit Ihrem Gehalt genauso. Erst Freilassung Ihrer Leistung – dann Zahlung des Lösegeldes!

Incentive-Reise

Ideal. Für eine herausragende Leistung belohne ich Sie selbstlos, indem ich Ihnen eine Urlaubsreise spendiere. Sie fliegen natürlich mit Familie, weil meine Großzügigkeit keine Grenzen kennt.

Wirklichkeit: Oft haben Sie sich an den Rand eines Zusammenbruchs geschuftet. Die Reise ist eine verkappte Kur, Ihre Familie soll Sie aufrichten. Die Belohnung weckt den Neid Ihrer Kollegen. Sie gelten als mein «Musterschüler» – zumal ich Sie als großes Vorbild verkaufe.

Prämie für Verbesserungsvorschläge

Ideal: Das Betriebliche Vorschlagswesen (BVW) macht Sie zum Berater unseres Unternehmens: Ideen willkommen! Jeder Vorschlag

wird mit Dank empfangen und mit Sorgfalt geprüft. Am Erfolg sind Sie durch eine Prämie beteiligt.
Wirklichkeit: Oft ein freudloses Flaschenpost-Spiel: Sie werfen Ihren Vorschlag ein – und hören nie wieder was! Falls Ihre Idee doch umgesetzt wird, was Sie eher zufällig erfahren, und der Firma jährlich 10 000 Euro spart, sind Sie mit einer einmaligen Prämie von 250 Euro der billigste Berater aller Zeiten.

Keine Stempelkarte mehr
Ideal: Sie werden zum Herrn Ihrer Arbeitszeit! Ich vertraue Ihnen, dass Sie nach wie vor Ihre vereinbarten Wochenstunden leisten. Oft mit individueller Gleitzeit, so dass Sie als Morgenmuffel zum Beispiel erst um 11 Uhr kommen – zum Vorteil beider Seiten.
Wirklichkeit: Oft schaffe ich die Stempelkarte ab, weil Ihre Überstunden zu teuer werden. Nun steht der Käfig offen, was Sie unheimlich motiviert – aber Sie sitzen dennoch fest; die Arbeit wird schließlich nicht weniger.

Dinner mit dem Oberboss
Ideal: Der Oberboss lädt Sie und Ihre Kollegen mit Lebenspartnern zum Abendessen. So wichtig sind Sie für die Firma! Bei dieser Gelegenheit werden Sie aus erster Hand über die Pläne der Geschäftsleitung informiert.
Wirklichkeit: Der Oberboss hält nur eines für wichtig: seine Gewinne! Deshalb drischt er den ganzen Abend mit Motivationsphrasen auf Sie ein. Wichtige Informationen streut er natürlich nicht unters Fußvolk. Ihr Partner ist eingeladen, damit er Sie morgens noch früher aus dem Haus schubst und Sie zu Überstunden für diese «tolle Firma» anfeuert.

Computer für zu Hause
Ideal: Ich bin an Ihrer Fortbildung interessiert, vor allem im Computerbereich, und gebe Ihnen die Möglichkeit, sich auch bei privater Nutzung zu entwickeln.
Wirklichkeit: Bei dringenden Arbeiten erwarte ich, dass Ihr Feier-

abend in der Firma nur noch eine Halbzeit ist – und Sie zu Hause weiterschuften. Als «dringende Arbeiten» gelten alle, die ich Ihnen gebe!

Diensthandy

Ideal: Sie erhalten die Möglichkeit, sich auf Dienstreisen um die Geschäfte zu kümmern. So bleiben Ihnen lange Rückruflisten erspart. Signal: Sie sind wichtig für die Firma! Ein Statussymbol.
Wirklichkeit: Die Arbeit verfolgt Sie jetzt bis ins Schlafzimmer. Zu jeder Tages- und Nachtzeit bin ich so frei, Ihre Nummer zu wählen. 24 Stunden Rufbereitschaft!

Weiterbildung

Ideal: Ich stelle mit Ihnen ein Weiterbildungsprogramm zusammen, das individuell auf Ihre Stärken und Schwächen abgestimmt ist. So können Sie sich kontinuierlich entwickeln.
Wirklichkeit: Oft verkaufe ich Ihnen solche Fortbildungen als «Belohnung», die ohnehin nötig sind – zum Beispiel die Einführung in ein neues Computerprogramm. Zumindest die Anfahrt fällt auch noch in Ihre Freizeit. Fortbildungen für Ihre längerfristige Entwicklung, ohne direkten Nutzen für die Firma, finden nicht statt.

> *Geheimnis: Es ist nicht alles Gold, was als Mittel zur Motivation glänzt. Oft legt der Chef nur einen billigen Köder für Sie aus.*
>
> *Tipp für Sie: Überprüfen Sie jede Motivierung auf ihren Haken. Lassen Sie sich nicht manipulieren – sondern entscheiden Sie sich bewusst für einen Weg, der (auch) Ihrem Vorteil dient.*

Chef-TÜV: Motiviert Ihr Chef mit faulen Tricks?

Die folgenden Fragen beziehen sich wieder auf Ihren eigenen Chef. Kreuzen Sie jeweils eine Lösung an. Am Ende erfahren Sie, wie Ihr Chef motiviert – ob fair oder mit faulen Tricks.

1. Welchen dieser Sätze würde Ihr Chef am ehesten unterschreiben?
   a) Meine Mitarbeiter brauchen keine Pflege. Schließlich werden sie für ihre Leistung schon bezahlt.
   b) Meine Mitarbeiter neigen zu Faulheit. Durchs Motivieren bringe ich sie auf Trab.
   c) Meine Mitarbeiter geben nicht alles. Bei Anreizen ist immer noch ein Plus an Leistung drin.
   d) Meine Mitarbeiter haben Freude an der Arbeit. Ich muss vor allem dafür sorgen, dass ihnen nichts den Spaß verdirbt.

2. Wie zuverlässig sind die Zusagen Ihres Chefs, beispielsweise im Hinblick auf Karriereschritte, Gehaltserhöhungen usw.?
   a) Er löst einen Teil seiner Versprechungen ein. Den Rest hatte er ohnehin nur mit einschränkenden Formulierungen wie «eventuell», «möglicherweise» oder «bestenfalls» zugesagt.
   b) Er verspricht alles Mögliche, um mich anzutreiben – kann sich später aber an nichts erinnern.
   c) Was er verspricht, das hält er auch. Darauf kann ich mich verlassen.
   d) Mein Chef schmettert solche Anliegen rigoros ab. Insofern macht er auch keine falschen Zusagen.

3. Ihr Chef lobt Sie für eine Arbeit. Warum, nach Ihrer Erfahrung?
   a) Weil er's so meint. Sein Lob ist echt, kein Schmiermittel.
   b) Ich war wohl mal wieder mit Lob dran. Er verteilt es ziemlich systematisch.
   c) Da mein Chef nie lobt, ist die Frage hinfällig.
   d) Garantiert drückt er mir sofort eine Zusatzarbeit aufs Auge!

4. Ihr Chef schlägt Ihnen eine zielgebundene Leistungsprämie vor. Welches ist, wie Sie ihn kennen, sein Hintergedanke?
   a) Er will meine Leistung steigern, zum Vorteil der Firma. Dafür ist er bereit, meinen Verdienst ein wenig anzuheben.
   b) Er will das Letzte aus mir rausholen – bestimmt ist die Prämie nur verkapptes Grundgehalt, um das ich nun kämpfen muss.
   c) Er tut nur das, was die Firmenleitung von ihm fordert. Selber empfindet er die Prämienprozedur nur als Stress.
   d) Es ist ihm ein Anliegen, mich für außergewöhnliche Leistung auch außergewöhnlich zu entlohnen.

5. Würde es zu Ihrem Chef passen, dass er einen «Mitarbeiter des Monats» öffentlich kürt?
   a) Absolut! Als mahnendes Vorbild für die (vermeintlich) Faulen!
   b) Nein! Er lobt spontan – ohne Urkunde und Berechnung.
   c) Ja, damit jeder den Ehrgeiz entwickelt, der Nächste zu sein.
   d) Nein, denn bei der Wahl müsste er zu viel nachdenken.

6. Ihr Chef lädt Sie und die Kollegen mit Lebenspartnern zum Abendessen ein. Worum, denken Sie, geht es ihm?
   a) Er muss – das hat ihm wohl der Oberboss ins Ohr geflüstert.
   b) Er will seine Leute auf sich einschwören, auch die Partner. Sicher steht bald ein Überstunden-Gewaltmarsch oder eine Hiobsbotschaft an.
   c) Er ist besonders zufrieden mit unserer Arbeit. Das drückt er durch diese spontane Anerkennung aus.
   d) Er will das Gemeinschaftsgefühl, die Firmenverbundenheit und auch seine Position als Chef stärken.

7. Trauen Sie Ihrem Chef zu, dass er ein Referat über Motivationstechnik halten könnte?
   a) Sicher nicht! Der Einzige, um dessen Motivation er sich kümmert, ist er selbst!

b) Zu 100 Prozent! Er lässt schließlich kein Motivationsseminar und -buch aus.
c) Wahrscheinlich vor allem über die fiesen Varianten.
d) Er hält keine langen Vorträge – aber er weiß aus dem Bauch heraus, wie's geht.

Vergleichen Sie Ihre angekreuzten Antworten mit der folgenden Aufstellung. Ordnen Sie die Kreuze zu und zählen Sie sie am rechten Rand zusammen.

Motivations-Manipulator: 1b, 2b, 3d, 4b, 5a, 6b, 7c = ____
Motivations-Techniker: 1c, 2a, 3b, 4a, 5c, 6d, 7b = ____
Motivations-Muffel: 1a, 2d, 3c, 4c, 5d, 6a, 7a = ____
Motivations-Naturtalent: 1d, 2c, 3a, 4d, 5b, 6c, 7d = ____

Wo haben Sie die meisten Kreuze gemacht? Nun wissen Sie, wie Ihr Chef (nach Ihrer Wahrnehmung) motiviert:

Manipulator: Ihr Chef sieht Sie und die Kollegen als Faulpelze. Jedes Mittel ist ihm recht, Sie auf Trab zu bringen. Seine Motivationsspritzen setzt er als skrupelloses Doping ein, ohne Rücksicht auf Ihre Interessen und Ihre Gesundheit. Nur sein Vorteil zählt!

> **Tipp für Sie:** Lassen Sie sich weder übermotivieren noch in die innere Kündigung treiben! Ignorieren Sie die Motivierung, wo Sie überfordert werden. Und folgen Sie ihr bewusst bei Arbeiten, die Sie herausfordern. So bleibt Ihre Eigenmotivation erhalten.

Techniker: Ihr Chef will Sie durch sein Motivieren aus der Reserve locken. Dabei geht er laut Lehrbuch vor, nicht ganz so plump wie der Manipulator. Ihren Vorteil hat er im Hinterkopf – berücksichtigt ihn aber eher theoretisch.

> **Tipp für Sie:** Sagen Sie Ihrem Chef, was Sie für eine Spitzenleistung brauchen. Beschreiben Sie ihm, was Ihnen die Arbeitsfreude raubt und wie es

besser laufen könnte. Als Motivations-Techniker wird er sich an Maslow (Bedürfnisse) und Herzberg (Hygienefaktoren) erinnern.

Muffel: Ihr Chef hält nichts vom Motivieren – weil Sie und die Kollegen ihm egal sind. Wenn er Motivationstechniken anwendet, dann unbeholfen und auf Befehl von oben. Er schaut über den Tellerrand seines Schreibtisches nicht hinaus.

> ***Tipp für Sie:*** *Ihr Chef kümmert sich nicht um Sie – positiv ausgedrückt: Sie haben freie Hand, Ihre Arbeit zu gestalten. Setzen Sie Schwerpunkte, die Ihnen Spaß und Befriedigung verschaffen. Nehmen Sie Anerkennung von Kunden und Kollegen an.*

Naturtalent: Ihr Chef glaubt an Sie und Ihre Leistung. Er tut alles, damit Sie auch morgen noch kraftvoll zupacken wollen. Nichts motiviert mehr! Techniken und Heuchelei hat er nicht nötig.

> ***Tipp für Sie:*** *Falls die Bezahlung und die Karriereaussichten stimmen: Bleiben Sie diesem Chef treu! Er fördert Ihre eigene Entwicklung.*

Feinde, Freunde, Alpha-Tiere:
Wen Bosse fördern – wen sie feuern

«Teamfähigkeit» – das ist es, was ich heute von Ihnen verlange. In Stellenanzeigen, in Sonntagsreden und überhaupt. Ich predige, dass wir *eine* Mannschaft sind, dass nur das *gemeinsame* Ergebnis zählt, dass keiner so gut ist wie wir alle zusammen.

Hier spukt der Teamgeist

Sieht so aus, als wäre unsere Firma ein einziger Freundeskreis. Als würde das Ideal der Gleichheit endlich wahr. Als wäre Ihr Beitrag zum Teamerfolg wichtiger als Ihre Einzelleistung.

Viele Mitarbeiter glauben meiner Predigt. Sie entwickeln sich zu Ameisen unter Ameisen, um der höheren Sache zu dienen: meinem Vorteil! Jede Urlaubsvertretung übernehmen sie klaglos – Ehrensache! Jeden Fortbildungskurs machen sie überflüssig – einer unterrichtet den anderen. Und wer Überstunden leistet, bleibt nicht allein – aus Solidarität harren auch die Kollegen aus.

Der Spuk des Teamgeistes geht so weit, dass sich Bewerber im Vorstellungsgespräch nur noch zu Gruppenhobbys bekennen. Wer einsam durch den Wald joggt, tut gut daran, sich als Teilnehmer von Staffelläufen auszugeben. Wer im stillen Kämmerlein musiziert, saugt sich das große Orchester aus den Fingern. Damit ich sehe: Sie sind kein Einzelkämpfer – sondern ein Teamplayer.

Im Alltag fördere ich den Teamgeist auf meine Weise. Zum Beispiel, indem ich Sie und die Kollegen in ein Großraumbüro pferche. Die Naiven applaudieren. Tatsächlich entwickelt sich der Teamgeist bald zum bösen Spuk: Einer beaufsichtigt den anderen! Sie arbeiten länger, denn keiner will morgens als Letzter kommen, abends als Erster gehen. Und Sie überlegen es sich zweimal, ob Sie ein privates Telefonat führen, unfreundlich zu einem Kunden sind oder über mich lästern; jeder Kollege wird zum Aufseher, zum Ersatz-Chef, zum potenziellen Spitzel. Das spart mir viel Energie und Ärger. Der Teamgeist komme, mein Wille geschehe!

Was Sie misstrauisch machen könnte: Wie komme gerade ich als Chef dazu, eine Lanze für die Teamfähigkeit zu brechen? Schließlich bin ich kein Gleicher unter Gleichen geblieben, sondern habe mich mit Ellbogen nach oben gearbeitet. Schließlich stehe ich über unserem Team, führe das Kommando, kann heuern und feuern. Ich trage den klangvollsten Titel, kassiere das dickste Gehalt und gehe mit Ihrer (Team-)Leistung auch noch beim Oberboss hausieren.

Dass ich unter einen Erfolg nicht die Namen von 20 Teamarbeitern schreiben kann, werden Sie verstehen. Damit wäre der Oberboss überfordert. Aber meinen Namen, den kann er sich merken! Zumal ich auf die nächste Beförderung spekuliere ...

Ich sitze als Made im Einzelspeck – und predige Ihnen Gruppendiät! Diät, darauf läuft es hinaus! Eine Gruppe ist immer nur so stark wie ihr schwächstes Glied. Und wen erkläre ich zum Maß aller Dinge? Natürlich jenen Kollegen, der für ein Minigehalt bis in die Nacht schuftet. Ich appelliere an Ihre «Solidarität», strapaziere die Lüge von einer «gerechten Gehaltsstruktur» und stelle Überstunden als freiwillige Entscheidung des Teams hin.

Aber wenn es ans Eingemachte geht – wer setzt sich dann bei mir durch? Wer kriegt die Gehaltserhöhung trotz allem? Wen befördere ich? Etwa die graue Teammaus, deren Namen ich kaum kenne? Oder den Individualisten, dessen persönliche Leistung eben nicht in der Gruppenarbeit untergegangen ist? Natürlich ist er mein Favorit!

Sicher ist Ihnen nicht entgangen, dass ich nie ein ganzes Team befördere, immer nur Einzelne. Auch Zeugnisse schreibe ich nicht in Kopie für alle. Auch Gehaltserhöhungen verteile ich nicht mit der Gießkanne. Und auch meine Entlassungswelle spült einige sofort weg – während andere sicher sitzen.

Wenn «Teamfähigkeit» ein Zauberwort ist, dann sollten Sie wissen: Dieser Zauber ist faul! Nichts spricht gegen ein Engagement im Team – aber alles dagegen, dass Sie bis zur Unsichtbarkeit in einer Gruppenleistung verschwinden.

> **Chef-Geheimnis:** Chefs singen das hohe Lied vom Team. Im Zweifel belohnen sie aber Einzelleistungen.
>
> **Tipp für Sie:** Werden Sie nicht zu einer Ameise unter Ameisen. Sorgen Sie dafür, dass Ihre Einzelleistung im Teamergebnis erkennbar bleibt.

Den Fleißigen beißen die Hunde

Manche Mitarbeiter machen mir viel Freude. Sie knien sich in ihre Arbeit, als würden sie nach Akkord bezahlt.

Welchen Auftrag ich Ihnen morgens auch gebe, und sei es eine Erdumrundung: Am Abend haben Sie's geschafft. Sie kennen Ihr Fachgebiet aus dem Effeff. Sie arbeiten fehlerlos. Sie sind nie krank. Sie haben oft brillante Ideen. Kurz: Sie sind das Fundament, auf das ich meine Abteilung baue. Indem Sie reibungslos funktionieren, werden Sie für mich zum Funktionsträger. Sie verschmelzen mit Ihrer Aufgabe, ketten sich am eigenen Arbeitsplatz fest.

Nun wissen Sie, warum ich Sie als fleißige Perle niemals freiwillig befördere: Ich würde am Fundament meiner Abteilung rütteln, die Arbeitsfähigkeit untergraben, Glanz verlieren. Warum sollte ich? Solange Sie mir dienen, habe ich den Nutzen. Die Arbeit läuft wie geschmiert. Ich muss mich um nichts kümmern. Der Erfolg fällt auf mich zurück. Und Ihr Gehalt ist oft ein Witz, verglichen mit Ihrer Leistung.

Ihre Beförderung? Würde nichts als Schwierigkeiten bringen! Ich müsste Ihre Position neu besetzen, müsste Zeit und Nerven opfern: die Stelle ausschreiben, Bewerbungen sichten, Bewerber einladen, Einstellungsgespräche führen ... Und wozu der Stress? Um angesichts der Leistung Ihres Nachfolgers festzustellen: Eine fleißige Perle wie Sie ist nicht zu ersetzen! Nicht einmal, wenn ich für den Neuen deutlich mehr Geld auf den Tisch blättere.

Hinzu kommt: Befördert wird nur, wer auch fordert. Oft sind fleißige Perlen so bescheiden wie Kakteen. Andere Mitarbeiter wollen regelmäßig gegossen sein, fordern Gehaltserhöhungen und Karriereschübe. Aber Sie? Gelegentlich ein Tropfen Lob, mehr braucht es nicht für Ihr Gedeihen.

Ihre Arbeit macht Ihnen offenbar so viel Spaß oder lässt Ihnen so wenig Zeit, über etwas anderes nachzudenken, dass Sie kaum auf die Idee kommen, auch noch eine Beförderung oder mehr Gehalt von mir zu fordern. Und solange ich nichts anderes von Ihnen höre, darf ich davon ausgehen, dass Sie zufrieden sind.

Der Weg aus der Zwickmühle? Falls Sie schon in der Muschel, sprich Ihrer Position, feststecken: Machen Sie mir deutlich, zum Beispiel im Mitarbeitergespräch, dass Sie diese Fixierung auf jeden Fall verändern wollen, «am liebsten im eigenen Unternehmen». Es schwingt mit: Andernfalls ziehen Sie Konsequenzen. Wenn ich Sie ohnehin verliere, dann vorzugsweise durch eine Beförderung (was ich davon habe, lesen Sie auf Seite 111).

Falls sich Ihre Muschel noch nicht geschlossen hat: Suchen Sie aktiv neue Herausforderungen, sobald Sie eine Tätigkeit perfekt beherrschen. Lassen Sie Fließbandroutine erst gar nicht aufkommen. Das zeigt mir Ihre Ambition. Wer so umtriebig ist, den kann ich kaum als Sachbearbeiter anketten.

Also werde ich Sie mit Herausforderungen in meiner Abteilung bei Laune halten, bis dieses Feld abgegrast ist. Dann fällt es mir leicht, Sie nach oben ziehen zu lassen. Schließlich würde Frustration Sie von der Perle zur Miesmuschel machen. Damit wäre mir nicht gedient. Genauso wenig mit Ihrer Abwanderung zur Konkurrenz.

Somit werde ich doch noch Ihr Liftboy im Karrierefahrstuhl – und es geht aufwärts mit Ihnen!

> **Geheimnis:** *Je zuverlässiger ein Mitarbeiter seinen Job macht, desto weniger wird er befördert. Sein Chef hat ein Interesse daran, ihn im eigenen Machtbereich festzuhalt*

> **Tipp für Sie:** Verschmelzen Sie nicht mit einer Arbeit, sondern suchen Sie immer wieder neue Herausforderungen. Erst auf der eigenen Hierarchieebene – dann ein Stockwerk höher.

Warum duzen wir uns nicht?

Mich mit Ihnen duzen? Niemals! Als Chef in einem Traditionsunternehmen würde ich mich eher an meinem Designer-Schlips erhängen. Auch wenn sich das ganze Team beim Vornamen nennt. Auch wenn ich sonst so tue, als wären wir eine große Familie und ich ein Gleicher unter Gleichen.

Warum ich mich so anstelle? Mögen alle im Team gleich sein: Ich bin gleicher! Daran will ich Sie unaufdringlich erinnern. Ich sitze in einem etwas größeren Büro, kleide mich etwas feiner, drücke mich etwas schlauer aus (sofern es mir gelingt!) – und bleibe für Sie ein etwas besserer Herr, im schriftlichen Verkehr sogar ein «sehr geehrter», dessen Vorname allenfalls Chefkollegen aussprechen dürfen.

In meinen Führungsseminaren heißt es: «Das Siezen schafft die nötige Distanz zwischen Ihnen und Ihren Mitarbeitern.» Sie werden zugeben, da ist was dran. Wenn ich für Sie «der Harry» wäre, würde Ihnen Kritik leichter über die Lippen springen – falls ich zum Beispiel wieder mal eine Schnapsidee als Kolumbus-Ei präsentiere. Und «Du Trottel» sagt sich nun mal leichter als «Sie Trottel».

Wenn Sie mich siezen, bin ich für Sie eine Respektsperson. Sie schlagen innerlich die Hacken zusammen; Autorität geht über Verstand. Ich kann Sie leichter zur Ordnung rufen. Unsere Rollen sind klar abgegrenzt. Das Führen wird für mich bequemer.

Das zweite Extrem: Ich bin Chef in einem jungen Unternehmen, zum Beispiel in der Internetbranche, und lasse mich bewusst von allen duzen, sogar vom Azubi. Dann droht Gefahr aus der anderen Richtung: Ich möchte Sie emotional vereinnahmen!

Sie wissen ja, wie das ist: Wenn ein Duzfreund Sie um etwas bittet, zum Beispiel um Ihre Hilfe beim Umzug, fällt ein «Nein» unendlich schwer – wogegen Sie einem fast Fremden problemlos einen Korb geben könnten. Oder wenn Sie einem Kumpel Geld leihen und es nicht von alleine zurückbekommen – dann verzichten Sie vielleicht freiwillig, um sich das peinliche Eintreiben zu ersparen.

Auf diese beiden Reaktionen, Ihre Hilfsbereitschaft und Ihre Scham, kann ich beim Duzen setzen. Ich komme Ihnen auf die kumpelhafte Tour mit Forderungen, zu denen Sie «Nein» sagen müssten – aber nicht können! Zum Beispiel appelliere ich an Ihre Toleranz, was die Überstunden betrifft: «Du willst mich doch nicht hängen lassen! *Du* weißt ja, wie ich von oben unter Druck stehe ...» Und wenn Sie von mir etwas fordern wollen, zum Beispiel mehr Gehalt, kann Ihnen das ebenso peinlich wie das Eintreiben der Schulden sein. Denn natürlich deute ich an, «dass du mich in verdammte Schwierigkeiten bringst, falls ...».

In diesen Fällen ist das Du ein emotionales Schmieröl, das Sie zum willigen Rädchen im Getriebe macht. Die Grenzen zwischen Schnaps und Geschäft verschwimmen – zu Ihrem Nachteil!

Geheimnis: Die meisten Chefs siezen sich mit Ihnen, damit Sie respektvoll Abstand nehmen – auch von Forderungen! Andere jubeln Ihnen das «Du» unter, um Sie für «Freundschaftsdienste» einzuspannen.

Tipp für Sie: Lassen Sie sich vom «Sie» nicht ins Boxhorn jagen, vom «Du» nicht vereinnahmen. Als Geschäftspartner Ihres Chefs, auf einer Augenhöhe, können Sie Ihre Interessen am besten vertreten!

Chefsache Mobbing

Nicht lange her, da war jeder Mitarbeiter bares Geld für mich wert: Ich wurde nach der Anzahl meiner Untergebenen bezahlt. Drückeberger, Frechdachse, Quertreiber – sie alle habe ich mitgeschleppt, denn es war zu meinem Vorteil.

Inzwischen bläst der Wind aus einer anderen Richtung. Ich leite meine Abteilung als «Profitcenter», stehe und falle mit der Rentabilität. Meine Prämie, meine nächste Beförderung, mein Ansehen beim Oberboss: Alles hängt davon ab, was ich erwirtschafte.

Aber je mehr hungrige Mäuler ich mit meinem Gehaltsetat stopfen muss, desto weniger Profit bleibt hängen. Also habe ich ein Interesse daran, die Arbeit auf möglichst wenige Köpfe zu verteilen, deutlicher gesagt: die Anzahl der Köpfe zu reduzieren!

In manchen Unternehmen setzt der Oberboss unterm Tisch eine Kopfprämie aus für jeden Mitarbeiter, den ich ohne Abfindung und öffentliches Geschrei vor die Türe bekomme. Aber wie bloß? Ich habe schon erwähnt, dass der Arbeitsrichter seinen Hammer meist als Waffe gegen uns Chefs einsetzt; Entlassung ist höchstens bei «betriebsbedingten Gründen» drin.

Meine Strategie: Ich mache mir die Hände nicht schmutzig, indem ich Sie vor die Tür setze. Ich sorge dafür, dass Sie «freiwillig» gehen. «Freiwillig» heißt: weil Sie es nicht mehr aushalten. Es gibt zwei Möglichkeiten, wie ich vorgehe:
1. *Mobbing*: Dabei werde ich nicht selbst tätig, sondern überlasse Ihren Kollegen die Schmutzarbeit.
2. *Bullying*: Dabei greife ich als Chef in die unterste Schublade, allerdings ohne verwertbare Fingerabdrücke zu hinterlassen.

Das *Mobbing* kann ich auf mehrere Arten einleiten. Entweder gebe ich Sie zum Abschuss frei, indem ich Sie vor den Kollegen demütige. Ein bisschen Spott und ein paar herabsetzende Worte genügen, schon gelten Sie als Freiwild. Und meine willigen Helfer blasen zur Hetzjagd, allen voran das Alpha-Tier (siehe Seite 111).

Oder – die feinere Variante – ich bringe die anderen gegen Sie auf, indem ich Sie auffallend bevorzuge. Ich schicke Sie auf eine Fortbildung, die einem Kollegen zusteht. Ich stelle eine mittelmäßige Arbeit von Ihnen als Vorbild für die anderen dar usw. So gelten Sie bald als Günstling und Streber – Klassenkeile ist Ihnen gewiss!

Wollen wir wetten, dass Ihr Nervenkostüm diesen Terror auf Dauer nicht aushält? Dass Sie ganz schnell anfangen, sich bei anderen Firmen zu bewerben – und die erste Zusage als Fahrkarte in die Freiheit nutzen?

Beim *Bullying* überlege ich mir, welches Ihre wichtigsten Bedürfnisse sind. Brauchen Sie Entscheidungsspielraum? Gehen Sie gern auf Dienstreisen? Schätzen Sie Ihr Einzelbüro? Dann fange ich an, Ihnen eine Grundlage nach der anderen zu entziehen. Ein subtiler Psychoterror, den kein Jurist nachweisen kann.

Zum Beispiel nehme ich Ihnen, falls Sie stolz auf Ihre Gewissenhaftigkeit sind, eine Arbeit vom Tisch mit der Bemerkung: «Dieser Vorgang erfordert Gründlichkeit!» Staunend verfolgen Sie, wie ich die Aufgabe an den bekanntlich schlampigen Auszubildenden weitergebe. Entweder Sie würgen mich – was zwar angemessen, aber immerhin ein Entlassungsgrund wäre – oder Sie treten die Flucht durch Kündigung an.

Doch Sie können sich wehren! Denn mein oberstes Ziel ist, Sie *lautlos* vor die Tür zu treiben, ohne Prozess und Skandal. Und nun malen Sie sich aus, Sie sagen beispielsweise zu mir: «Sie wollen mich wohl loswerden. Wenn es Ihnen einen Skandal wert ist, bitte! Ich dokumentiere alles und habe mit der Gewerkschaft und einer großen Tageszeitung schon gesprochen.»

Keine Frage: *Dieses* Risiko wäre zu groß für mich! Nichts hasst der Oberboss mehr als negative Schlagzeilen. Dann sind die Geschäfte auf Jahre ruiniert. Wahrscheinlich müsste ich meinen Hut nehmen.

Außerdem setze ich beim Mobben darauf, dass Sie ein schwaches Opfer sind, schnell einknicken. Wenn Sie sich mit allen Kräften wehren, haben Sie den Überraschungseffekt auf Ihrer Seite. Und ich werde mir eine leichtere Beute suchen.

Das Klima ist zwar ruiniert. Aber immerhin wird dieser Befreiungsschlag Ihre Peiniger bremsen. Wenn Sie dickhäutig sind, harren Sie aus, bis sich die letzte Gewitterwolke verzogen hat. Wenn nicht, können Sie sich aus Ihrer festen Anstellung heraus bewerben – und haben deutlich bessere Chancen als nach kopfloser Kündigung. Zumal ich Ihnen aus naheliegenden Gründen ein exzellentes Zwischenzeugnis ausstellen werde …

> **Geheimnis:** Manche Chefs setzen darauf, ihre Mitarbeiter ohne Abfindung vor die Tür zu ekeln. Dabei lassen sie die Meute der Kollegen los (Mobbing) oder legen selbst Hand an (Bullying).
>
> **Tipp für Sie:** Drohen Sie zur Not mit einem öffentlichen Skandal, mit Medien, Politik und Gewerkschaft. So durchkreuzen Sie den Plan der lautlosen Abschiebung. Und bereiten dem Spuk (oft) ein Ende.

Wen Ihr Chef feuert

Was müssen Sie tun, um auf meine Abschussliste zu geraten? Welche Mitarbeiter sind meine Lieblingsopfer bei Mobbing, Bullying oder (angeblich) betriebsbedingter Kündigung?

Meine Gegenspieler zeichnen sich dadurch aus, dass sie mir den absoluten Gehorsam verweigern, scheinbar quertreiben, bremsen oder erst gar nicht von der Stelle kommen. Vorzugsweise treten solche Mitarbeiter in vier Gestalten auf: als Besserwisser, Rivale, Miesmacher und Alte Schlafmütze.

Besserwisser

Als Besserwisser haben Sie zwei Fehler: Erstens sind Sie anderer Meinung als ich. Zweitens sagen Sie es auch noch, im schlimmsten Fall sogar öffentlich! Oft sind Sie ein exzellenter Fachmann, der an meinen stümperhaften Entscheidungen verzweifelt. Dann ist es ein Leichtes für Sie, meinen Chefsessel in eine Anklagebank zu verwandeln.

Sie treten auf wie ein Staatsanwalt, bohren mit Ihrem Finger in meinen Wissenslücken, weisen mir Fehlentscheidungen nach. Sie zitieren Studien, die ich nicht kenne, definieren Kriterien, auf die ich nicht komme, und weisen mir in meiner Kalkulation auch noch einen Rechenfehler nach.

So kratzen Sie an meiner Autorität und stempeln mich zum fachlichen Trottel. Außerdem halten Sie den ganzen Laden auf, weil jede

Entscheidung zum Diskussions- und damit Staatsakt wird. Bald gebe ich den Startschuss zum Mobbing!

Rivale
Sie haben alles, was ein Führer braucht: natürliche Autorität, Fachwissen und Ehrgeiz. Aber eines fehlt Ihnen: die Chefposition! So schwingen Sie sich zum Oppositionsführer auf, tragen den Dolch im Gewande.

Bei Meetings fallen Sie mir ins Wort, treten energisch für Ihre eigenen Ideen ein und reden jeden meiner Fehler zur Tragödie. Dabei wirkt Ihr Auftreten so selbstbewusst, Ihre Stimme so laut und fest, dass viele Kollegen nicken, ganz egal, was Sie sagen. Sobald Sie den ersten Stein der Kritik werfen, folgt ein ganzer Hagel. Immer öfter versammeln Sie die Mehrheit hinter sich und ich muss mich auf meine formale Autorität berufen. Gleichzeitig flirten Sie mit dem Oberboss.

Sie oder ich: Es kann nur einen geben! Gottlob sitze ich am längeren Hebel. Bald schlägt mein Bullying-Hammer zu (für ein Mobbing-Opfer sind Sie zu stark!).

Miesmacher
Sie verbreiten Pessimismus und schlechte Laune, sind der faule Apfel im Korb. In Sitzungen reden Sie das Härchen in der Suppe zum Zopf. Sie sehen Probleme, wo Herausforderungen sind. Sie suchen Fehler mit der Lupe, aber immer bei anderen. Sie laden die Kollegen zu Jammerzirkeln ein. Sie fühlen sich grundsätzlich betrogen und benachteiligt, übersehen und übergangen – eine tapfere Kassandra, auf die keiner hören will.

Meine Seifenblasen der Motivation, die ich mit viel Mühe blase, zerstechen Sie mit einem kritischen Wort. Dabei ist gute Stimmung eine Voraussetzung für den Erfolg.

Sie sind der ideale Mobbing-Kandidat! Die Meute wartet nur auf meinen Startschuss.

Alte Schlafmütze

Sie sind so tief in den Brunnen der Frustration gestürzt, dass ich kaum noch Ihre Stimme höre. In Sitzungen wirken Sie apathisch wie ein auf Eis gelegtes Reptil. Wenn Sie überhaupt etwas sagen, dann Ja und Amen. Wenn ich Arbeit verteile, gleich welcher Art, sind Sie nicht zuständig. Sollen doch die Jungen ran! Meist haben Sie schon viele Dienstjahre auf dem Buckel, sind fast unkündbar, ein typischer Beamter eben.

Sie drehen die Däumchen der Routine, kochen auf Sparflamme. Zugleich streichen Sie ein dickes Gehalt ein.

Sie sind zu dickhäutig, als dass ich Sie mit Mobbing oder Bullying aus dem Amt jagen könnte. Bleibt die Abschiebung in Frührente!

Geheimnis: Chefs werten öffentliche Sachkritik oft als persönlichen Angriff, Widerspruch als Quertreiberei und negative Prognosen als Defätismus. Schnell wird ein Mitarbeiter zum Feind erklärt.

Tipp für Sie: Kritisieren Sie den Chef oder seine Ideen höchstens unter vier Augen. Seien Sie konstruktiv, würdigen Sie gute Ansätze und machen Sie Vorschläge, wie's besser laufen könnte.

Vom Höhenflug der Chefsekretärin

Was ich auch zu vergeben habe, eine Prämie, einen Spanischkurs oder ein aufrichtiges Lob: Meine Chefsekretärin ist oft zuerst dran. Weil ich weiß, was ich an ihr habe! Das geht anderen Chefs genauso. Schon mancher hat seine Sekretärin gefördert, bis sie seine Arbeit übernehmen konnte.

Es lohnt sich, dieses Phänomen näher zu betrachten. Bei meiner Sekretärin werden Sie alle Voraussetzungen finden, die auch Sie brauchen, um mich als Gönner zu gewinnen.

Voraussetzung 1: Meine Sekretärin dient nicht in erster Linie der Firma, nicht der Abteilung, nicht anderen Mitarbeitern – sondern mir persönlich. Ihr Engagement hat manchen meiner Erfolge erst möglich gemacht.

> *Tipp: Wenn ich Sie fördere, ob durch Gehaltserhöhung oder auf andere Art, sehe ich das wie einen Kredit. Vorher müssen Sie mich überzeugen: Ihre Rückzahlung wird mit Zinseszins auf mein persönliches Erfolgskonto fließen – Ihre Leistung muss mir beim Erreichen meiner Ziele helfen!*

Voraussetzung 2: Meine Sekretärin ergänzt mich ideal. Was ich selber kann, zum Beispiel große Reden halten, muss sie nicht können – wohl aber für mich wandelnde Gedächtnislücke die Kongresstermine koordinieren.

> *Tipp: Sie sollten Ihre Stärken gerade dort zeigen, wo ich Schwächen habe und Unterstützung brauche. Falls ich als fachlicher Laie zum Wirtschaftsminister ernannt werde und Sie sind Staatssekretär, haben Sie schlechte Karten als Generalist – dafür gibt's ja mich! Was ich dann brauche, ist ein gewiefter Experte.*

Voraussetzung 3: Meine Sekretärin ist treu wie Gold. Niemals würde sie ihren Einfluss und ihr Wissen gegen mich einsetzen (und sie weiß einiges!).

> *Tipp: Indem ich Sie fördere, mache ich Sie mächtiger. Natürlich will ich keine Schlange an meinem Busen nähren. Ich muss sicher sein: Bei Gegenwind stehen Sie hinter mir! Lästern Sie also nie über mich (einer verpetzt Sie doch!) und verzichten Sie auf Majestätsbeleidigung, zum Beispiel reiner Kritik an meinen Ideen, statt diplomatischer Verbesserungsvorschläge.*

Voraussetzung 4: Von meiner Sekretärin geht eine positive Stimmung aus. Ein Gespräch mit ihr und mein Kopf, den ich unterm Arm getragen habe, sitzt wieder an der richtigen Stelle.

Tipp: Vergessen Sie nicht, dass ich kein Roboter bin – ich (be)fördere nicht zuletzt nach Sympathie! Und positive Menschen, die auf mich abfärben, stehen bei mir höher im Kurs als negative – gerade wenn ich selbst zu den Miesepetern gehöre!

Geheimnis: Sekretärinnen machen oft Karriere, weil sie dem persönlichen Erfolg ihres Chefs dienen und seine Schwächen ausgleichen.

Tipp für Sie: Halten Sie's genauso! Entwickeln Sie Stärken, wo Ihr Chef Schwächen hat – damit er seinen direkten Nutzen sieht.

Wen Ihr Chef fördert

Nun wissen Sie, nach welchen Voraussetzungen ich (be)fördere. Aber was bedeutet das für Sie? Welcher Typ im Team müssen Sie sein, um gute Chancen zu haben? Vor allem: Chancen worauf? Ich habe sechs Lieblingsmitarbeiter: das Alpha-Tier, den Oberexperten, die graue Eminenz, den Vorzeigstar und den treuen Paladin (die fleißige Perle habe ich schon auf Seite 101 vorgestellt). Sie vermissen den durchschnittlichen Mitarbeiter, die graue Teammaus? Richtig: Sie wird von mir weder gefeuert noch gefördert. Sie dümpelt unauffällig vor sich hin, in meiner verordneten Durchschnittlichkeit. Und wenn sie nicht untergegangen ist, was keiner gemerkt hätte, dümpelt sie noch heute!

Alpha-Tier

Sie sind ein geborener Führer, genau wie mein Rivale. Nur fordern Sie mich nicht zum Kampf auf – sondern reichen mir die Hand. Ich akzeptiere Sie als Stellvertreter, auch ohne offizielle Ernennung. Sie unterstützen mich bei der Führung, haben die Basis im Blick, stärken mir in Sitzungen den Rücken.

Das Team akzeptiert Sie als Leitwolf. Bei Fehlern und Konflikten schreiten Sie ein. Wenn ein Schwelbrand droht, etwa Demotivation, warnen Sie mich rechtzeitig. Ihr Feuereifer färbt auf die Kollegen ab. Ich spare Zeit, Energie und Motivationsphrasen.

Meist ergänzen Sie mich ideal – wenn ich zum Beispiel mit formaler Autorität auf den Tisch haue, überzeugen Sie durch Rhetorik und Persönlichkeit.

(Be-)Förderungschancen: Sie bekommen alles von mir, was Sie wollen: mehr Gehalt, mehr Verantwortung, mehr Fortbildung. Nur mit Ihrer Beförderung tue ich mich schwer (es sei denn zu meinem offiziellen Stellvertreter). Ich brauche Sie hier! Am liebsten würde ich Sie erst bei meinem Abgang durch meine Nachfolge belohnen (Gegenstrategie siehe Seite 123).

Oberexperte
Als Oberexperte sind Sie mein Staatssekretär, ein wertvoller Berater, der meine fachlichen Mängel ausgleicht. Sie bereiten die Entscheidungen im Hintergrund vor. Sie stärken mir nach außen den Rücken (anders als der Besserwisser!) und beeinflussen meinen Kurs mit diplomatischem Geschick. Ihr Wissen ist der Treibstoff, der meine Abteilung zu Höhenflügen trägt.

Unser Deal: Sie haben fachlich die Hosen an. Aber ich präsentiere sie auf dem Laufsteg: bei Meetings, vor dem Oberboss, in strategischen Papieren. Ihre Kompetenz fällt voll auf mich zurück.

(Be-)Förderungschancen: Ich lasse Sie rund um die Welt jetten. Kein Fachkongress ist zu teuer, kein Seminar zu exklusiv – sofern Sie mir versichern, ich könnte später davon profitieren. Wenn Sie mehr Gehalt oder eine Beförderung wollen, etwa zum Gruppenleiter, wird's schwieriger; ich nutze gerne Ihre fachselige Bescheidenheit aus. Aber bei intensivem Fordern ist alles drin – Sie sind zu wichtig, um Sie ziehen zu lassen!

Graue Eminenz
Der Firmenerbe hat früher auf Ihrem Schoß «Hoppe Reiter» gespielt. Sie sind ein Urgestein, kennen das Unternehmen in- und auswendig. Aber Sie haben nicht resigniert (wie die Alte Schlafmütze), sondern sind noch voller Tatkraft.

Ich nutze Sie als wandelndes Gedächtnis der Firma. Sie wissen, mit welchen Geschäften meine Vorgänger auf Grundeis gelaufen

sind – und warnen mich! Sie erinnern sich an jeden wichtigen Aktenvermerk. Und die heimlichen Wege der Macht sind Ihnen bestens vertraut. Sie verraten mir, gerade wenn ich Neu-Chef bin, wer mit wem kann und wo ich den Hebel ansetzen muss, um etwas zu erreichen. Ich schätze Sie als strategischen Berater.
(Be-)Förderungschancen: Gerne befördere ich Sie zu meinem Stellvertreter, sofern kein Alpha-Tier in Sicht ist. Zumal Sie als alter Hase frei von dem Verdacht sind, an meinem Stuhl zu sägen. Ihr Gehalt lässt keine Riesensprünge mehr zu – aber Sie können durchaus noch nachlegen (lassen).

Vorzeigestar
Sie sind ein Talent, ein *High Potential,* dessen Heldentaten die ganze Firma aufschauen lassen. Vielleicht glänzen Sie als Rhetoriker. Oder Sie schreiben die wichtigsten Fachaufsätze zu Ihrem Thema. Oder Sie verfügen über eine technische Fähigkeit, die sonst keiner hat. Ich bin stolz, Sie als Rennpferd aus meinem Stall präsentieren zu können. Aber nur, wenn ich keinen Zweifel an Ihrer Treue haben muss. Denn im Kontrast zu Ihnen wird schnell klar, dass ich nur mit Wasser koche.
(Be-)Förderungschancen: Völlig klar, dass Sie eine große Karriere vor sich haben. Ich werde Sie in meiner Abteilung halten, so lange ich kann, auch mit Gehaltsspritzen. Aber sobald Sie ernsthaft den Fahrstuhlknopf für die nächste Etage drücken, reiche ich Sie nach oben weiter. Schon aus Angst, dass Sie sonst womöglich auf meinen Stuhl streben.

Treuer Paladin
Sie lesen mir jeden Befehl von den Augen ab. Sie sind mein verlängerter Arm. Sie tun nur, was ich Ihnen sage – und das ist genug! Falls ich Angst vor dem Delegieren oder vor Konkurrenz habe, jeden denkenden Mitarbeiter als potenziellen Stümper oder als Königsmörder sehe, sind Sie der ideale Soldat für mein Regiment (aber auch nur dann!). Sie führen aus, statt zu denken. Sie ticken in meinem Takt. Sie würden sich eher die Hand abhacken lassen, als ein schlechtes Wort über mich zu verlieren. Oder gar an meinem Stuhl zu sägen.

(Be-)Förderungschancen: Ihr Gehalt beinhaltet einen dicken Treue- und Schweigebonus. Wenn ich aufsteige, ziehe ich Sie mit – wenn ich abstürze, allerdings auch!

> **Geheimnis:** Ob der Chef Sie fördert oder feuert, hängt nicht allein von Ihren Fähigkeiten ab, sondern von der Frage: Stehen Sie hinter ihm? Oder fallen Sie ihm in den Rücken?
>
> **Tipp für Sie:** Lassen Sie Ihre Talente für den Chef arbeiten. Falls Sie zum Beispiel der geborene Führer sind, kommen Sie als Alpha-Tier voran – aber als Rivale des Chefs oft unter die Räder!

Teil 3: **Der Chef als schräger Typ**

Dichtung und Wahrheit:
Ihr Chef auf der Kanonenkugel

Glauben Sie bloß nicht, ich reite zu meinem Vergnügen auf der Kanonenkugel! Dass ich als Chef schwindle, hat ganz andere Gründe. Zum Beispiel den, dass ich meine Entscheidungen nicht mit Ihnen diskutieren möchte. Wann immer möglich, gebe ich den schwarzen Peter nach oben weiter.

Schwindeln ist ja so bequem

Am liebsten lasse ich Ihre Wünsche und Forderungen an einem «Ich kann nicht!» abprallen. Das klingt, als wären mir die Hände durch eine höhere Macht gebunden: durch den Oberboss, den Etat oder die Gepflogenheiten der Firma. Dabei hätte ich die Freiheit durchaus – wenn ich sie mir nur nehmen wollte.

Natürlich *könnte* ich Ihnen eine dreiwöchige Fortbildung genehmigen, sofern die Firma davon profitiert. Allerdings würden Sie dann drei Wochen an Ihrem Arbeitsplatz ausfallen. Und ich müsste diese Entscheidung vor dem Oberboss rechtfertigen. *Will* ich mir diesen Stress antun?

Gäbe ich Ihnen zu erkennen, dass es an meinem Willen scheitert: Sie hätten die Chance, mit mir inhaltlich zu diskutieren – und mich vielleicht zu überzeugen! Wenn ich mich dagegen hinter scheinbaren Zwängen verschanze, laufen Sie ins Leere. Und können Sie mir eine Entscheidung übel nehmen, bei der ich gar keine andere Wahl habe? Oft lüge ich, um ein beliebter Chef zu sein, trotz unpopulärer Entscheidungen.

Außerdem werde ich als Führungskraft (auch) fürs Lügen bezahlt: Wenn ein Geschäftspartner nach unserer Liquidität fragt, ein Bewerber nach den Kündigungsgründen des Vorgängers oder Sie nach meiner persönlichen Meinung zum Oberboss: Dann darf ich im Interesse der Firma alles sagen – nur nicht die Wahrheit, sofern sie brisant ist.

Schon beim Rennen um den Chefsessel gilt: Wer ehrlich über seine Schwächen spricht, fällt durchs Sieb. Wer sich selbst dagegen jeden Flecken von der Weste redet, dem traut der Oberboss zu, dass er dieselbe Qualität als Chef zugunsten der Firma einsetzt – auch gegenüber Mitarbeitern wie Ihnen, wenn es Forderungen abzuschmettern oder «Geschäftsgeheimnisse» zu wahren gilt.

Doch Sie können mir auf die Schliche kommen! Der amerikanische Kommunikationsberater Stan B. Walters, der Polizisten für Verhöre schult, hat das Buch «Der kleine Lügendetektor» verfasst. Und mit seinen Tricks werde ich für Sie durchschaubar wie Quellwasser. Davon wird gleich die Rede sein – nach einem Blick in den tiefsten Abgrund der Chefüügen: die Zeugnissprache.

Geheimnis: Chefs werden unter anderem fürs Lügen bezahlt. Sie reiten auf der Kanonenkugel im Auftrag der Firma.

Tipp für Sie: Seien Sie skeptisch, wenn Ihr Chef bei Absagen äußere Zwänge vorgibt («Ich kann nicht ...»). Forschen Sie nach den wahren Motiven, um seine Bedenken zu zerstreuen.

Falsches Zeugnis

Also gut, ich habe gerade gelogen: Der Ritt auf der Kanonenkugel kann doch höchst amüsant sein! Nämlich dann, wenn ich Geheimnisse über Sie lüfte, ohne dass Sie es merken. Dank eines speziellen Chefcodes: der Zeugnissprache.

So mancher Bewerber fügt seinen Unterlagen ein scheinbar wohlklingendes Zeugnis bei. Doch während er glaubt, Werbung in eigener Sache zu machen, wird er zum Boten seines eigenen Todesurteils. Denn wir Chefs schreiben nicht, was wir meinen – wir bedienen uns einer Geheimsprache! Vielleicht sollten Sie Ihre bisherigen Zeugnisse unter diesem Aspekt einmal unter die Lupe nehmen. Sie werden drei unterschiedliche Bewertungen finden: Ich urteile über Sie insgesamt, über Ihre Leistung und über Ihre Persönlichkeit.

Beginnen wir mit der Gesamtbewertung. Vielleicht bescheinige ich Ihnen, dass Sie Ihre Arbeit «zu meiner vollen Zufriedenheit» erledigt haben. Klingt wohlwollend, nicht wahr? Aber tatsächlich bedeutet es: «Ich war eben *nicht* voll zufrieden – ein höchst durchschnittlicher Mitarbeiter!» Nur «zur *vollsten* Zufriedenheit» würde Sie als gute Arbeitskraft preisen, nur «stets zur vollsten Zufriedenheit» als sehr gute.

Oder ich attestiere Ihnen, Sie hätten sich «*stets* bemüht, die Arbeiten zu meiner vollen Zufriedenheit zu erledigen». Kein Knicks vor Ihrem Fleiß – sondern ein Todesurteil! Es bedeutet: «Dieser Mitarbeiter ist zu nichts zu gebrauchen. Besser einen Arbeitsplatz unbesetzt lassen – als ihn einzustellen!»

Beim zweiten Punkt, der Bewertung Ihrer Leistung, bin ich nicht ehrlicher. Wenn ich Sie für «erfolgreiches Delegieren» lobe, heißt das: «Drückeberger!» Wenn ich Ihnen «ein Auge für Details» bestätige: «verzettelt sich!» Und spätestens, wenn ich Ihre «Pünktlichkeit» hervorhebe, weiß jeder Chefkollege: Sie kriegen nichts auf die Reihe, nur Ihren pünktlichen Feierabend!

Den Höhepunkt erreicht die Lügenorgie in der Bewertung Ihrer Persönlichkeit. Ich preise, Sie hätten «ein gutes, vor allem spannungsfreies Verhältnis zu den Vorgesetzten»: «angepasster Kriecher ohne Rückgrat!». Ich bescheinige Ihnen «das Talent, eigene Meinungen auch gegen Widerstand zu vertreten»: «streitsüchtiger Querulant»! Ich erkenne neidlos Ihre «Einfühlung für die Belegschaft» an: «Weiberheld oder Nymphomanin»! Oder ich hebe Ihren positiven Beitrag zum Betriebsklima hervor: «Säufer»!

Wir Chefs reiben uns die Hände. Hinter Ihrem Rücken! Hätten wir nicht gelogen, sondern die Kritik offen und ehrlich formuliert – Sie hätten den Pferdefuß erkennen und dagegen vorgehen können.

So aber sind Sie nahezu wehrlos. Sie werden vorgeführt wie ein dummes Kind. Das Arbeitsrecht leistet diesem falschen Spiel auch noch Vorschub, indem es kritische Formulierungen untersagt. Schon in der Bibel heißt es: «Du sollst nicht falsch Zeugnis reden wider deinen Nächsten.» Selig wird, wer sich dran hält. Wir Chefs jedenfalls nicht!

> *Geheimnis:* Was in Zeugnissen steht, ist nicht so gemeint. Die Wahrheit tarnt sich durch wohlklingende Phrasen. So tauschen Chefs sich heimlich aus.
>
> *Tipp für Sie:* Gehen Sie Ihr Zeugnis sofort auf Pferdefüße durch, am besten mit einem Fachmann. Falls Sie eine heimliche Herabsetzung finden, können Sie meist eine andere Formulierung durchsetzen.

Lügendetektor: So durchschauen Sie Ihren Chef!

Kennen Sie dieses Gefühl: Plötzlich, während ich etwas sage, springt Ihre innere Ampel auf Rot. Sie spüren: Jetzt lügt der Chef! Aber Sie wissen nicht genau, woran Sie es merken. Oder täuschen Sie sich vielleicht doch? Oft werden Sie Ihre bösen Ahnungen zur Seite schieben – und es später bereuen, wenn Sie Ihren Verdacht bestätigt sehen.

Wie gehen Sie vor, wenn Sie meinen Lügen auf die Schliche kommen wollen? Am besten arbeiten Sie mit einem inneren Lügendetektor, wie ich ihn auch gegenüber unehrlichen Mitarbeitern verwende. Er funktioniert in mehreren Schritten:

Schritt 1: Normalverhalten beobachten
Beobachten Sie, wie ich mich verhalte, wenn ich harmlose Gespräche führe: Wie klingt meine Stimme? Sitze ich ruhig auf dem Stuhl? Schaue ich dem Gesprächspartner in die Augen? Was tue ich mit meinen Händen? Welche Wörter bevorzuge ich?

Schritt 2: Stressverhalten beobachten
Und nun achten Sie darauf, wie sich mein Verhalten verändert, wenn ich unter Druck stehe, zum Beispiel in einem schwierigen Gespräch: Was ist anders? Schweift mein Blick zur Seite ab? Spielen meine Finger mit einem Stift? Rutsche ich nervös auf dem Stuhl hin und her? Gerät meine Stimme ins Stocken? Wird sie brüchig – oder eher tiefer und lauter als sonst?

Schritt 3: Lügensituationen erinnern
Jetzt rufen Sie sich Situationen ins Gedächtnis, in denen ich Sie nachweislich beschwindelt habe. Können Sie sich erinnern, was Sie in diesem Moment skeptisch gemacht hat? Gibt es Parallelen zu meinem Stressverhalten (siehe Schritt 2)? Habe ich etwa auch mit dem Stift gespielt? Geriet meine Stimme auch für einen Moment ins Stocken? Erkennen Sie sogar einzelne Wörter wieder – manche Lügner leiten zum Beispiel, ohne dass sie es merken, jede Schwindelei ausgerechnet mit der Floskel «Ehrlich gesagt» ein ... Bedenken Sie: Jede Lüge bedeutet großen Stress für mich! Erstens fühle ich mich schon vorher in Bedrängnis, sonst würde ich nicht lügen. Zweitens gerät mein Kopf danach unter Hochdruck: Jedes Puzzleteil der Lüge, das ich vor Ihnen auslege, gibt die Form des nächsten vor. Je länger das Spiel dauert, desto schwieriger wird es. Die meisten Kriminellen fliegen im Verhör auf, weil die Teile irgendwann nicht mehr zusammenpassen!

Schritt 4: Neue Lüge erkennen
Nun haben Sie sich einige Symptome bewusst gemacht, die mein Lügen begleiten können. In unseren nächsten Gesprächen werden Sie gezielt darauf achten.

Bitte bewerten Sie *einzelne* Symptome nicht über – ich kann mich auch am Kinn kratzen, weil es dort einfach juckt! Aber wenn ich gleichzeitig bleicher werde, meine Arme verschränke und unbedingt das Thema wechseln will (wie früher schon, wenn ich Sie gerade beschwindelt habe) – dann schlägt Ihr innerer Lügendetektor mit großer Wahrscheinlichkeit zu Recht Alarm!

Schritt 5: Kontrollfrage
Durch eine Nachfrage können Sie den Druck auf mich erhöhen: «Sie haben beim Geschäftsführer vorgesprochen, um meine Gehaltserhöhung durchzusetzen?» Spätestens an meiner jetzigen Reaktion werden Sie merken, ob hier ein ehrlicher Makler spricht oder die Ausrede in Person! Die bereits sichtbaren Stresssymptome verstärken sich.

Schritt 6: Enttarnung unterlassen
Gehen Sie nicht zu weit! Ein Raubtier, das Sie in die Enge treiben, beißt um sich. Wenn Sie mich als Lügner enttarnen, ist unser Verhältnis zerstört. Ziehen Sie besser in aller Stille Ihre Konsequenzen. Wenn Sie zum Beispiel mein Versprechen, dass Sie «bald befördert» werden, als Lüge enttarnt haben: Fangen Sie schon mal an, sich in anderen Firmen zu bewerben!

Geheimnis: *Jede Schwindelei Ihres Chefs wird begleitet von Signalen, die fast so unübersehbar wie eine wachsende Holznase sind.*

Tipp für Sie: *Studieren Sie das Normalverhalten Ihres Chef. Achten Sie auf Abweichungen unter Stress – mögliche Lügensignale!*

Die Hitliste der Chef-Lügen

Wenn es Pfand auf leere Versprechungen gäbe: Sie hätten für alle Zeiten ausgesorgt! Mit Lügen mache ich *Sie* gefügig und *mir* das Leben leicht. Aber wehe, Sie durchschauen mich! Dann wird meine Schwindelei für Sie zur Chance.

«Bei mir steigen Teamarbeiter auf!»
Die Absicht: Sie sollen selbstlos schuften: Erfolge teilen, Konflikte schlichten, andere motivieren, kurz: einen Teil meiner Chefarbeit unentgeltlich übernehmen! Vielleicht erledigen Sie auch die Aufgaben der Kollegin mit, die sonst nicht in Urlaub könnte. Und spenden Trost an alle, die ich bei Beförderungen übergehe.

Die Wahrheit: Noch nie ist ein ganzes Team befördert worden – immer sind es Einzelne, die aus der Masse ragen! Weil sie Ellbogen zeigen. Weil sie Erfolge für sich verbuchen. Weil sie andere im Team anweisen. Eben weil sie Eigenschaften zeigen, von denen ich annehme, dass sie ein Chef von morgen braucht.

Gegenstrategie: Zwingen Sie mich, dass ich konkret werde: An welchen Maßstäben will ich Ihre Arbeit im Team messen? Was müssen Sie persönlich für Ihre nächsten Karriereschritte erreichen? Wetten, dass ich schnell wieder bei Einzelleistungen bin!? Nageln Sie mich fest: Wann führen wir ein Folgegespräch, um die Zwischenziele zu kontrollieren? Wann steht die Beförderung an?

«Als Frau haben Sie dieselben Chancen ...»
Die Absicht: Ich will Sie motivieren, die männliche Konkurrenz zu übertrumpfen! Davon profitiere ich als Chef gleich doppelt: Ihre Leistung hebt das Ergebnis meiner Abteilung. Und Sie bringen die Herren der Schöpfung auf Trab.

Die Wahrheit: In vielen Firmen müssen Sie als Frau Ihre männlichen Kollegen deutlich übertreffen, um als gleich gut zu gelten. Manches deute ich zu Ihrem Nachteil. Wenn Sie zum Beispiel in einer Verhandlung in einem Punkt nachgeben, um einen anderen durchzusetzen, gelten Sie schnell als «zu weich». Dem männlichen Kollegen hätte ich für seine «taktische Meisterleistung» wohl auf die Schulter geklopft.

Gegenstrategie: Nehmen Sie mich beim Wort! Zwingen Sie mich zu konkreten Aussagen, etwa durch Fragen wie: «Welche Position könnte ich denn in den nächsten zwei Jahren erreichen? Welche Voraussetzungen müsste ich erfüllen?» Halten Sie solche Vereinbarungen als Aktennotiz fest, in Kopie zu meiner Kenntnis.

«Ich würde Ihr Gehalt ja erhöhen – aber das Geld fehlt ...»
Die Absicht: Sie sollen mich als Ihren Förderer betrachten, dem leider, leider die Hände gebunden sind. So legen Sie sich doppelt und dreifach für mich ins Zeug – und werden nach dem Wirtschaftsaufschwung vielleicht mit einer anderen Phrase vertröstet (siehe «Gehaltsverhandlung», ab Seite 202).

Die Wahrheit: Die Firma hat natürlich Geld, mit dem sie wirtschaften kann – sonst wäre sie pleite! Die Frage ist nur: Will sie die (vielleicht knappen) Mittel in Ihr Gehalt investieren? Oder lieber an anderer Stelle?
Gegenstrategie: Machen Sie mir deutlich, dass die Firma unterm Strich ein Geschäft macht: Sie wollen keinem nackten Mann in die Taschen greifen – vielmehr haben Sie Ihre Leistung ausgebaut und bringen der Firma mehr Geld. Davon wollen Sie lediglich einen fairen Anteil.

«Es fehlt die Stelle, um Sie zu befördern.»
Die Absicht: Ich signalisiere meine Bereitschaft, Sie auf der Karriereleiter voranzubringen. Mein heldenhafter Einsatz scheitert nur, weil eine Sprosse fehlt ... Es schwingt mit: Was nicht ist, kann ja noch werden – falls Sie weiter mit Volldampf für meine Abteilung schuften. Und wenn Sie nicht gestorben sind, dann arbeiten Sie heute noch in derselben Position ...
Die Wahrheit: Die Devise der modernen Personalpolitik lautet: Nicht Menschen für Stellen suchen – sondern Stellen für Menschen schaffen! Wenn Sie ein Kandidat mit großem Potenzial sind, ist die Lösung einfach: Der Oberboss und ich rufen eine Stelle für Sie ins Leben. Möglichkeiten gibt's genug. Aber in Wirklichkeit habe ich vielleicht gar kein Interesse an Ihrer Beförderung! Warum sollte ich den besten Spieler meiner Mannschaft freiwillig an eine höhere Liga abgeben?
Gegenstrategie: Sie müssen deutlich machen, dass Sie unbedingt aufsteigen wollen. Zur Not durch einen Wechsel – was Sie durch selbstbewusstes Auftreten signalisieren. Die Aussicht, Sie völlig zu verlieren, ändert meine Meinung. Immerhin: Wenn Sie bei uns aufsteigen, gelten Sie als Pferd aus meinem Stall. Und ich habe einen Verbündeten mehr in der Führungsriege. Auch hier können Sie in Beförderungsgesprächen einhaken – indem Sie möglichst anschaulich schildern, wie Sie nach Ihrem Aufstieg mit meiner Abteilung kooperieren werden. Natürlich im Hinblick auf meinen Vorteil!

«Überstunden sind die Ausnahme ...»
Die Absicht: Im Vorstellungsgespräch möchte ich Ihre Bedenken zerstreuen – sonst springen Sie womöglich im letzten Moment noch ab! Die Formulierung ist bewusst schwammig: Auch wenn Sie an zwei von fünf Wochentagen Überstunden leisten müssen, liegt eine «Ausnahme» vor – rein mathematisch betrachtet.
Die Wahrheit: In Einstellungsgesprächen hänge ich alles, was für die Firma spricht, an die große Glocke. Die Nachteile verschweige ich. Schließlich würden Sie nicht bei mir anfangen, wenn Sie Arbeitszeiten befürchten, die Ihre Kinder zu Halbwaisen machen. Wenn Sie Ihren alten Job kündigen, schnappt die Falle zu: Zwar können Sie in der Probezeit wieder abspringen – aber das wäre ein Schandfleck in Ihrem Lebenslauf.
Gegenstrategie: Zeigen Sie sich als Wortspalter – freundlich im Ton, aber bestimmt in der Sache: «Was meinen Sie mit ‹Überstunden sind die Ausnahme›? Einmal im Monat? Einmal in der Woche? Wie viele im ungünstigsten Fall?»

«Wenn Sie gehen, ist die Tür für immer zu!»
Die Absicht: Sie sollen das Gefühl haben, Sie ließen bei einem Wechsel verbrannte Erde zurück. Oft warne ich vorbeugend, weil ich Ihre Absicht ahne. Gerade in engen Märkten ist diese Behauptung vorzüglich geeignet, Sie zu halten. Mein egoistischer Wunsch, dass Sie nach wie vor für mich arbeiten, kleidet sich in einen sozialen Mantel – Motto (in väterlichem Ton): «Überlegen Sie sich das mal gut ...»
Die Wahrheit: Exzellente Arbeitnehmer sind Mangelware – Ihnen werde ich die Tür ein zweites Mal öffnen. Oft sogar eine Hierarchiestufe höher! Schließlich werden Sie bei einem Wettbewerber Ihr Wissen und Ihre Kontakte ausbauen. Gleichzeitig kennen Sie unsere Strukturen und müssten nicht völlig neu eingearbeitet werden.

Entscheidend sind die Umstände, unter denen Sie gehen: Geben Sie so früh wie möglich Bescheid – oder erst in letzter Sekunde? Arbeiten Sie Ihren Nachfolger ein – oder spielen Sie den Geheimniskrämer? Erledigen Sie Ihre Aufgaben nach der Kündigung mit alter Zuverlässigkeit – oder sind Sie in Gedanken schon bei Ihrem neuen Arbeitgeber? Schleichen Sie vom Hof – oder geben Sie eine Abschiedsfeier, in der Sie die Firma, mich und den Oberboss noch einmal hochleben lassen?

Gegenstrategie: Lassen Sie sich nicht einschüchtern, falls Sie einen Wechsel planen. Sollte Ihr Herz doch noch an der alten Firma hängen – warum geben Sie mir nicht eine letzte Chance? In etwa so: «Ich habe ein Angebot, das sehr interessant ist. Allerdings fühle ich mich ziemlich wohl hier – und würde am liebsten weiter zum Erfolg unserer Firma beitragen ...»

«Sprechen Sie offen – ich behalt's für mich!»

Die Absicht: Ihre Lippen sollen geöffnet, Ihre Skrupel zerstreut werden. Vielleicht möchte ich hören, warum Ihr letztes Projekt ein Schlag ins Wasser war. Oder ich will Auskünfte über einen Mitarbeiter, mit dem ich arbeitsrechtlichen Ärger habe. Einerseits wollen Sie meiner Nachfrage gerecht werden – andererseits keinen Schaden anrichten, weder für sich noch für andere. Durch mein Schweigeversprechen scheint beides unter einen Hut zu passen.

Die Wahrheit: Ich werde als Chef dafür bezahlt, dass ich Schaden von der Firma abwende. Glauben Sie tatsächlich, ich behalte es «für mich», wenn Sie mir einen Griff in die Firmenkasse gestehen? Oder ich enthalte unserem Juristen vor, dass der Kollege, mit dem wir ohnehin prozessieren, mich nach Ihrer Aussage als «rachsüchtigen Vollidioten» bezeichnet hat?

Sogar ein privates Geständnis, etwa dass Sie alkoholkrank sind, kann dienstliche Auswirkungen für Sie haben. Oder meinen Sie, ich würde Sie dann noch befördern?

Gegenstrategie: Egal, was ich schwöre: Verraten Sie mir nichts, was Ihnen oder anderen schaden könnte – sofern Sie das nicht wollen. Als Antwort ist «Ich kann Ihnen da nicht helfen» genau richtig. Diesen Satz sollten Sie bei kritischen Nachfragen freundlich wiederholen – ohne sich aufs Minenfeld der Details locken zu lassen.

«Mal privat telefonieren oder früher gehen – das stört mich nicht!»
Die Absicht: Ich möchte nicht nur als Aufpasser gelten – schließlich sollen Sie für mich durchs Feuer gehen, wenn's mal eng wird. Außerdem: Führt ein offener Käfig nicht oft dazu, dass der Vogel von seiner Freiheit gar keinen Gebrauch macht? Oft senkt ein solches Angebot die Quote der Privatgespräche und Frühabgänge.
Die Wahrheit: Kein Chef sieht es gern, wenn seine Mitarbeiter private Schwätzchen am Telefon halten oder vor Feierabend aus der Firma spazieren. Auch dann nicht, wenn es «die Ausnahme» ist! Ich fürchte Kettenreaktionen, besonders im Großraumbüro. Wenn der Erste privat telefoniert, hat der Zweite keine Skrupel mehr. Wenn der Erste «Tschüs» sagt, fährt auch der Zweite den PC runter. Und am Ende schaltet sich noch der Oberboss ein und erfährt dann staunend: «Aber unser direkter Chef hat's ausdrücklich erlaubt!»
Gegenstrategie: Sie dürfen alles während der Arbeitszeit – nur sich von mir nicht erwischen lassen! Warum führen Sie Ihre privaten Gespräche nicht dann, wenn ich wieder mal für Stunden im Meeting sitze?

Falls Sie ausnahmsweise mal früher gehen wollen: Nennen Sie mir den (wichtigen) Grund und fragen Sie mich ausdrücklich: «Ist das o.k.?» Falls Arbeit umverteilt werden muss oder Aufgaben liegen bleiben: Teilen Sie mir mit, wer Sie vertritt und wann Sie die Arbeit nachholen. So wird mein «Ja» frei von gequältem Unterton sein – wenigstens fast!

«Ich kann Sie rauswerfen, wenn's Ihnen hier nicht passt!»
Die Absicht: Sie sollen sich ganz in meiner Hand fühlen. Entweder Sie schlagen die Hacken zusammen und geben bei Streit klein bei – zum Beispiel, wenn ich Ihnen Überstunden aufbrummen will. Oder Sie landen auf der Straße. Mit dieser Drohkulisse versuche ich, Sie aus der Demotivation zu reißen – und erreiche das krasse Gegenteil!
Die Wahrheit: Kündigungen sind leicht anzudrohen – aber schwer durchzusetzen. Ich brauche wasserdichte Gründe. Die Verweigerung von Überstunden? Gehört nicht dazu! Entweder Sie klauen einen goldenen Löffel oder Sie müssen zwei Abmahnungen auf dem Konto haben, bevor ich Sie aus erneutem Anlass feuern kann – wobei Sie

sowohl gegen jede Abmahnung als auch gegen die Kündigung juristisch vorgehen können.

Falls die Firma aufgrund der Wirtschaftslage Personal abbaut, öffnet sich mir der Schleichweg einer «betriebsbedingten Kündigung» – aber nur nach «Sozialauswahl», was meist bedeutet: Nur die Frischlinge sitzen auf wackligen Stühlen.

Das Arbeitsrecht wirkt wie ein Superkleber, es hält Sie auf Ihrem Stuhl. Es sei denn, ich bin bereit, Ihnen eine hohe Abfindung zu zahlen – wofür mich der Oberboss verfluchen würde!

Gegenstrategie: Wenn dieser Satz fällt, ist Feuer unterm Dach. Sagen Sie, dass Sie für sachliche und konstruktive Kritik an Ihrer Arbeit offen sind – sich aber Drohungen verbitten! Das letzte Mittel zur Abschreckung: Machen Sie mir klar, dass Sie die Gesetze und noch dazu einen verdammt guten Arbeitsrechtler kennen …

«Tut mir leid, dafür sind Sie schon zu alt/noch zu jung!»

Die Absicht: Meist schlage ich Ihnen einen Wunsch ab, will mich aber nicht auf sachliche Argumente einlassen – wahrscheinlich würde ich hier den Kürzeren ziehen! Also diskutiere ich mit Ihnen nicht über Veränderbares, beispielsweise Ihre Leistung, sondern über Ihr Alter. Vielleicht treffe ich damit einen wunden Punkt, weil Sie heimlich auch schon dachten: «Bin ich mit 25 für eine Gruppenleitung nicht noch zu jung?» Oder: «Bin ich mit 56 für die Beförderung zum Hauptabteilungsleiter nicht schon zu alt?»

Die Wahrheit: Nirgendwo steht geschrieben, wie jung oder wie alt Sie für eine bestimmte Aufgabe sein müssen. Alter sagt nichts über Qualität und Qualifikation. Sind die meisten genialen Geschäftsideen, so die für Microsoft, nicht in jungen Köpfen entstanden? Und könnte ein Kandidat mit 56 nicht gerade der richtige Hauptabteilungsleiter sein, weil er sich die Hörner schon abgestoßen hat? Es kommt auf Sie als Individuum an, auf Ihre Qualifikation und Ihren Charakter – nicht auf die Zahl der Lebensjahre. Das ist nur ein billiges Scheinargument, weil ich meine wahren Motive nicht offenlegen will.

Die Gegenstrategie: Lenken Sie das Gespräch auf die sachliche Ebene zurück, indem Sie zum Beispiel fragen: «Welche Qualitäten hätte ich

Ihrer Meinung nach, wenn ich fünf Jahre älter (oder jünger) wäre?» Nun werde ich Ihnen Stichwörter liefern, zum Beispiel «mehr Projekterfahrung» – und Sie können mich daran erinnern, was Sie auf diesem Feld schon alles bewegt haben. Vielleicht können Sie meine «Bedenken» tatsächlich zerstreuen. Eine gute Begründung kann ich wiederum gegenüber dem Oberboss verwenden, der mir bei solchen Entscheidungen zwar freie Hand lässt, aber zumindest wissen möchte, was ich mir dabei denke.

Spleens und Schwächen: Normal sein. Oder Chef sein.

Können Sie über Chef-Witze schmunzeln? Lieben Sie Karikaturen, die den Boss als Tölpel zeigen? Über fremde Chefs lässt sich gut lachen! Aber wie geht es Ihnen mit meinen Schwächen? Finden Sie es wirklich lustig, wenn ich jeden Ihrer Briefe bis aufs Komma kontrolliere? Ist es amüsant für Sie, dass mir sogar bei Ihrer größten Meisterleistung kein Lob über die Lippen kommen will? Und erheitert es Sie tatsächlich, wenn ich wieder mal nicht zuhöre, während Sie von Ihrem Lieblingsprojekt berichten?

Wer repariert den Chef?

Was meine Spleens und Schwächen sind, können Ihre Ängste und Qualen sein. Noch immer sind die Macken des direkten Vorgesetzten einer der häufigsten Kündigungsgründe. Vielleicht stehen Sie hilflos davor – wie sollen Sie mich ändern? Die Macht ist auf meiner Seite.

Genau hier stehen Sie am Scheideweg: Sie können in Resignation flüchten, sich meinen Schwächen ergeben, als wären es Naturkatastrophen. Oder Sie können erkennen, dass am Arbeitsplatz nichts mit Ihnen geschieht – sondern dass Sie es allenfalls mit sich machen lassen! Aus dieser Erkenntnis bieten sich zwei Konsequenzen an: eine für Ihr Denken und eine für Ihr Handeln.

Konsequenz fürs Denken: Wie Sie meine Schwächen bewerten und welches Gewicht Sie ihnen geben, liegt ganz bei Ihnen! Zum Beispiel können Sie es als Katastrophe sehen, wenn ich offenbar unfähig bin,

Sie zu loben. Sie können mir unterstellen, ich sei undankbar. Sie können sich ärgern bis zur Weißglut. Sie können versinken in Frustration. Oder Sie können dieselbe Tatsache ganz anders interpretieren – indem Sie zum Beispiel einen Schritt zurücktreten und über meine Motive nachdenken: Warum geize ich wie ein Schotte mit Lob? Vielleicht, weil ich so sehr mit mir selbst beschäftigt bin, dass ich Ihre Leistung gar nicht erkenne? Oder weil ich Angst habe, Sie könnten das Lob in der nächsten Gehaltsverhandlung als Speerspitze gegen mich wenden?

In der ersten Betrachtung bin ich ein Bösewicht, der bis in Ihre Alpträume dringt – in der zweiten bin ich ein fehlbarer Mensch, der Ihnen keinen Anlass zum Fürchten gibt.

Konsequenz fürs Handeln: Die Amerikaner sagen: Zum Tango braucht es zwei! Meine Schritte vollziehen sich selten unabhängig, ich reagiere damit auch auf Ihr Verhalten. Indem Sie Ihr Tun und Lassen verändern, können Sie Einfluss auf meine Schwächen nehmen – und sie vielleicht «reparieren»!

Auf jeden Fall vermeiden Sie Stress – der entsteht nur, wenn Sie meinen, eine Situation nicht verändern zu können. Was Sie selbst in der Hand haben oder auch nur zu haben meinen, verliert seinen Schrecken.

Bleiben wir beim verweigerten Lob: Könnte es nicht auch mit Ihnen zu tun haben? Bin ich mit Ihrer Leistung wirklich völlig zufrieden – oder können Sie etwas verbessern? Verkaufen Sie Ihre Spitzenleistungen aktiv, so dass ich sie nicht überhören kann? Stellen Sie mir Fragen, die mich zum Nachdenken über Ihre Leistung zwingen und mir das Loben leicht machen? Zum Beispiel: «Was ist an meinem Projekt gut gelaufen?»

All das sind Möglichkeiten, wie Sie Einfluss auf mein Verhalten nehmen können. Es gibt keine Chef-Macke, wirklich keine einzige, der Sie sich wehrlos ergeben müssen.

Allerdings verlieren meine Schwächen erst dann ihren Schrecken, wenn Sie den «Hintergrund» kennen: Welche taktischen Spielchen, welche persönlichen Defizite treiben mich zu den einzelnen Spleens?

Im folgenden Kapitel lege ich Ihnen die Hintergrunde offen. Sobald Sie diese begreifen, haben *Sie* die Zügel in der Hand – zumal ich Ihnen jeweils ein paar pfiffige «Lösungen» vorschlage.

> **Geheimnis:** *Die Schwächen des Chefs sind wie Tretminen: Wer sie erkennt, kann sie meiden oder entschärfen.*
>
> **Tipp für Sie:** *Achten Sie bewusst darauf, was Sie an Ihrem Chef ärgert. Wie können Sie Ihre Einstellung verändern? Oder durch Ihr Verhalten das Verhalten des Chefs ändern?*

Mängelliste

Manchmal schimpfe ich (statt zu loben), mache alles selber (statt zu delegieren) und rede wie ein Wasserfall (statt zuzuhören). Typische Chef-Schwächen, ich gebe es zu! Aber Sie haben es in der Hand, mich geschickt zu kurieren.

Hilfe ... mein Chef hört nie zu!

Chef-Schwäche: Dreimal haben Sie mir gesagt, dass Sie am Dienstag auf einem Fachkongress in Frankfurt sein werden. Doch kaum, dass Sie im ICE nach Frankfurt sitzen, schlägt Ihr Handy Alarm: «Hätten Sie Ihre Reise nicht mit mir absprechen können ...»

Als hätte ich Watte in den Ohren! Auch bei Meetings kommt es vor, dass ich nach einer Stunde eine Idee als «Geistesblitz» vorstelle – obwohl sie schon dreimal geäußert wurde! Peinlich berührte Gesichter.

Hintergrund: Ich sitze nur körperlich vor Ihnen – meine Gedanken sind ganz woanders: Wer wartet noch auf meinen Rückruf? Wie erkläre ich dem Oberboss die schlechten Zahlen? Mit welchen Worten werde ich gleich den Jour fixe eröffnen? Jeder offene Vorgang kostet Konzentration (Psychologen sprechen vom «Zeigarnik-Effekt») – und entsprechend höre ich zu!

Lösungen:
- Sehen Sie *sich* verantwortlich dafür, dass Ihre Botschaft bei mir ankommt. Als müssten Sie ein Einschreiben zustellen. Nachdem Sie gesprochen haben, fragen Sie mich: «Was ist jetzt bei Ihnen angekommen?» Wiederholen Sie Ihr Anliegen, bis ich es richtig zusammenfasse; erst das ist der Rückschein für Ihr Einschreiben.
- Bei wichtigen Angelegenheiten sollten Sie auf Nummer sicher gehen – liefern Sie Ihre Informationen erst mündlich und dann schriftlich, beispielsweise als Memo.
- Fassen Sie sich immer so kurz wie möglich, damit meine Gedanken nicht abschweifen. Reden Sie weniger von sich, sondern von meinem Vorteil: Was soll erreicht oder welcher Fehler vermieden werden?

Hilfe ... mein Chef spioniert mir nach!
Chef-Schwäche: Vor mir liegt Ihre Spesenabrechnung. Ich runzle die Stirn und gebe Ihr Reiseziel bei einem Fahrtroutenplaner im Internet ein. Hab' ich's doch geahnt! Nicht 97,5 Kilometer, wie von Ihnen abgerechnet – sondern 96,2!

So laure ich ständig: Stecke meine Nase in Ihren Ordner mit Schriftverkehr. Lasse mir eine Liste Ihrer Telefongespräche ausdrucken. Und Ihre Favoriten im Internet kenne ich auswendig.

Hintergrund: Das Schwert des Verdachts, das ich gegen Sie richte, wird von meinen eigenen Gedanken geschärft. Hätte ich noch nie bei den Spesen geschummelt oder zumindest daran gedacht: Ich könnte gar nicht so misstrauisch sein. Der schlaue Psychologe nennt das «Projektion»: Ich bekämpfe an Ihnen, womit ich selbst nicht fertig werde.

Oft entsteht ein Teufelskreis: Sie sind genervt von meiner Kontrolle – und verstecken einen Ordner. Ich wittere deshalb bei meinem abendlichen Kontrollgang einen Hochverrat. Meine Kontrolle wird zur Schlinge: Je mehr Sie fliehen wollen, desto enger zieht sie sich.

Lösungen:
- Spielen Sie mit offenen Karten. Und zwar so lange, bis es mich nervt! Erklären Sie vor jeder Dienstreise, welche Baustellen Sie

umfahren werden. Legen Sie mir möglichst viele Briefe zum Korrekturlesen vor.
- Holen Sie meinen Rat auch vor kleinsten Entscheidungen ein. Sie werden sehen: Es geschieht ein Wunder! Der Reiz der Kontrolle wird schlagartig schwinden, wenn ich nicht mehr aus freien Stücken spioniere – sondern von Ihnen meine Aufgaben zugewiesen bekomme. Schnell werde ich mir ein anderes Opfer suchen.

Hilfe ... mein Chef übernachtet im Büro!
Chef-Schwäche: Mit meinem Büro bin ich verheiratet. Nichts kann uns trennen, erst recht nicht der Feierabend. Meine Fenster sind manchmal bis tief in die Nacht erleuchtet. Morgens finden Sie die Spuren meines Treibens – zum Beispiel eine Mail mit Sendezeit 23.46 Uhr. Natürlich packt Sie ein schlechtes Gewissen; um diese Zeit haben Sie schon am Kissen gelauscht.
Der Hintergrund: Entweder habe ich mehr Arbeit, als ich schaffen kann – dann fesselt mich die Versagensangst an den Schreibtisch. Oder ich habe herzlich wenig zu tun – und will deshalb umso mehr den Eindruck erwecken, dass ich unentbehrlich sei.

Der Oberboss macht abends Kontrollgänge. Je länger ich als Führungskraft im Büro bin, desto höher stehe ich im Kurs. Zumal erwiesen ist, dass die Arbeitszeiten eines Chefs immer auf seine Mitarbeiter abfärben: Aufgrund meiner Nachtschichten stehen Sie unter Zugzwang!
Lösungen:
- Falls ich in Arbeit versinke – machen Sie mir Vorschläge, was ich an Sie delegieren könnte! Jede (ehemalige) Chefarbeit, die auf Ihrem Schreibtisch landet, stärkt Ihre Position und ist ein wunderbares Argument in Gehalts- und Beförderungsgesprächen.
- Machen Sie sich bewusst, dass in meinem Gehalt viele Überstunden enthalten sind – in Ihrem aber nicht! Lehnen Sie regelmäßige Überstunden ab, auch wenn ich darum bitte. Damit ich eine Grenze respektiere, müssen Sie sie erst mal setzen.

Hilfe … mein Chef kann nicht loben!
Chef-Schwäche: Sie können Bäume ausreißen oder eine preisverdächtige Arbeit abliefern – ich nehme es gleichgültig zur Kenntnis. Ausdrückliches Lob? Fehlanzeige! Schon wenn ich mich zu einem «Gar nicht ganz schlecht» hinreißen lasse, gilt das als Ritterschlag.
Hintergrund: Mein Selbstvertrauen wackelt. Und je kleiner ich mich fühle, desto weniger will ich Sie wachsen lassen – wie es durch Lob geschehen würde! Am Ende spüren Sie meine Abhängigkeit von Ihrer Arbeit. Und verwenden das Lob im nächsten Jahres- oder Gehaltsgespräch gegen mich.

Eine andere Möglichkeit: Ich würde zwar loben, wenn ich nur wüsste, wofür! Mit anderen Worten: Ich blicke nicht über den Tellerrand meines eigenen Schreibtischs hinaus. Oder mir fehlen die Maßstäbe, um Spitzenleistungen zu erkennen.
Lösungen:
- Stellen Sie mir offene Fragen zu Ihrer Leistung, die meine Gedanken in eine positive Richtung lenken. Zum Beispiel: «Was ist gut gelaufen an meinem Projekt?» Oder: «Inwiefern sind Sie mit dem Ergebnis zufrieden?» Nun bin ich gezwungen, über Ihre Leistung nachzudenken. Wetten, dass Sie Ihr Lob bekommen!
- Wenn ich so konzentriert auf meine eigene Arbeit bin, dass ich für Sie kaum ein Ohr habe: Schlagen Sie die Werbetrommel für Ihre Spitzenleistungen! Schreiben Sie Aktennotizen, trumpfen Sie auf in Meetings, suchen Sie Einzelgespräche mit mir. Eine gute Selbst-PR wirkt Wunder.

Hilfe … mein Chef kann nicht delegieren!
Chef-Schwäche: Keine Arbeit ist belanglos genug, dass ich sie nicht auf meinen Schreibtisch ziehe. Mag sein, ich sortiere über Nacht die Ablage neu, tippe meine handschriftlichen Briefvorlagen ab oder wische der Putzfrau hinterher. «Delegieren» ist für mich ein Fremdwort.
Hintergrund: Bei allem, was ich aus der Hand gebe, fürchte ich einen Kontrollverlust. Mein Vertrauen in andere ist unterentwickelt – wes-

halb ich bei Ihren Dienstreisen auch ein unerträglicher Beifahrer bin: «Bremsen Sie doch!»

Im gleichen Maße, wie ich Sie unterschätze, überschätze ich mich. Jedenfalls bin ich kein exzellenter Chef, wie ich es vielleicht annehme – weil ich gar nicht zur eigentlichen Chefarbeit komme.

Lösungen:
- Fragen Sie nach, welche Bedenken ich habe, Ihnen eine Arbeit zu überlassen. Nehmen Sie meine Einwände ernst und bieten Sie mir an, das Ergebnis Ihrer Arbeit mit mir durchzusprechen. So habe ich «die Sache unter Kontrolle» – und werde Ihnen, wenn ich genug positive Erfahrungen gesammelt habe, immer mehr freie Hand lassen.
- Falls Sie auf die sanfte Tour nichts bewegen können: Sprechen Sie offen an, wie sich meine Einmischung auf Ihre Motivation auswirkt. Allerdings mit einer Einleitung, die meine positive Absicht würdigt: «Sie machen diese Arbeit selbst, weil sie so wichtig ist?» (Ich nicke). «Das kann ich verstehen. Allerdings habe ich das Gefühl, Sie schätzen meine Fähigkeiten zu gering ein. Das kostet Motivation.» Positive Abschlussfrage: «Welche Möglichkeit sehen Sie, das zu verändern?»

Hilfe ... mein Chef redet wie ein Wasserfall!

Chef-Schwäche: Bei jeder Gelegenheit reiße ich das Wort an mich – und lasse es nicht mehr los! Sie und die Kollegen rollen bei meinen Monologen mit den Augen. So trete ich auch Nebensächlichkeiten breit. Sie selbst kommen kaum zu Wort.

Hintergrund: Offenbar treibt mich der Hunger nach Anerkennung und Macht. Ich möchte «das Sagen haben», «den Ton angeben», überall «mitreden können». Weil ich Ihnen eine Überdosis an Worten verpasse, erreiche ich aber das Gegenteil: Sie hören nicht mehr auf mich – im wahrsten Sinne!

Lösungen:
- Offenbar habe ich den Eindruck, Sie hören mir gerne zu. Tun Sie vielleicht etwas zu interessiert? Jedes Kopfnicken oder «Interes-

sant!» ist Wasser auf meine Erzählmühle. Wenn Sie dagegen den Blickkontakt abbrechen, stoppen Sie auch meinen Redefluss.
- Warum kann ich reden wie ein Buch? Weil Sie gleichzeitig stumm wie ein Fisch sind! Beanspruchen Sie einen höheren Redeanteil! So sind Sie vor Monologen sicher, bestimmen das Thema mit und gewinnen für mich an Ansehen – weil Sie offenbar «mitreden» können.
- Stellen Sie überwiegend geschlossene Fragen (also solche, die sich nur mit «Ja» oder «Nein» beantworten lassen). Nicht: «Wie lief das Kundengespräch?», sondern: «Haben wir den Auftrag?» Wenn ich dennoch in epischer Breite erzähle: Bremsen Sie mich freundlich, aber bestimmt.

Hilfe ... mein Chef klaut Ideen!

Chef-Schwäche: Wirklich eine pfiffige Sparidee, die Sie mir da vortragen. Ich schiebe Sie mit einem feuchten Händedruck aus dem Chefbüro. Ein paar Wochen später lesen Sie in einem Rundschreiben vom Oberboss: «Ein grandioser Vorschlag wird unsere Kosten erheblich senken. Mein persönlicher Dank gilt Herrn Abteilungsleiter X, dem die Firma auch diesen Einfall verdankt ...»

Hintergrund: Natürlich bin ich bemüht, so oft wie möglich vor dem Oberboss zu glänzen – er entscheidet über meine nächste Beförderung! Wenn ich zu oft die Namen von Mitarbeitern nenne, bringe ich ihn noch auf dumme Gedanken – zum Beispiel den, dass es fähigere Köpfe als mich in meiner Abteilung gibt.

Lösungen:
- Äußern Sie Ihre besten Ideen unter Zeugen, zum Beispiel in Sitzungen. Dann ist der «Mundraub» Ihrer Vorschläge zu riskant für mich.
- Arbeiten Sie Ihre Ideen schriftlich aus. Und versehen Sie alle Unterlagen mit Datum und Ihrem Namen. Doppelter Vorteil: Sie dokumentieren, von wem die Idee stammt. Außerdem liest der Oberboss Ihren Namen, wenn ich mit Ihren Unterlagen präsentiere.

- Falls Ihr Vertrauen in mich äußerst gering ist: Bringen Sie die Idee direkt beim Oberboss vor. Aber stellen Sie es so an, dass ich kaum Anlass habe, mich übergangen zu fühlen. Beispielsweise könnte Ihnen die Idee ja «spontan» in meinem Urlaub kommen. Natürlich setzen Sie mich auf den Verteiler, wie es sich gehört.

Hilfe ... mein Chef hat nie Zeit für mich!
Chef-Schwäche: So oft Sie mich auch ansprechen: Immer bin ich «gerade auf dem Sprung». Das nächste Meeting ruft. Das Telefon klingelt. Oder ich brauche «im Moment einfach meine Ruhe». Kurz: Sie kommen kaum an mich ran, fühlen sich immer als Störenfried.
Hintergrund: Der Alltag ist für mich ein Hamsterrad: Ich strample wie verrückt, aber komme nicht vorwärts. Und weil mich das Tagesgeschäft so auf Trab hält, finde ich keine Zeit für Sie. Natürlich ist dieses Problem hausgemacht: Eben weil ich zu wenig mit meinen Mitarbeitern rede, habe ich zu viel zu tun. Sonst könnte ich ja delegieren, Ihre Ideen zur Rationalisierung der Arbeit nutzen usw.
Lösungen:
- Kommen Sie nicht unangemeldet zu mir, sondern holen Sie sich einen Termin. Am besten von meiner Sekretärin, denn sie hat noch den Überblick. Lassen Sie sich zur vereinbarten Zeit aber nicht abwimmeln; sonst blüht Ihnen am nächsten Tag dasselbe.
- Geben Sie vor dem Termin an, wie viel Zeit Sie brauchen. Eine solche Begrenzung nimmt mir die Furcht, dass ich vielleicht den ganzen Vormittag zu nichts anderem komme. Im Zweifelsfall sollten Sie mehrere Kurzgespräche einem langen Termin vorziehen.
- Fassen Sie sich möglichst kurz. Umreißen Sie Ihr Anliegen in der Einleitung so, dass ich die Wichtigkeit für mich erkenne. Machen Sie mir deutlich, dass ich durch ein 15-minütiges Gespräch mit Ihnen vielleicht 15 Stunden sparen kann – indem ich beispielsweise Ihre Vorschläge zur Rationalisierung der Arbeit annehme.

Hilfe ... mein Chef lehnt neue Ideen ab!

Chef-Schwäche: Egal, ob Sie einen Ablauf verbessern wollen, ein neues Geschäftsfeld vorschlagen oder nur ein neues Lokal für die Weihnachtsfeier: Bei mir beißen Sie mit Neuerungen auf Granit. Sie hören Sätze wie «Das haben wir noch nie so gemacht» oder «Wir sind mit der bisherigen Lösung gut gefahren». Scheuklappen statt Sachargumente.

Hintergrund: In mir steckt ein Dinosaurier: Das, womit ich einmal erfolgreich war, wiederhole ich immer wieder – auch wenn sich die Zeiten ändern! Jede Neuerung kostet zusätzliche Energie und erscheint mir als Risiko. Zumal ich oft nicht auf dem neusten Stand der Entwicklung bin – und nach Aufgabe des Vertrauten am Tropf Ihrer Informationen hinge. So haben beispielsweise die Chefs des Schreibmaschinen-Herstellers IBM trotz Warnungen ihrer innovativen Mitarbeiter das Computerzeitalter verschlafen.

Lösungen:
- Würdigen Sie das Bestehende, bevor Sie eine Neuerung vorschlagen. Und stellen Sie Ihre Neuerung nicht als etwas völlig anderes dar, sondern als logische Weiterentwicklung. Unklug wäre (auf IBM bezogen): «Das Zeitalter der Schreibmaschinen ist vorbei; jetzt kommt der Computer!» Klug wäre: «Ich glaube, die Zukunft gehört einer modernen Schreibmaschine mit riesigem Display: dem Computer.»
- Verwenden Sie viel Zeit darauf, dass ich Ihre Neuerung wirklich verstehe. Geben Sie mir die Gelegenheit, mich mit eigenen Ideen einzubringen – indem Sie beispielsweise aus meinen Bedenken neue Vorschläge ableiten. Wenn ich mich durch Detailarbeit als einer der Väter der Idee fühlen kann, werde ich sie mit Überzeugung nach oben vertreten – schließlich fällt der Ruhm vor allem auf mich zurück!

Hilfe ... mein Chef verträgt keine Kritik!

Chef-Schwäche: Mit Kritik habe ich kein Problem – solange ich sie an Ihnen übe! Aber wehe, Sie drehen den Spieß nur ansatzweise um!

Dann schieße ich aus allen Rohren zurück, verteidige mein Verhalten oder weise Sie gar in Ihre Grenzen: «Wer ist hier eigentlich der Boss?»
Hintergrund: Gewöhnlich gilt: Wer den anderen beurteilt, ihn lobt oder kritisiert, hat die Macht. Durch Ihre Kritik bringen Sie mein Rollenverständnis durcheinander. Außerdem bin ich fachlich oder beim Führen vielleicht unsicher, was ich nicht eingestehen will. Je mehr ich ahne, dass Sie Recht haben, desto mehr wehre ich mich. Und flüchte mich in den Vorwurf der «Majestätsbeleidigung».
Lösungen:
- Warten Sie mit Ihrer Kritik nicht, bis Ihnen fast der Kragen platzt – sonst treffen Sie garantiert den falschen Ton. Vielmehr sollten Sie Unstimmigkeiten so früh wie möglich ansprechen. Senden Sie dabei keine Du-Botschaften, die sich auf mein Verhalten beziehen («Sie grenzen mich aus!»), sondern nutzen Sie Ich-Botschaften, die Ihre Empfindungen spiegeln («Ich fühle mich ausgegrenzt, weil ...»). So fühle ich mich nicht angegriffen und bin bereit, über die Sache zu sprechen.
- Im Idealfall leiten Sie mich durch Fragen so, dass ich selbst meine Fehler erkenne. Zum Beispiel können Sie Ihre Situation neutral schildern und dann fragen: «Wie würden Sie sich an meiner Stelle fühle?» Indem ich mich in Ihre Perspektive versetze, sehe ich mein eigenes Verhalten in neuem Licht.
- Klagen Sie nicht an – sondern äußern Sie Wünsche. Nicht: «Sie informieren mich immer auf den letzten Drücker!» Sondern: «Ich wünsche mir, dass Sie mich früher informieren; dann kann ich die Arbeit noch gründlicher erledigen.» Mit dem letzten Satz zeigen Sie mir zudem meinen Vorteil (mehr dazu, wie Sie Ihren Chef richtig kritisieren, ab Seite 198).

Chef-Typen: Brüller & Co.

Sie könnten fragen: Gibt es überhaupt Chef-Typen? Sind nicht alle Bosse in gewisser Weise gleich? Schon wahr: Wir Chefs zielen *immer* auf den eigenen Vorteil, haben *alle* zu knabbern an unserer Führungsrolle, überspielen Schwächen, neigen gegenüber Mitarbeitern zu Geiz, lassen uns nur ungern in die Karten blicken usw.

Aber es gibt individuelle Unterschiede. Zum Beispiel stehe ich als Chef-Typ «Superstar» gerne im Mittelpunkt. Ihren Vorschlag, mir eine Präsentation abzunehmen, werte ich als Angriff auf mein Revier! Als zurückgezogener «Erbsenzähler» dagegen, der ich mich am liebsten in mein Büro verkrieche, bin ich Ihnen für diesen Dienst dankbar.

Ob «Nichtskönner» oder «Brüller», «Big Daddy» oder «Prinzipienreiter», «Bremsklotz» oder «Kreativer Chaot»: Je besser Sie wissen, wie ich als Chef(-Typ) ticke, desto leichter können Sie sich darauf einstellen – und Ihre Interessen durchsetzen.

Von Raubkatzen und Schildkröten

Für die Chefetage gilt dasselbe wie für die Tierwelt: Es herrscht eine erstaunliche Artenvielfalt! Und wie die Raubkatze einer anderen Behandlung als die Schildkröte bedarf, so müssen Sie auch mit jedem Cheftyp anders umgehen. Dieses Kapitel wird Ihnen durch Typen-Steckbriefe neue Einblicke öffnen. Auf dass Sie Chef-Dompteur werden – und kein Opfer Ihrer Unkenntnis!

Aber ich bin nicht reinrassig wie ein Deutscher Schäferhund; es können mehrere Chef-Typen in meiner Brust wohnen. In der einen

Situation fahre ich Ihnen vielleicht als unbeherrschter Brüller über den Mund. Doch schon wenig später, wenn die Glut meiner Empörung erloschen ist, trete ich als kühler Erbsenzähler auf, den nichts aus der Fassung bringt.

Wundern Sie sich deshalb nicht, wenn Ihnen meine Eigenarten bei einigen der acht Chef-Typen begegnen. Am Ende des Kapitels können Sie in einem Typen-Test feststellen, wo meine Wurzeln liegen, und Sie erfahren auch, wie Sie mich als Mischling zähmen.

Als Auftakt der Typen-Steckbriefe erwartet Sie ein «Selbstporträt»: So sehe ich mich als der jeweilige Chef-Typ! Dann schauen Sie zurück auf meine «Chef-Werdung», oft ein großes Rätsel für Sie: Welchen Qualitäten verdanke ich eigentlich mein Amt?

Es folgt ein aufschlussreicher Blick nach oben, auf mein «Verhältnis zum Oberboss»: Was denke ich wirklich über ihn? Dann geht es um mein «Verhältnis zu Ihnen»: Wie trete ich gegenüber meinen Mitarbeitern auf, was erwarte und fürchte ich heimlich? Vor diesem Hintergrund mache ich Ihnen deutlich, welche oft ungeahnten «Vorteile für Sie» durch den jeweiligen Chef-Typ drin sind.

Und schließlich bekommen Sie an die Hand, was sich jeder für seinen Chef wünscht: eine echte «Bedienungsanleitung» mit zahlreichen Tipps. Wie können Sie den Brüller zähmen, dem kühlen Erbsenzähler ein Lob entlocken, den konservativen Big Daddy von einer modernen Neuerung überzeugen usw.

Da ich die Typen «reinrassig» beschreibe, wie sie in freier Wildbahn kaum vorkommen, werden die Eigenarten ein bisschen aufgeblasen. Diese Überzeichnung liegt in meiner Absicht; Sie werden so die einzelnen Typen umso deutlicher erkennen – und zu nehmen wissen!

Geheimnis: In der Chefetage herrscht Artenvielfalt. Wie im Dschungel gilt: Sie leben sicherer, wenn Sie die einzelnen Arten unterscheiden können!

Tipp für Sie: Finden Sie heraus, was für ein Typ Ihr Chef ist – und behandeln Sie ihn artgerecht. Dann wird er schnurren statt knurren.

Superstar: «Ich bin der Größte!»

Ich liebe es, im Mittelpunkt zu stehen! Wenn alle Blicke an meinen Lippen kleben, komm' ich so richtig in Fahrt. Jede meiner Leistungen kann ich als Heldentat darstellen – wenn es sein muss, sogar das Hochfahren des Computers! Ich bin eine wandelnde Werbeagentur in eigener Sache. In meinen Monologen dominiert das Wort «ich». Mein Wunsch nach Anerkennung ist so groß, dass er die Grenze zwischen Selbst-PR und Schaumschlägerei locker verwischt. Dass ich Ihre Ideen an meinen Hut stecke, kann dabei schon mal passieren.

Meine Projekte sind ambitioniert, meine Visionen sehen jede Klitsche als Weltkonzern; böse Zungen unterstellen mir «Größenwahn». Schon als Gruppenleiter trete ich mit der Selbstherrlichkeit eines Vorstands auf. Ich träume vom Durchmarsch an die Firmenspitze. Dafür würde ich alles tun. Im Extremfall sogar einmal den Mund halten und zuhören – was mir wirklich verdammt schwerfällt!

Ich schmücke mich gern mit Maßanzügen, teuren Uhren, dicken Autos – und nicht zuletzt mit prominenten Namen! Sobald ich unseren Geschäftsführer duze, taucht er in meinen Erzählungen nur noch als «Karl-Heinz» auf. Und ein Politiker, dem ich mal die Hand schütteln darf, ist danach ein «alter Freund».

Chef-Werdung

Meist steige ich schon in jungen Jahren auf. Mein Ehrgeiz ist groß, meine Ellbogen sind hart und mein Talent zur Selbst-PR hebt mich aus der Masse – ganz besonders in Vorstellungsgesprächen! Deshalb werde ich Ihnen oft als Erlöser angekündigt, wenn ich als Chef von außen komme.

Verhältnis zum Oberboss

Oberboss hier, Oberboss da! Ich nutze jede Gelegenheit, vor ihm zu glänzen: Stürme mit Erfolgsmeldungen in sein Büro, trumpfe in Meetings auf, reiße mich um Präsentationen. Er entscheidet über meine nächste Beförderung. Deshalb ist er wichtig für mich – nur deshalb!

Natürlich wüsste ich eine bessere Besetzung für den obersten Chefsessel: mich! Sobald der Stuhl meines Vorgesetzten wackelt, helfe ich beim Todesstoß.

Verhältnis zu Ihnen
Mein Gedächtnis für Zusagen, die ich Ihnen mache, ist so löchrig wie ein Nudelsieb. Bei neuen Mitarbeitern kann es passieren, dass ich nach drei Monaten ihren Namen noch nicht kenne: «Herr Dingsda – wie hieß er noch gleich?» Die meiste Zeit beschäftige ich mich mit dem Wesentlichen: mit mir selbst! Mein Büro steht allen offen, aber Sie sind nur willkommenes Publikum für meine Monologe. Unser Kontakt bleibt oberflächlich.

Ich neige zu Alleingängen, hüpfe über Bedenken hinweg und informiere Sie oft in letzter Sekunde. Wenn überhaupt. Meine Ideen klingen großartig, vor allem in den Ohren der Geschäftsleitung – bis meine Luftschlösser auf Ihrem Schreibtisch und damit an der Realität zerschellen. Was natürlich nicht an meinen Plänen liegt, sondern an Ihrer Ausführung!

Ansonsten ist meine Rückmeldung auf Ihre Arbeit dürftig. Nur auf Fehler reagiere ich heftig. Wenn ich unter Druck stehe, kann es sein, ich zerre Sie als Sündenbock in die Schusslinie.

Vorteile für Sie
Auch der beste General kommt nur mit einer Armee weiter! Zumal dann, wenn er so ehrgeizige Pläne hat wie ich. Sobald ich merke, dass Ihre Arbeit *mich* voranbringt, werden Sie interessant für mich! Dann können Sie damit rechnen, dass ich Ihre Interessen nach oben vertrete. Mit dem nötigen Nachdruck, wie es sich für einen Meister der Selbst-PR gehört!

Bedienungsanleitung
- Erkundigen Sie sich immer wieder nach meinen Zielen: Was will ich erreichen? Gewichten Sie Ihre Arbeit danach und zeigen Sie

mir bei jeder Gelegenheit, wie Sie *mich* voranbringen. Solange *ich* der Mittelpunkt Ihres Redens bin, sind meine Ohren offen – schließlich gibt's kein interessanteres Thema!

- Geizen Sie nicht mit Anerkennung! Wer mich für bedeutend hält, gewinnt in meinen Augen an Bedeutung. Oft bewegt mich Ihr Lob dazu, dass ich mir über Ihre Leistung doch Gedanken mache – und mit einem Kompliment antworte. Wofür lobe ich Sie? Durch diese (seltene) Rückmeldung erfahren Sie, wo Sie mir besonders nützen. Bauen Sie Ihre Aktivitäten dort aus!

- Lehnen Sie meine Ideen nicht sofort als «unrealistisch» ab! Wenn Sie mir mein Kolumbus-Ei entreißen wollen, halte ich es umso mehr fest! Besser: Würdigen Sie zunächst den positiven Aspekt meiner Idee. («Es wäre großartig, auch auf dem asiatischen Markt ins Geschäft zu kommen!») Und dann holen Sie mich sanft von meiner Wolke. Zum Beispiel durch eine schriftliche «Chancenanalyse».

- Doppelter Vorteil der Schriftform: Sie sichern sich ab, falls das Projekt ein Reinfall wird. Außerdem kann ich Ihre Stellungnahme in einem stillen Moment lesen und komme vielleicht doch ins Grübeln – anders als vor Publikum, wo ich immer zweifelsfrei auftrete.

- Beobachten Sie die Halbwertszeit meiner großen Visionen! Vielleicht stellen Sie fest, dass mit jedem neuen Geistesblitz der alte schon wieder vergessen ist. Dann können Sie unrealistische Aufträge fürs Erste auf der langen Bank entsorgen – statt sich unnötige Arbeit zu machen.

- Stehlen Sie mir nie die Schau – indem Sie zum Beispiel in meiner Gegenwart vor dem Oberboss auftrumpfen. Das würde ich Ihnen lange übel nehmen! Stattdessen sollten Sie mich schon im Vorfeld unterstützen, beispielsweise bei der Vorbereitung einer Präsentation.

Prinzipienreiter: «So geht's – und nicht anders!»

Ich gehöre zu den wenigen Menschen, die noch Prinzipien haben! Das sehen Sie schon bei einem Blick auf meinen Schreibtisch: Hier herrschen Ordnung und System. Täglich komme ich um 8.06 Uhr ins Büro, nachdem ich im Auto noch die 8-Uhr-Nachrichten inklusive Wetter gehört habe. Dann widme ich mich eine Stunde und 20 Minuten dem Schriftverkehr. Anschließend studiere ich für 15 Minuten Protokolle. Um Punkt 9.40 Uhr nehme ich den ersten Kaffee ein. Meine Sekretärin hat ihn mir, in langjähriger Kenntnis meiner Gewohnheiten, kurz zuvor eingeschenkt.

Bei Meetings sitze ich immer als Erster am Tisch. Wenn Sie eine halbe Minute zu spät kommen, nehme ich mir zehn Minuten für eine Moralpredigt, dass Sie die Zeit des ganzen Teams verschwendet haben.

Mein Tag ist durchorganisiert wie ein Postraub. Jede Abweichung scheint mir bedrohlich. Ich kleide und verhalte mich so, wie es «sich gehört». Glücklicherweise habe ich dafür ein ausgeprägtes Gespür! Nie werden Sie sehen, dass ich bei 32 Grad im Schatten mein Jackett ablege. Das macht «man» einfach nicht! Und keine Nachricht kann so gut sein, dass ich Freudentänze aufführe – statt mit kühlem Kopf zu reagieren.

Meine Entscheidung fälle ich erst dann, wenn kein Irrtum mehr möglich ist, das bedeutet manchmal, sofern die passenden Gutachten fehlen: Ich entscheide nie! Auf meinem Etat sitze ich wie die Glucke auf dem Ei. Mit mir als Finanzminister ginge es diesem Staat jedenfalls besser!

Chef-Werdung

Meist habe ich mich als exzellenter Fachmann nach oben gearbeitet. Mein Aufstieg verlief nicht so steil wie der des Superstars, dafür stetig. Ich bin fleißig, sparsam, pünktlich und verantwortungsbewusst – Tugenden, die in unserer Leistungsgesellschaft belohnt werden (sollten).

Verhältnis zum Oberboss

Besonders Vorgesetzte der alten Schule wissen meine Korrektheit zu schätzen. Wenn der Oberboss mir ähnelt, übernehme ich seine Grundsätze und predige sie wie die Bibel. Ist er allerdings ein kreativer Chaot, scheue ich nicht davor zurück, auch ihn zu erziehen. Der Oberboss lässt es sich zähneknirschend gefallen. Schließlich ergänze ich ihn im Alltag perfekt: Er schießt seine Ideen mit der Schrotflinte; ich fange die besten davon auf und sorge für ihre systematische Umsetzung.

Verhältnis zu Ihnen

Als die Kunst des Delegierens erfunden wurde, war ich gerade verreist. Aus Sorge, Sie könnten Fehler machen, erkläre ich auch nebensächliche Arbeiten zur Chefsache. Falls ich Ihnen doch ein paar Aufgaben überlasse, kontrolliere ich Sie wie einen Auszubildenden. Dabei achte ich nicht nur auf den Inhalt, sondern auch auf die Form. Eine kursiv geschriebene Aktennotiz gehört sich einfach nicht, basta! Manchmal beschleicht Sie das Gefühl, es würde mir diebische Freude bereiten, überhaupt Fehler zu finden – sonst käme ich mir am Ende noch überflüssig vor! Da Sie an der kurzen Leine gehalten werden, sinkt Ihre Motivation.

Vorteile für Sie

Von meinem Fleiß und meiner Systematik können Sie sich eine Scheibe abschneiden, gerade als kreativ-spontaner Mensch. Auf meine Zusagen ist verlass, auch in Gehalts- und Mitarbeitergesprächen. Als einziger Chef-Typ greife ich kaum zu Lügen – höchstens zu Lebenslügen, deren erstes Opfer ich bekanntlich selber bin!

Bedienungsanleitung

- Stürmen Sie nie mit spontanen Ideen in mein Büro! Erstens läuft dann mein ganzer Tag aus dem Ruder, was auf Ihre Idee zurückfällt – oder hatten Sie etwa einen Termin? Zweitens werde ich sofort nach Statistiken, Fachartikeln und Benchmarking-Analysen fragen. Ist Ihre Idee erst einmal in Ungnade gefallen, gibt's

kein Zurück mehr. Besser gehen Sie bei Ihrer Präsentation so vor, wie ich es selber tun würde: gründlich, systematisch, überlegt.
- Hören Sie genau hin, welche (formalen) Anforderungen ich an Ihre Arbeit stelle. Und verstoßen Sie bloß nicht aus Trotz dagegen! Auch wenn Sie schlampig werden, weil ich ja ohnehin kontrolliere, ziehe ich die Schlinge der Aufsicht immer enger um Ihren Hals. Durch gründliches Arbeiten in meinem Sinne erreichen Sie dagegen, dass ich meine Kontrolle schrittweise zurückfahre.
- Kommen Sie mir entgegen! Legen Sie, bevor ich von mir aus kontrolliere, Vorgänge auf meinen Tisch, berichten Sie mir von Problemen und informieren Sie mich über Fortschritte. So wächst mein Vertrauen in Sie. Mit der Zeit werde ich Ihnen mehr Freiheiten gewähren.
- Nutzen Sie geschickt, dass ich als prinzipientreuer Mensch zu meinem Wort stehe! Zum Beispiel können Sie sich etwas Luft verschaffen durch Vereinbarungen wie: «Ist es in Ordnung, dass wir nächsten Donnerstag erneut über den Stand des Projekts sprechen – und nicht vorher?» Falls ich gegen unsere Abmachung durch vorschnelle Kontrolle verstoße, ruft mich schon ein kurzer Hinweis zur Ordnung.

Nichtskönner: «Ach wie gut, dass niemand weiß ...»

Viele Chefs jammern, dass ihr Fachwissen und ihre Führungsqualitäten auseinander klaffen. In dieser Hinsicht kann ich nicht klagen; beides ist bei mir exakt auf demselben Niveau: Tendenz gegen null! Ich kenne meine Grenzen sehr wohl – auch wenn Sie oft das Gefühl haben, es sei ganz anders, weil ich so selbstherrlich (fehl-)entscheide! Da geht es mir wie einem Heiratsschwindler: Ich muss so tun, als ob ... Sonst wäre ich ja gleich enttarnt!

Die Indizien sprechen gegen mich: Meine Fachzeitschriften landen sofort in der Ablage. Ich studiere kaum Akten. Und bei allen Unterlagen, von denen ich behaupte, sie gelesen zu haben, kenne ich den Inhalt doch nicht – oder habe ihn zumindest nicht verstanden.

Mein Versuch, Ihnen durch Fachvokabeln zu imponieren, scheitert daran, dass ich sie oft an der falschen Stelle verwende. Meine Beiträge in Sitzungen wirken nicht selten wie der Kommentar zum falschen Film.

Da ich Ihnen in der Sache nichts vormachen kann, greife ich auf mein einziges Machtmittel zurück: die formale Autorität. Ich sage Ihnen, wo's langgeht. Im Zweifel nicht in die Richtung, in die Sie ohnehin wollten – sonst wäre ich ja überflüssig!

Für den unwahrscheinlichen Fall, dass ein Mitarbeiter noch unfähiger als ich ist, mache ich ihn garantiert zu meinem Stellvertreter; so glänze ich wenigstens im Kontrast.

Chef-Werdung
Wie ist der bloß Chef geworden? Keine Frage interessiert Sie mehr! Entweder bin ich durch einen Vitamin-B-Schock auf dem Chefsessel gelandet oder aus dem Weg befördert worden. Oder als Stiefellecker aufgestiegen (siehe «Vom Höhenflug der Flügellahmen», Seite 20). In jedem anderen Fall muss mein Beförderer blind gewesen sein.

Verhältnis zum Oberboss
Ich stehe gleich zweifach in der Schuld des Oberbosses: Durch seine Förderung bin ich Chef geworden, was keiner versteht. Und durch seine Duldung darf ich es auch bleiben, was noch unverständlicher ist. Also kennt meine Dankbarkeit keine Grenzen, oft nicht mal die der Legalität. Ich halte den Kopf für die Firma hin und bin ein beliebtes Bauernopfer bei Skandalen. Allerdings fängt mich das System auf, denn mein brisantes Wissen über die Firma macht mich nahezu unkündbar.

Verhältnis zu Ihnen
Je mehr ich spüre, dass Sie mich als Chef nicht akzeptieren, desto autoritärer werde ich auftreten, desto ungerechter entscheiden. Dieses Verhalten verstärkt meine Lächerlichkeit, was wiederum Ihre Akzeptanz schwächt, was wiederum mein autoritäres Verhalten fördert ... Dieser Teufelskreis kann bis zu Ihrer Entlassung führen.

Ich sitze am längeren Hebel. Und fürchte meine Enttarnung, wenn Sie bei jeder meiner Entscheidungen stöhnen: «Das kann man nicht machen!»

Besser kommen wir klar, wenn Sie mich als Chef anerkennen. Dann fürchte ich Sie nicht als potenziellen Königsmörder, sondern ich schätze Ihre Unterstützung. Dafür werde ich Sie auch belohnen.

Vorteile für Sie

Als unfähiger Chef bin ich ohne fähige Mitarbeiter verloren. Das macht Sie wertvoll für mich, sofern ich auf Ihre Unterstützung bauen darf. Als Belohnung dafür, dass Sie mich vor der Enttarnung retten, lasse ich Sie an der langen Leine laufen und vertrete Ihre Anliegen nach oben – so gut ich's eben kann …

Bedienungsanleitung

- Zeigen Sie mir, dass Sie mich als Chef akzeptieren. Wenn Sie mich wie einen Vorgesetzten mit Verstand ansprechen, steigt die Chance, dass ich mich so verhalte. («Sicher werden Sie bei Ihrer Entscheidung die Wirtschaftlichkeit berücksichtigen – besonders den kritischen Cashflow.»)
- Widersprechen Sie meinen Entscheidungen nicht. («Das ist völlig unmöglich!») Wenn ich mich nun um entscheide, verliere ich mein Gesicht. Besser erkennen Sie den positiven Aspekt meiner Entscheidung an. («Wenn wir schon morgen mit dem Projekt beginnen, haben wir einen zeitlichen Vorsprung. Dieser Punkt ist wichtig.») Und dann geben Sie mir einen diskreten Denkanstoß in die andere Richtung. («Bei einem Start in vier Wochen hätten wir den Vorteil, dass wir den Experten aus den USA schon mit am Tisch hätten. Vielleicht mögen Sie's vor diesem Hintergrund noch mal überdenken.») Die schlaue Entscheidung bleibt mir vorbehalten!
- Setzen Sie keinen Fachverstand voraus, wenn Sie mir einen Vorgang erklären. Fangen Sie bei Adam und Eva an, allerdings kurz und bündig. Oft entscheide ich falsch, weil ich den Hintergrund nicht verstehe.

- Falls Sie auf eine Beförderung spekulieren: Bauen Sie gute Kontakte zu anderen Chefs auf meiner Ebene auf. Der Aufstieg durch einen internen Wechsel ist am wahrscheinlichsten. Denn je mehr ich auf Sie angewiesen bin, desto weniger bin ich geneigt, Sie aus dem Käfig Ihrer jetzigen Position zu befreien.
- Flirten Sie unauffällig mit dem Oberboss – für den gar nicht so unwahrscheinlichen Fall, dass bald kurzfristig ein Nachfolger für mich gesucht wird.

Bremsklotz: «Erst mal abwarten ...»

Mein heiliger Grundsatz: Der Teufel steckt in allem Neuen! Darum sieht meine Abteilung aus, als wäre sie Anfang der 90er Jahre erstarrt. Wozu eine neue Software – solange die alte absturzfrei läuft? Wozu eine neue Kundengruppe – solange die jetzige noch zahlt? Ich bringe es sogar fertig, eine neue Planstelle nicht zu besetzen – aus Sorge, ich stelle den Falschen ein!

Böse Zungen behaupten, um mich herum würde nur eines wachsen: die Problemberge! Diese Spötter verkennen, dass keine Entscheidung immer noch besser ist als eine falsche Entscheidung. Diese Devise wende ich auch bei alltäglichen Vorgängen an: Was diktiere ich zuerst – den Brief oder die Gesprächsnotiz? Ich wäge ab. Grüble. Verharre. Weiß nicht, wie ich entscheiden soll – und entscheide erst mal gar nichts. «Erst mal» heißt: bis auf Widerruf. «Bis auf Widerruf» heißt: für immer. Andere lösen Probleme – ich vermeide Fehler.

Die Protokolle meiner Abteilungsmeetings sind dick wie Buchmanuskripte. Das liegt an den offenen Punkten, die wir teilweise seit Jahren mitschleppen. Mit Vorliebe lasse ich Hinz und Kunz gründliche Analysen erstellen, bis die Waage zwischen «Für» und «Wider» exakt im Gleichgewicht steht. Dann bin ich gezwungen, die Entscheidung «erst mal» zu verschieben. Und «erst mal» heißt – ach, das sagte ich schon!

Probleme lösen sich oft von allein! Erst bestürmen mich die Geschäftspartner: «Warum hat bei Ihnen nicht jeder Mitarbeiter E-

Mail-Zugang?» Einen Monat später kräht kein Hahn mehr danach. Allerdings will ich nicht in den Ruf eines Blockierers geraten. Darum verstecke ich mich bei vielen Entscheidungen hinter Autoritäten. Zum Beispiel hinter dem Oberboss. Oder der «Firmenpolitik». Oder den «Kosten» – was gut passt, da ich zu Geiz neige. Wenn es was zu kritisieren gibt, bin ich immer die falsche Adresse!

Chef-Werdung
Ich bin bei einer Beförderung der kleinste gemeinsame Nenner, die klassische Sicherheitslösung. Der konservative Oberboss will keinen Reformer ins Amt heben: «Am Ende wirft der alles über den Haufen!» Lieber einen Mann mit «ruhiger Hand»: «Der richtet wenigstens keinen Schaden an!» Meist endet mein Aufstieg, sobald er begonnen hat. Erstens bin ich eine Niete in Selbst-PR. Zweitens will ich ja nichts verändern – nicht mal meine Position!

Verhältnis zum Oberboss
Wenn der Oberboss mich zu sich ruft, flattern meine Hosen. Hoffentlich ist mir kein Fehler unterlaufen! Falls doch, habe ich schon ein paar Ideen, um meinen Kopf aus der Schlinge zu reden: Ich könnte die Schuld ja in Ihre Schuhe schieben. Oder in die eines Chef-Kollegen, eines dieser schwindelerregenden Reformer, die Neuerungen wie eine ansteckende Krankheit verbreiten.

Allein der Gedanke an den Oberboss macht mich auch im Alltag zum Kaninchen vor der Schlange. Wenn er mir allerdings klare Anweisungen gibt, setze ich mich ausnahmsweise in Bewegung. Schließlich laufe ich jetzt auf sicherem Grund, immer am Geländer seiner Vorgabe entlang – aber ohne einen Schritt zur Seite!

Verhältnis zu Ihnen
Wann immer Sie etwas bewegen wollen: Ich stehe Ihnen wie ein Felsklotz im Weg! Wenn Sie ein klares «Ja» oder «Nein» brauchen, kommt nur ein «Jein» heraus. Ich schiebe Ihre Anfragen auf die lange Bank. Und lasse Ihre Ideen so lange liegen, bis ich sie schließlich als «überholt» ablehnen kann.

Wenn Sie ein Anliegen haben, zu dem der Oberboss nicken muss, bin ich ein schlechter Anwalt. Als ängstlicher Bote fürchte ich, durch Ihre Gehaltsforderung um einen Kopf gekürzt zu werden. Darum sehe ich «erst mal» von diesem Vorstoß ab. Wenn Sie mich fragen, was aus Ihrem Anliegen geworden ist, zaubere ich Ausreden aus dem Hut – obwohl ich sonst nicht gerade kreativ bin.

In Konflikte zwischen Mitarbeitern mische ich mich grundsätzlich nicht ein. Ich könnte ja die falsche Seite unterstützen!

Vorteile für Sie
Sie müssen keine bösen Überraschungen fürchten. Nie falle ich Ihnen mit der Tür ins Haus – nicht mit plötzlichen Überstunden, nicht mit neuen Kollegen, nicht mit einer Umorganisation Ihres Arbeitsplatzes. Wenn es Ihnen gelingt, sich Freiräume für Ihre Entwicklung zu schaffen, können Sie ein schönes und vor allem ruhiges Leben haben.

Bedienungsanleitung
- Ein paar Tricks, wie Sie mich doch zu Entscheidungen bewegen können: Malen Sie in schwärzesten Farben aus, was passiert, wenn ich nicht entscheide. («Der Umsatz sinkt nächstes Jahr um 15 Prozent, wenn wir nicht übers Internet vertreiben. In zwei Jahren voraussichtlich um 30 Prozent ...») Wenn Sie überzeugend sind, wird meine Angst vor der Nicht-Entscheidung größer als vor der Entscheidung sein!
- Beziehen Sie sich auf Autoritäten, deren Wort bei mir hoch im Kurs steht. Zum Beispiel könnten Sie mich an ein Rundschreiben der Geschäftsleitung erinnern, wo ausdrücklich Innovationen gefordert werden. Sie wissen ja: Nur der Oberboss bringt mich in Bewegung!
- Stellen Sie mir höchstens drei Entscheidungsalternativen zur Wahl. Davon sollten zwei so indiskutabel sein, dass die dritte daneben wie der Stern von Bethlehem strahlt. Ich muss das Gefühl haben: Hier ist kein Irrtum möglich!

- Lassen Sie sich nicht auf eine Entscheidung am nächsten Tag vertrösten. Über Nacht packen mich garantiert die Bedenken! Stattdessen halten Sie es wie ein guter Verkäufer und bringen das «Geschäft» sofort unter Dach und Fach.
- Treffen Sie keine Vereinbarung mit mir, ohne einen klaren Zeitrahmen zu stecken. Wobei Sie die aktive Rolle übernehmen, also nicht zu mir sagen: «Bitte kommen Sie noch mal auf mich zu, wenn Sie die nötigen Informationen haben», sondern: «Ich werde Sie auf diesen Punkt noch einmal ansprechen – bis wann werden Sie die nötigen Informationen haben?» Wenn ich «Freitag» sage, müssen Sie dann bei mir auf der Matte stehen. Und zur Not immer wieder kommen. Irgendwann nerven Sie mich so sehr, dass mich eine Entscheidung weniger Energie als das ständige Abwimmeln kostet.
- Nutzen Sie jede Gelegenheit, unaufdringlich mit dem Oberboss in Kontakt zu treten. Zum einen erhöht das Ihre Beförderungschancen (von mir dürfen Sie in dieser Hinsicht nichts erwarten!). Zum anderen macht es Ihnen den Alltag leichter: Wenn ich spüre, dass Sie beim Oberboss hoch im Kurs stehen, färbt seine Autorität auf Sie ab.

Kreativer Chaot: «Hurra, eine neue Idee!»

Nach Paris fliegen, zu unserer Zweigstelle – warum eigentlich nicht heute? Last minute! Meine Sekretärin rollt mit den Augen; sie kennt das schon. Ich brüte meine Ideen nicht wie Eier aus, langweilig und lauwarm – ich zünde sie wie Feuerwerke, sprühend und spontan! Und während die Blicke der anderen am jüngsten Lichtblitz hängen, bin ich schon ganz woanders – und zünde den nächsten Einfall.

Von Meetings mit geregelter Tagesordnung und langen Protokollen halte ich gar nichts – wir sind hier doch nicht bei den Beamten! Wenn schon, dann Brainstorming: Jeder sagt, was ihm einfällt. Ich lege die Richtung fest. Und wir rennen los. Nicht zögern, sondern Ärmel hochkrempeln und handeln – so hängt man im heutigen Markt seine Wettbewerber ab.

Mein Schreibtisch sieht aus, als hätte jemand einen Altpapier-Container entleert. Sagen andere. Dabei finde ich alles, was ich brauche! Das meiste stammt ohnehin nicht von mir: Briefe, die seit Monaten auf Antwort warten, Protokolle, die ich längst hätte lesen sollen... Und dazwischen immer wieder meine Zettel mit spontanen Ideen.

Von geregelten Terminen wird mir schlecht. Ich komme und gehe, wann's mir einfällt. Wenn ich doch mal einen Termin annehme, erscheine ich garantiert zu spät oder lasse ihn einfach sausen. Das Wichtige geht schließlich vor. Und welche Idee sollte wichtiger sein als die neuste?

Mein Arbeitstempo ist umwerfend. Ich packe täglich 100 Vorgänge an. Allerdings lasse ich schnell los, was sich nicht zu lohnen scheint. Meine Einfälle sind ausgefallen, gewagt, innovativ; man hat sie auch schon «utopisch», «weltfremd» und «abgedreht» genannt. Aber das ist nur der Neid der Besitzlosen: der Menschen ohne Ideen!

Chef-Werdung

Ich mache nicht viel Wind um mich – sondern ganze Stürme! Die Oberbosse erkennen schnell: Hier steht ein Talent in den Startlöchern, ein Garant für Innovation. Meist erfolgt der Karriere-Startschuss schon in meinen frühen Jahren – vorzugsweise dort, wo Kreativität gefragt ist. Bei Redaktionen, Agenturen, Internetfirmen usw. komme ich als Bewerber sogar ohne lästigen Schriftkram weiter: Ein Gespräch auf Empfehlung, ein Feuerwerk an Ideen – schon habe ich den Vertrag in der Tasche.

Verhältnis zum Oberboss

Der Oberboss soll mich bestaunen wie einen Magier im Zirkus – was *ich* alles aus dem Hut zaubere! Meine Ideen vermitteln ihm den Eindruck, dass unsere Firma eben doch kein Schlafwagen ist. Ich gelte als «Zukunftsminister», als Mann der Tat, der seinen Finger am Puls der Zeit hat. Im günstigsten Fall werde ich als Nachfolger gehandelt.

Manchmal nerve ich auch, weil ich täglich mit neuen Projekten auf der Matte stehe, während die alten noch nicht vollendet sind. Aber besser, ich nerve den Chef, als dass er mich völlig vergisst! Unterzugehen im Mittelmaß, das fürchte ich am meisten!

Verhältnis zu Ihnen
Wenn Sie von mir etwas wollen, lautet meine liebste Antwort: «Kein Problem!» Einen Termin für Ihr Jahresgespräch? Bis heute Nachmittag! Einen Etat für Ihr Lieblingsprojekt? Bis zum nächsten Ersten! Natürlich warten Sie vergeblich. Ein neuer Vorgang, eine neue Idee – schon sind die vorherigen vergessen.

Dass Sie mich auf meiner Geschäftsreise nach Paris begleiten sollen, erfahren Sie am selben Morgen – allerdings erst durch den hilflosen Taxifahrer (mich kann er nicht auftreiben, ich habe noch einen spontanen Abstecher zum Oberboss gemacht!). Überhaupt passiert alles auf den letzten Drücker. Oft werfe ich Ihnen Vorgänge kurz vor Feierabend auf den Tisch: «Davon hängt die Zukunft der Firma ab. Bitte heute noch!» Am nächsten Morgen bekenne ich: «Fehlalarm!»

Vorteile für Sie
Jeder Tag bringt Neues – mit mir als Chef wird Ihnen garantiert nicht langweilig! Ich bin offen für Ihre Ideen, auch wenn sie zunächst verrückt klingen. Und falls Sie ein ordnendes Händchen haben, werde ich irgendwann erkennen: Sie ergänzen mich geradezu perfekt! Vielleicht habe ich ja auch eine ganz besondere Idee für Ihre Beförderung?

Bedienungsanleitung
- Begehen Sie nicht den Fehler, meinen Ideen nachzuhecheln wie der Hund dem Knochen. Sie wären nur am Starten und am Bremsen – nie am Ziel! Besser nehmen Sie meine Idee positiv auf («Ist ja spannend!») und warten erst mal ab, ob ich ihr ein paar Tage treu bleibe. Gewöhnlich verliebe ich mich sofort in eine neue! Dann haben Sie Energie gespart.
- Wenn ich Sie ausdrücklich bitte, in aller Schnelle doch noch dieses oder jenes für mich zu erledigen – versuchen Sie erst gar

nicht, meinen Wunsch abzuschmettern: «Geht nicht, stößt meine Planung über den Haufen!» Machen Sie mich vielmehr auf die Konsequenzen aufmerksam: «Ich kann Ihr Expose heute noch schreiben. Dann bleibt das Angebot für Herrn Krösus liegen, das Sie ihm für heute zugesagt haben.» Nun liegt die Verantwortung bei mir. Oft schalte ich doch noch in den Rückwärtsgang!
- Halten Sie wichtige Absprachen in Gesprächsnotizen fest. Die Kopie geben Sie in einer Ausfertigung mir (für meinen Altpapier-Berg), in der anderen meiner Chefsekretärin (für die Akten, zu Ihrer Sicherheit). Meine «Vergesslichkeit» ist nicht vorgetäuscht, sondern echt: Die Gedanken flattern mir wie bunte Schmetterlinge in den Kopf und wieder hinaus. Von Beweisen lasse ich mich überzeugen.
- Helfen Sie mit, dass meine besten Ideen keine Traumtänzereien bleiben! Der Ruhm fällt auf die Abteilung und mein Dank auf Sie zurück. Zwingen Sie mich, von der Fantasie zur Tat zu schreiten, zum Beispiel durch Fragen wie: «Damit Ihr neues Projekt den Markt tatsächlich erobert – was muss als Erstes geschehen? Was kann ich noch diese Woche tun? Welches sind die Zwischenziele?»

Brüller: «Was fällt Ihnen ein!»

Toben hätte ich können, heute Morgen! Wieder Stop-and-go-Verkehr, in der ganzen Stadt. Warum fährt eigentlich keiner mit der U-Bahn? Wie verstopft die Straßen sind, müsste sich doch allmählich herumgesprochen haben!

Und jetzt, im Büro, kommen auch noch Sie – und wollen einen Tag frei! Verdammt noch mal! Sie haben wohl gar nichts mehr zu tun! Wollen Sie nicht gleich zu Hause bleiben?! Und glotzen Sie mich nicht an, weil ich mich ärgere – *Sie* bringen mich doch zur Raserei! (Den Stau habe ich längst vergessen! Und auf das Gerede vom Seelendoktor, der mir jetzt eine «verschobene Aggression» attestieren würde, gebe ich ohnehin nicht viel!)

Und bitte: Diskutieren Sie nicht mit mir, wenn Sie anderer Meinung sind! Schon gar nicht in Fachfragen. Erstens bin ich der Chef, weil ich Recht habe. Zweitens habe ich Recht, weil ich der Chef bin. Und drittens werden Sie fürs Ausführen bezahlt – nicht fürs Denken.

In schwachen Nächten träume ich, Sie und die Kollegen stürmen in mein Büro, falten Papierfliegerchen aus meinen Akten und leeren den Papierkorb über meinem Kopf aus. Einer von Ihnen listet in einer langen Anklageschrift meine Fehler und Ungerechtigkeiten auf. Zerknirscht bekenne ich meine Schuld: Die Selbstsicherheit war eine Fassade, ein rauer Verputz über Ängsten und Selbstzweifeln.

Nur ein Traum, Gottlob! Damit das so bleibt, tue ich alles, keine Schwächen zu zeigen; Angriff ist immer noch die beste Verteidigung! Ich gebe mich als Gutsherr. Sorge für Disziplin und Ordnung. Sammle keine Vorschläge, sondern mache Vorschriften. Rede nicht um den heißen Brei, sondern spreche Klartext. Einer muss ja sagen, wo's langgeht; sonst versinken wir im Chaos!

Und was kann ich tun, damit Sie auf mich hören? Mich laut genug artikulieren – oder «brüllen», wie man im Deutschen sagt! Aber wirklich nur, wenn Sie mich dazu zwingen. Zum Beispiel, indem Sie einen Zentimeter von meinen Vorschriften abweichen. Kommen Sie mir nicht mit Erklärungen – alles Ausreden!

Schlimmstenfalls bin ich ein Tyrann, dessen Tag gerettet ist, wenn er Ihnen (mindestens) verbal in den Hintern treten kann. Bestenfalls bin ich ein Quartals-Brüller, der nur gelegentlich aus der Haut fährt und ansonsten einigermaßen zu genießen ist – wenn auch mit Vorsicht!

Chef-Werdung
Vor allem dort, wo noch wahre Männer gefragt sind, komme ich ans Ruder: beim Militär, in Traditionsunternehmen oder auch in Start-up-Firmen, sobald das Chaos so groß wird, dass alles nach einer «ordnenden Hand» ruft. Mein ständiger Drang, andere zu kommandieren, wird als «natürliche Autorität» gewertet – und kann mich bis in Spitzenpositionen bringen!

Verhältnis zum Oberboss

Wahrscheinlich trauen Sie Ihren Augen kaum, wenn Sie mich vor dem Oberboss sehen: Plötzlich schlage ich die Hacken zusammen, statt zu kommandieren. Plötzlich lecke ich Stiefel, statt zu treten. Sogar ungerechte Vorwürfe lasse ich mir bieten. Es ist, als wäre ich wieder der Prügelknabe meiner Eltern: Ich lächle beschwichtigend, nehme die Asche auf mein Haupt, mache mich klein. Der Oberboss schätzt diese Mischung: Ich unterwerfe mich ohne Wenn und Aber; sein Rang ist nicht gefährdet. Andererseits hat er in mir ein williges Werkzeug, um unpopuläre Entscheidungen nach unten durchzusetzen.

Verhältnis zu Ihnen

So sehr Sie auch versuchen, mit mir «vernünftig zu reden»: Ich bin wie eine Zeitbombe, von der Sie nicht wissen, wann sie das nächste Mal explodiert. Ich halte Sie an der kurzen Leine – gebe Ihnen nicht nur die Ziele, sondern auch die Wege vor. Sie sind so frei wie ein Soldat unter Marschbefehl. Es kann gut sein, dass Sie sich wie beim Kommiss verhalten: Sobald ich Ihnen den Rücken zudrehe, sabotieren Sie meine Befehle, drücken sich und zahlen es mir so heim. Und wenn ich Ihnen auf die Schliche komme? Dann scheint mich das in meiner autoritären Führung zu bestätigen. Wieder mal ein Teufelskreis!

Vorteile für Sie

Ihre Abteilung wird unter meiner Führung nicht unter die Räder kommen. Bei hausinternen Machtkämpfen schlage ich mich tapfer mit den Chefs auf meiner Ebene. Oft verfüge ich über beachtliches Fachwissen. Ihre Kunst: mit meinen Schwächen richtig umzugehen!

Bedienungsanleitung

- Verkneifen Sie sich Widerspruch! («Wir können diese Reklamation nicht abweisen – sonst geht uns ein Großauftrag verloren!») Er wirkt auf mich wie der Funke aufs Pulverfass! Stattdessen sollten Sie mir bei unsinnigen Befehlen in freundlichem Ton die

Folgen schildern – ohne jede Bewertung. («Gut, ich weise die Reklamation des Großkunden zurück. Damit sparen wir 900 Euro. Und falls er den angekündigten Großauftrag über 40 000 Euro storniert, müssen wir halt damit leben.») So habe ich die Chance, aus der Information selbst Konsequenzen zu ziehen.
- Falls Sie einen meiner gefürchteten Wutanfälle auslösen: Brüllen Sie nicht zurück (Kampf-Verhalten) – aber machen Sie sich auch nicht klein (Flucht-Verhalten). Ich reagiere wie ein Raubtier: Wenn Sie mir den Kampf erklären, werde ich umso bissiger. Wenn Sie davonrennen, fasse ich nach.
- Besser: Lassen Sie den Sturm vorüberziehen. Innerlich versuchen Sie, Abstand zu gewinnen, während ich mir meinen Frust von der Seele brülle. Warum denken Sie derweil nicht ans nächste Wochenende: Wann stehen Sie auf? Womit belegen Sie Ihr Brötchen? Was haben Sie vor?
- Zeigen Sie mir die Grenzen auf, falls ich es übertreibe. Zum Beispiel könnten Sie sagen: «Ich bin gerne bereit, mit Ihnen über die Sache zu sprechen. Aber in sachlichem Ton. Wenn Sie zu dieser Tonlage zurückgefunden haben, können Sie gerne auf mich zukommen.» Mit diesen Worten verlassen Sie mein Büro. Donnerwetter! Sie haben offenbar Rückgrat und lassen nicht alles mit sich machen! Heimlich imponiert mir das. Beim nächsten Mal wird mein Donnerwetter schon etwas sanfter ausfallen!
- Überfallen Sie mich nie mit schlechten Nachrichten! («Wir schaffen den Projekttermin nicht!») Unter Druck reagiere ich hilflos wie ein Teekessel – und pfeif' Sie erst mal an! Besser: Schildern Sie kurz, wie es zu den Terminschwierigkeiten gekommen ist und was Sie getan haben, um sie zu verhindern. (Aha, Sie waren also doch nicht leichtfertig und völlig untätig!) Abschließend fragen Sie mich, den großen Meister, um Rat. Ich hebe an: «Also, junger Freund, jetzt passen Sie mal gut auf ...» Der obligatorische Wutausbruch wird durch einen Fachvortrag ersetzt.

Erbsenzähler: «Was zählt, sind Zahlen!»

Für mich zählt nur, was sich auch zählen lässt! Auf meinem Schreibtisch stapeln sich Statistiken, Hochrechnungen, Gutachten. Mein Kopf ist voll mit Soll- und Ist-Zahlen. Wenn Sie mir ein «Computerhirn» attestieren, werte ich das als Kompliment – obgleich ich nicht viel auf Lob gebe!

Ob ich Ihren Urlaubsantrag oder Ihre Kündigung unterschreibe, macht für mich keinen Unterschied. Es kommt nur darauf an, dass die Entscheidung faktisch gerechtfertigt ist. Gefühle haben in der Geschäftswelt nichts verloren! Laut einer Statistik gehen 55,73 Prozent aller Firmenpleiten auf «menschliches Versagen» zurück. Also auf Entscheidungen, die aus dem Bauch heraus getroffen wurden – statt nach Fakten!

Das Motto für Sie und mein Team lautet nicht «Elf Freunde müsst ihr sein», sondern: «Ein Rädchen greift ins andere!» Ich leite mit kühler Hand ein Arbeitslabor. Je keim- und gefühlsfreier das Klima, desto mehr steht die Sache im Mittelpunkt – um die geht es doch! Nicht um Menschen und Problemchen, wie uns mancher einreden will.

Über solche Weicheier könnte man sich glatt ärgern. Oder man freut sich, weil man anders ist. «Man» sage ich übrigens ziemlich oft – und meine damit «ich». Aber diese drei Buchstaben wären mir zu persönlich. Hinter Sprache kann man sich verstecken. Auch ein Satz wie «Der Personalbestand wird rationalisiert» lässt im Dunkeln, wer die Leute vor die Tür setzt (nämlich «ich»!). So vermeidet man unnötige Emotionen.

Über mein Privatleben wissen Sie nichts – nicht mal, ob ich überhaupt eines habe. Falls ich in meiner Freizeit ein Schneckenhäusler wie im Büro bin, dann sicher nicht.

Chef-Werdung

Dreierlei lässt mich aufsteigen: Erstens bin ich ein exzellenter Fachmann, der alle Statistiken und Fachaufsätze auswendig kennt. Zweitens bin ich mit meiner Arbeit verheiratet, was mich stets in

Versuchung führt, die Nacht mit ihr zu verbringen. (Sie können's auch «Überstunden» nennen!) Und drittens habe ich zu bisherigen Kollegen mindestens einen Kilometer Distanz. Der Oberboss muss nach meiner Beförderung keine bierselige Kumpanei fürchten – er kann auf kühle Sachentscheidungen bauen.

Verhältnis zum Oberboss
Wenn der Oberboss ein vernünftiger Mensch ist, sprich: genauso sachlich wie ich, haben wir ein exzellentes Verhältnis – treffender gesagt: eine exzellente «Geschäftsbeziehung». Wir halten uns nicht gegenseitig von der Arbeit ab, indem wir uns treffen, Lagebesprechen abhalten oder in Smalltalk abdriften. Stattdessen tauschen wir nackte Fakten aus, vorzugsweise per Mail oder über unsere Sekretärinnen. In der Schriftform sprechen wir uns auch nach zehn Jahren noch mit «Sehr geehrter Herr …» an.

Falls mein Chef dagegen ein gefühlsduseliger Bauchmensch ist, halte ich ihn so gut wie möglich auf Distanz. Sein Lob und seine Kritik bedeuten mir nicht viel. Für mich zählt korrekte Arbeit. Die kann ich mir selbst am besten bescheinigen!

Verhältnis zu Ihnen
Bei der Weihnachtsfeier können Sie auf Anhieb erkennen, in welcher Ecke ich sitze: immer dort, wo am wenigsten gelacht wird! Mein Charme nimmt es mit jedem Eisklotz auf. Ich bin immer im Dienst. Falls Sie im Alltag gelegentlich ein Lob, ein Schulterklopfen oder zumindest einen aufmunternden Blick brauchen: Sie werden vergeblich warten! Ich zeichne Ihre Arbeit nicht aus – ich nehme sie nur ab. Sie fühlen sich als Inhaber der Planstelle 15 b. Ihre Motivation befindet sich im Sinkflug – zumal Sie immer dann eine Rückmeldung von mir bekommen, vorzugsweise schriftlich, falls Ihnen mal ein Fehler passiert. Um in mein Büro vorzudringen, müssen Sie erst an meiner Sekretärin vorbei. Nicht selten ein Drachen, der mich vor bösen Überraschungen schützen soll, also vor Menschenbesuchen.

Vorteile für Sie

Ich bin in der Lage, eine fachliche Leistung einzuschätzen. Wenn Sie Ihre Qualitäten in Zahlen dokumentieren, stehen Sie bei mir hoch im Kurs. Vielleicht werde ich Sie sogar für einen Aufstieg empfehlen, falls Sie mir oft genug auf die Pelle rücken – schon deshalb, um Sie loszuwerden. (Natürlich nicht durch Entlassung, was ja eine sachliche Fehlentscheidung wäre!)

Bedienungsanleitung

- Sprechen Sie meine Sprache, damit ich Sie verstehe! So setzen Sie Ihre Wünsche und Ideen eher durch. Nicht: «Ich habe das sichere Gefühl, dieses neue Angebot wird unsere Kunden begeistern!» *(Ausgerechnet ein Gefühl soll «sicher» sein? Klar doch! Und die Titanic war «unsinkbar»!)* Sondern: «Dieses neue Angebot wurde im Februar 2001 von drei US-Firmen erstmals eingeführt. Es hat die Umsätze im ersten Jahr durchschnittlich um 15 Prozent gesteigert, im zweiten um 20 Prozent. Eine Chancenanalyse von Kienbaum kommt für den deutschen Markt zu folgendem Ergebnis ...» *(Klingt doch schon ganz anders! Hier sprechen die Fakten. Auf die kommt es an!)*
- Bevor Ihre Motivation vertrocknet, da ich mit Lob wie ein Schotte geize: Holen Sie sich aktiv Rückmeldungen ein. Zum Beispiel, indem Sie mich gelegentlich fragen, wie ich Ihre Arbeit einschätze. Falls ich nur allgemein antworte, etwa mit «Man ist zufrieden mit Ihrer Kundenbetreuung», haken Sie nach: «Was schätzen Sie denn an meiner Kundenbetreuung?» So werden Sie mich zwar nicht zum Sänger von Lobliedern machen – aber immerhin können Sie aus dem, was ich sage, Anerkennung ableiten.
- Nutzen Sie, dass ich mich um Meetings und Präsentationen drücken will. Warum bieten Sie mir nicht an, unsere Abteilung gelegentlich zu repräsentieren – natürlich ganz in meinem Sinne, mit vielen Daten und Fakten? Damit tun Sie mir einen Gefallen, denn ich will meine Ruhe. Und sich selbst auch, weil Sie eine

Bühne für Ihre Selbst-PR bekommen. Nicht selten wird das die Oberbosse zu einer Beförderung verlocken.
- Arbeiten Sie so gründlich wie möglich, gerade wenn es um Zahlen geht. Halten Sie Ihre Erkenntnisse, Projektstände und Ideen schriftlich fest und setzen Sie mich auf den Verteiler. Sie können sich darauf verlassen, dass ich jedes Wort lese – Zahlen erst recht. Diese Fakten, die ich natürlich archiviere, können eines Tages für Sie sprechen – zum Beispiel, wenn ich Ihre Leistung im Mitarbeitergespräch beurteile.

Big Daddy: «Meine Erfahrung sagt mir ...»

Ich sitze am Kopfende des Tisches. Alle Blicke fixieren mich. Ich bin ein Brötchengeber der alten Schule, ein Ernährer mit Peitsche und Zuckerbrot. Ich erteile Ihnen das Wort, falls ich Unterstützung erwarte. Und ich entziehe es Ihnen wieder, falls Sie zu sehr widersprechen.

Belustigt verfolge ich, wenn Sie und die Kollegen über ein Problem diskutieren. Mal sehen, ob Ihnen einfällt, was ich schon lange weiß! Ich bin ein Guru, der die Lösung immer schon kennt, ein Marcel Reich-Ranicki der freien Wirtschaft. Meine Entscheidungen sind das letzte Wort, unumstößlich wie Felswände.

Die Platte meines Schreibtisches ist so breit wie ein Burggraben. Mein Chefsessel gleicht einem Thron. Als Besucher sitzen Sie wie ein Zwerg davor. Ich verhalte mich ungezwungen in Ihrer Gegenwart: lege die Füße auf den Tisch, nehme belanglose Telefonate an, sogar während wichtiger Besprechungen, und lege ab 25 Grad im Schatten meine Krawatte ab – was noch lange nicht bedeutet, dass Sie dasselbe dürfen. Schließlich stellen Sie die Füße unter meinen Tisch!

Vor welcher Herausforderung wir auch stehen: Für mich gibt es nichts Neues unter der Sonne. Ich habe alles schon erlebt, geregelt, bewältigt. Oft rede ich von «früher», von der «guten alten Zeit», als ein Wort noch ein Wort und eine elektronische Schreibmaschine noch eine Errungenschaft war. Wenn Sie mir Neuerungen vorschlagen, bin ich skeptisch. Warum das Bewährte für windige Experimente aufs Spiel setzen?

Manchmal springe ich Schwachen bei, die ins Kreuzfeuer geraten. Verlorene Söhne laufen bei mir offene Türen ein – aber nur im Büßergewand! Treue Mitarbeiter lade ich noch als Rentner zur Weihnachtsfeier ein – bei der es meinen Talenten entgegenkäme, selbst in die Doppelrolle als Weihnachtsmann und Knecht Ruprecht zu schlüpfen.

Chef-Werdung
Meine Schultern sehen aus wie für Verantwortung gemacht. In der Schule war ich Klassensprecher, zu Hause wahrscheinlich das älteste Kind und somit Chef meiner Geschwister. In Gruppen bin ich schnell der Wortführer. Der Oberboss müsste blind sein, wenn ich ihm zur Beförderung nicht auffiele – und zusätzlich taub, da ich mich im Stimmengewirr mit meinem kräftigen Bass durchsetze.

Verhältnis zum Oberboss
Am liebsten stehe ich selbst an der Spitze, zum Beispiel als Firmengründer. Ansonsten habe ich mit dem Oberboss ein echtes Problem. Schließlich darf es keine Götter neben mir geben! Ich lasse mir nicht ins Handwerk pfuschen, neige zu leidenschaftlichem Widerspruch und oft fliegen zwischen mir und dem Oberboss die Fetzen. Zur Not drohe ich mit meiner Kündigung – und er weiß, dass er es sich kaum leisten kann, mich zu verlieren.

Am besten komme ich mit einem schwachen Oberboss klar; er führt auf dem Papier, ich in Wirklichkeit. Zwischen einem starken Oberboss und mir läuft es häufig darauf hinaus: Es kann nur einen geben!

Verhalten zu Ihnen
In Sitzungen kann es Ihnen passieren, dass Sie vor Wortmeldungen den Arm heben. Meine Gegenwart macht jeden Mitarbeiter zum Schüler, jedes Gespräch zur mündlichen Prüfung. Meine Rüffel teile ich Ihnen öffentlich aus – zur Abschreckung. Mein Schulterklopfen

ebenfalls – als Anreiz. Manchmal ertappen Sie sich bei vorauseilendem Gehorsam: Sie schleifen Ihren Ideen alle Ecken und Kanten ab, an denen ich mich reiben könnte. (Dabei betrachte ich *etwas* Reibung als Herausforderung!)

Meine Befehle können widersprüchlich sein. Vielleicht erwarte ich von Ihnen eine Reform, bin aber gleichzeitig dagegen, dass Sie das Alte verändern (gescheite Psychologen nennen das «double bind», doppelte Bindung). Bin ich mal krank, bricht erstens die Welt zusammen und zweitens müssen alle geplanten Sitzungen und Veranstaltungen ausfallen; ich bin ja nicht zu ersetzen! Und Sie alleine machen lassen ... Völlig zwecklos!

Vorteil für Sie
Ich bin stark genug, um starke Mitarbeiter um mich zu dulden – Sie müssen nur den Mut finden, es zu sein! Wenn es Ihnen gelingt, mich von Ihren Qualitäten und Ihrer Zuverlässigkeit zu überzeugen, werde ich Ihnen immer mehr Freiräume geben. Falls Sie Karriere machen wollen, halte ich Sie nicht fest. Erstens fühle ich mich von niemandem abhängig, auch nicht von Ihnen. Zweitens trete ich gern als wohlwollender Förderer auf.

Bedienungsanleitung
Wenn Sie in meinem Staat was werden wollen, müssen Sie sich an die Gesetze halten! Achten Sie gezielt darauf: Welches Handeln lobe und belohne ich? Welches beschimpfe und bestrafe ich? Nur Details dürfen Sie infrage stellen, um mich herauszufordern.
- Nutzen Sie meinen Hang zur biblischen Gerechtigkeit. Klären Sie, welche Perspektive ich Ihnen bei einer Spitzenleistung bieten kann. Eine Gehaltserhöhung? Mehr Verantwortung? Eine Beförderung? An meine Zusagen fühle ich mich gebunden – sofern Sie sich exakt an Ihre halten!
- Sie wollen eine Idee durchsetzen? Dann werfen Sie mir keine neumodischen Fachvokabeln an den Kopf. Wenn Sie von der «Navigation» unserer Homepage sprechen, denke ich vielleicht an Seefahrt. Und beim Browser an die Dusche. Wenn die «Navi-

gation» in meiner Sprache eben noch die «Rubriken-Leiste» ist – übernehmen Sie den Begriff. Je besser ich Sie verstehe, desto offener bin ich für Ihren Vorschlag.
- Greifen Sie niemals das Alte an, wenn Sie Neues vorschlagen. Motto: «Bis jetzt fahren wir im Schlafwagen – aber ich bring' den ICE!» Denn der Führer dieses «Schlafwagens» bin nun mal ich! Eher überzeugen Sie mich mit einem schmeichelhaften Ansatz: «Wir sitzen schon jetzt in einem ICE – und ich weiß, wie wir ihn noch schneller machen können.»
- Falls Sie Widerspruch oder Kritik vorbringen: Bitten Sie mich ausdrücklich, nicht gleich Stellung zu nehmen – sondern Ihre Worte ein paar Tage sacken zu lassen: «Ich weiß, dieser ‹neumodische Kram› kommt überraschend für Sie, das muss sich erst mal setzen. Wollen wir uns in zwei Tagen noch mal darüber unterhalten?» Wenn Sie Ihrer Saat Zeit geben, trägt sie oft erstaunliche Früchte.
- Falls ich rund um die Uhr in der Firma sitze und von Ihnen dasselbe erwarte: Setzen Sie eine klare Überstundengrenze. Durch Ihre Standhaftigkeit gewinnen Sie meinen Respekt. Schließlich bin auch ich ein prinzipientreuer Mensch.

Chef-TÜV: Was für ein Typ ist Ihr Chef?

Andere Chefs, andere Sitten! Wenn Sie erst durchschauen, welcher Typ ich bin, haben Sie leichtes Spiel. Mit den folgenden Steckbriefen kommen Sie mir auf die Schliche – und können mir die Giftzähne ziehen.

Ist Ihr Chef … ein Superstar?
Antworten Sie mit «Ja» oder «Nein», um herauszufinden, ob Ihr Chef der Typ Superstar ist:
1. Neigt Ihr Chef zu optimistischen Prognosen?   Ja☐ Nein☐
2. Redet er sich gerne in den Mittelpunkt?   Ja☐ Nein☐
3. Stellt er seine Arbeit heldenhaft dar?   Ja☐ Nein☐
4. Läuft er vor dem Oberboss zu Hochform auf?   Ja☐ Nein☐

5. Übertreibt er schamlos, auch mit seinen Visionen? Ja☐ Nein☐
6. Schmückt er sich mit fremden Leistungen? Ja☐ Nein☐
7. Will er ganz hoch hinaus? Ja☐ Nein☐

Nun zählen Sie bitte zusammen, wie oft Sie «Ja» angekreuzt haben.

Auswertung
0–1 Ihr Chef scheint eher ein Erbsenzähler zu sein.
2–3 Ein bisschen angeben müssen alle Chefs – Ihrer auch! In der Fachsprache heißt das «Selbst–PR».
4–5 Ihr Chef ist ein stolzer Pfau, der gern Räder vor Publikum schlägt. Aber er geht dafür nicht über Leichen.
6–7 Würde Geltungsdrang abheben lassen: Ihr Superstar–Chef wäre eine himmlische Erscheinung (Gegenmittel auf Seite 143).

Ist Ihr Chef ... ein Prinzipienreiter?
Testen Sie, ob Ihr Chef es allzu genau nimmt. Entscheiden Sie wieder zwischen «Ja» und «Nein»:
1. Verplant Ihr Chef seinen Tag bis zur letzten Minute? Ja☐ Nein☐
2. Macht ihn Unpünktlichkeit wahnsinnig? Ja☐ Nein☐
3. Tut er sich schwer mit Delegieren? Ja☐ Nein☐
4. Gibt er bei Arbeiten haargenau den Weg vor? Ja☐ Nein☐
5. Kann er Abweichungen davon nicht ertragen? Ja☐ Nein☐
6. Zählt die Form manchmal mehr als der Inhalt? Ja☐ Nein☐
7. Bleibt er auch in heißen Phasen unterkühlt? Ja☐ Nein☐

Nun zählen Sie bitte zusammen, wie oft Sie «Ja» angekreuzt haben.

Auswertung
0–1 Wohl eher ein kreativer Chaot oder ein Superstar!
2–3 In jedem Chef steckt ein Pedant. Kein Grund zur Sorge.
4–5 Ihr Chef hat (zu) viele Grundsätze. Und er verlangt, dass auch Sie sich daran halten. Zumindest meistens.
6–7 Ihrem Boss geht es nur ums Prinzip! Er will Sie an der ganz kurzen Leine führen. Aber Sie können diesen Plan durchkreuzen (siehe «Bedienungsanleitung», Seite 146).

Ist Ihr Chef ... ein Nichtskönner?

Wenn Sie die folgenden Fragen mit «Ja» oder «Nein» beantworten, werden Sie durch die Auswertung schlauer:

1. Interessiert sich Ihr Chef nicht für die Arbeit? Ja☐ Nein☐
2. Kann er fachlich kaum mitreden – versucht es aber? Ja☐ Nein☐
3. Führt seine Mitarbeiterführung zu nichts? Ja☐ Nein☐
4. Dient er nibelungentreu dem Oberboss? Ja☐ Nein☐
5. Reagiert er auf berechtigten Widerspruch pampig? Ja☐ Nein☐
6. Begeht er dauernd Fehler, ohne es zu merken? Ja☐ Nein☐
7. Fragen sich alle: «Wie ist der bloß Chef geworden?» Ja☐ Nein☐

Nun zählen Sie bitte zusammen, wie oft Sie «Ja» angekreuzt haben.

Auswertung

0–1   Ihr Chef kann alles Mögliche sein. Aber kein (völliger) Nichtskönner!

2–3   Ein Chef ohne Fehler wäre ja beängstigend! Das gilt auch für Ihren.

4–5   Sehr wahrscheinlich, dass Sie eine Niete als Chef gezogen haben – aber es gibt noch Schlimmere!

6–7   Ein Kapitän auf Eisberg-Kurs – greifen Sie dezent ins Steuerrad (siehe «Bedienungsanleitung», Seite 149).

Ist Ihr Chef ... ein Brüller?

Wenn Sie folgende Fragen mit «Ja» oder «Nein» beantworten, wissen Sie es ganz genau:

1. Fordert Ihr Chef Disziplin und Ordnung? Ja☐ Nein☐
2. Ist er ein Feind langer Diskussionen? Ja☐ Nein☐
3. Spricht er mit Vorliebe ein Machtwort? Ja☐ Nein☐
4. Will er mit dem Kopf durch die Wand? Ja☐ Nein☐
5. Knallt er schon mal mit der Tür? Ja☐ Nein☐
6. Rastet er in kritischen Situationen aus? Ja☐ Nein☐
7. Kann er brüllen wie ein Stier? Ja☐ Nein☐

Nun zählen Sie bitte zusammen, wie oft Sie «Ja» angekreuzt haben.

Auswertung

0–1 Ein Brüller ist er nicht, Ihr Chef! Vielleicht ein Bremsklotz?
2–3 Der normale «Brüller-Anteil», den ein Chef für sein gesundes Ego braucht.
4–5 Ihr Chef lässt gern die Fetzen fliegen. Ein Brüller, der allerdings noch zu berechnen ist.
6–7 Wirklich zum Brüllen, Ihr Chef! Falls Ihnen bei diesem Typ die Worte fehlen – Tipps auf Seite 158.

Ist Ihr Chef ... ein Bremsklotz?

Antworten Sie mit «Ja» oder «Nein» – und Sie können Ihren Chef (vielleicht) als «Bremsklotz» enttarnen:

1. Ist Ihr Chef skeptisch gegenüber Neuerungen? Ja☐ Nein☐
2. Geht er bei seiner Arbeit umständlich vor? Ja☐ Nein☐
3. Bleiben Vorgänge bei ihm lange liegen? Ja☐ Nein☐
4. Ist er investitionsscheu (zu Deutsch: geizig)? Ja☐ Nein☐
5. Schiebt er Entscheidungen ewig auf? Ja☐ Nein☐
6. Versteckt er sich gern hinterm Oberboss? Ja☐ Nein☐
7. Fürchtet er nichts mehr als Fehler? Ja☐ Nein☐

Nun zählen Sie bitte zusammen, wie oft Sie «Ja» angekreuzt haben.

Auswertung

0–1 Wahrscheinlich haben Sie es eher mit einem Superstar oder einem kreativen Chaoten zu tun.
2–3 Wer ohne Zögern ist, werfe den ersten Stein! Ihr Chef entscheidet wenigstens nicht leichtfertig.
4–5 Den völligen Stillstand hat Ihr Chef noch nicht erreicht. Aber er fährt mit angezogener Handbremse.
6–7 Ihr Chef würde als Frau Holle sogar den Winter verhindern. Rezepte zum Auftauen siehe Seite 152.

Ist Ihr Chef... ein kreativer Chaot?
Wenn Sie's wirklich wissen wollen – beantworten Sie folgende Fragen mit «Ja» oder «Nein».
1. Verschwitzt Ihr Chef öfter mal einen Termin? Ja☐ Nein☐
2. Ist er ein Feind von Ablage und Formalitäten? Ja☐ Nein☐
3. Sieht sein Schreibtisch nach Wildwuchs aus? Ja☐ Nein☐
4. Neigt er zu sehr spontanen Entscheidungen? Ja☐ Nein☐
5. Gibt er schnell Zusagen – aber hält sie oft nicht ein? Ja☐ Nein☐
6. Verteilt er Arbeiten auf den letzten Drücker? Ja☐ Nein☐
7. Neigt er zu unrealistischen Ideen? Ja☐ Nein☐

Nun zählen Sie bitte zusammen, wie oft Sie «Ja» angekreuzt haben.

Auswertung
0–1 Ihr Chef ist alles andere als ein Chaot! Schauen Sie mal unter «Prinzipienreiter» oder «Erbsenzähler» nach!
2–3 Ihr Chef ist kein Freund militärischer Ordnung! Aber ein bisschen Chaos bringt der Stress nun mal mit sich.
4–5 Bei Ihrem Chef geht manches drunter und drüber. Noch hat ihn das Chaos aber nicht verschlungen.
6–7 Ihr Chef könnte das «Chaos-Prinzip» erfunden haben! Da hilft nur eines: die «Bedienungsanleitung» (Seite 155).

Ist Ihr Chef ein ... Erbsenzähler?
Antworten Sie wieder mit «Ja» oder «Nein»:
1. Denkt Ihr Chef in Zahlen und Statistiken? Ja☐ Nein☐
2. Gibt er viel auf Gutachten und Fachartikel? Ja☐ Nein☐
3. Geht es ihm «nur um die Sache»? Ja☐ Nein☐
4. Sieht er Mitarbeiter als «Funktionsträger»? Ja☐ Nein☐
5. Sagt er oft «man» – und meint «ich»? Ja☐ Nein☐
6. Kennt er nichts als seine Arbeit? Ja☐ Nein☐
7. Gibt er nie Gefühle und Privates preis? Ja☐ Nein☐

Nun zählen Sie bitte zusammen, wie oft Sie «Ja» angekreuzt haben.

Auswertung

0–1 Ihr Chef ist leichtfüßiger. Vielleicht ein kreativer Chaot? Oder ein Superstar?
2–3 Ihr Chef ist wie die meisten: fach- und sachbetont!
4–5 Die Technokratie lässt grüßen! Doch Ihr Chef wird noch übertroffen.
6–7 Ihr Chef ist ein Computer mit zwei Ohren! Sie fühlen sich als ganz kleine Nummer? Jetzt wissen Sie, warum! (Gegenrezepte: Seite 162)

Ist Ihr Chef ... ein Big Daddy?
Beantworten Sie folgende Fragen wieder mit «Ja» oder «Nein»:
1. Hängt Ihr Chef gerne seine Erfahrung raus? Ja☐ Nein☐
2. Vertraut er Bewährtem mehr als Neuem? Ja☐ Nein☐
3. Steht er dauernd über der Sache? Ja☐ Nein☐
4. Behandelt er Sie mit väterlicher Strenge? Ja☐ Nein☐
5. Hat er immer das letzte Wort? Ja☐ Nein☐
6. Schützt er gelegentlich die Schwachen? Ja☐ Nein☐
7. Legt er sich, wenn nötig, mit dem Oberboss an? Ja☐ Nein☐

Nun zählen Sie bitte zusammen, wie oft Sie «Ja» angekreuzt haben.

Auswertung

0–1 Ihr Chef scheint eher schwach auf der Brust. Ein Nichtskönner?
2–3 Ihr Chef hängt manchmal den Papi raus. Das tun sie fast alle!
4–5 Ihre Firma ist kurz davor, ein «Vater»-Land zu werden! Aber noch hält sich «Big Daddy» an gewisse Grenzen.
6–7 Dieser «Big Daddy» ist ein erdrückender Übervater! Wie Sie das Beste daraus machen: Seite 165.

Wissen Sie nun, was für ein Typ ich als Chef bin? Oder ist das Ergebnis nicht eindeutig? Falls ich bei verschiedenen Typen ähnliche Höchstwerte habe, sollten Sie mich als «brisante Mischung» zu nehmen wissen. Klopfen Sie die «Bedienungsanleitungen» der Chef-Steckbriefe einmal auf Parallelen ab; Sie werden einige Rezepte finden, die in ähnlicher Form für mehrere Chef-Typen gelten – besonders für die artverwandten wie Chaot und Superstar, Prinzipienreiter und Erbsenzähler, Big Daddy und Brüller.

Nehmen wir an, ich bin eine Mischung aus Erbsenzähler und Prinzipienreiter. Ihr Ziel ist, mehr Entscheidungsspielraum durchzusetzen. Dann gilt doppelt und dreifach: Stellen Sie mich bloß nicht vor «vollendete Tatsachen», vor Entscheidungen, die Sie auf eigene Faust getroffen haben. Sondern höhlen Sie den Stein als steter Tropfen: durch enge Absprachen, durch ständiges Vorlegen von Arbeiten, durch allmählichen Vertrauensgewinn. Dagegen wären spontane Vorstöße sicher ideal, wenn Sie es bei mir mit einer Mischung aus kreativem Chaot und Superstar zu tun hätten.

Sie kombinieren also die Bedienungsanleitungen, je nach meinen individuellen Typ-Werten – und Sie können sich darauf verlassen, dass ich Ihnen aus der Hand fresse. Auch als Mischling!

Teil 4: **Der Chef als Verhandlungspartner**

Chef-Rhetorik: Auftritt mit Theaterdonner

Stellen Sie sich vor, Sie fordern 10 Prozent mehr Gehalt – und ich winke Sie einfach durch: «Abgemacht!» Was geht dann in Ihnen vor? Zuerst werden Sie völlig verwirrt sein; natürlich haben Sie mit Widerstand gerechnet, mit erbittertem Feilschen um jedes Prozent (obwohl Sie die Erhöhung tatsächlich verdient haben!).

Im zweiten Moment beginnen Sie zu grübeln: Warum nickt der Chef die Forderung einfach ab? Offenbar war sie überfällig! Und warum feilscht er nicht? Offenbar haben Sie zu wenig gefordert! Diese Erfahrung macht Ihnen Mut. Sie beschließen: In sechs Monaten ist ein neuer Vorstoß fällig – diesmal deutlich forscher!

Kann sein, Sie flüstern sogar den Kollegen zu: «Der Chef hat Spendierhosen an!» Dann bildet sich im Nu eine Schlange vor meinem Büro. Und jeder hält die Hand auf.

Verstehen Sie jetzt, warum ich in Verhandlungen nicht offen und ehrlich sein kann? Warum rhetorische Mätzchen, taktische Winkelzüge und Theaterdonner einfach zu meiner Rolle als Chef gehören? Und nicht nur Sie erwarten, dass ich Ihnen Widerstand biete – der Oberboss erwartet es erst recht! Ich bin ein Anwalt der Firma. Und was Sie wollen, auch wenn es gerecht wäre, muss noch längst nicht im Sinne des Unternehmens sein!

Akteur im Rollenspiel

Es ist Ihnen sicher schon aufgefallen: In Verhandlungen setzen sich bei mir die besten Selbstverkäufer durch. Stille Könner warten vergeblich – laute Nichtskönner ziehen vorbei! Niemand bekommt von mir, was er verdient; jeder das, was er verhandelt! Ihre Hartnäckigkeit und Ihre Rhetorik, darauf kommt es an!

Und nun die entscheidende Frage: Sind Sie mir in der Verhandlung gewachsen? Immerhin stehen sich zwei ungleiche Partner gegenüber: Sie als Mitarbeiter – aufgeregt, weil viel auf dem Spiel steht; untrainiert, weil Sie solche Gespräche nur selten führen; und rhetorisch im Nachteil, denn Ihr letztes Seminar ist schon lange her. (Habe ich Ihnen überhaupt schon eines genehmigt?) Und ich als Chef – gelassen, weil ich wenig zu verlieren habe; routiniert, weil ich solche Gespräche oft führe; und rhetorisch auf der Höhe, weil ich gerade vom Seminar komme.

Damit Sie eine faire Chance haben, ist zweierlei nötig:
1. Sie sollten sich optimal vorbereiten. Führen Sie ein Leistungstagebuch und spielen Sie die Verhandlung durch – mindestens mit einem Freund, besser aber mit einem professionellen Coach, der Sie so fit wie möglich macht (siehe Seite 181).
2. Sie sollten meine Taktik und Rhetorik einschätzen können. Welche Pfeile habe ich im Köcher? Welches Gegengift werden Sie folglich brauchen?

Natürlich zielt nicht jedes Rhetorikseminar für uns Führungskräfte unter die Gürtellinie. Aber Tatsache ist: Der Workshop «Partnerschaftliche Lösungssuche» findet oft vor leeren Rängen statt – während «Verhandlungstricks für Manager» im Nebenraum ausgebucht ist.

Oft stehen Methoden auf dem Programm, die offensichtlich unfair sind – zum Beispiel Suggestivfragen, gezieltes Unterbrechen oder Schweigen als Druckmittel.

Auch gefährlich für Sie: Ich lerne, wie sich angesehene Kommunikationsmethoden instrumentalisieren lassen. Nehmen Sie das «aktive Zuhören» – eigentlich ein Zeichen, dass ich mit großer Aufmerksamkeit bei Ihnen bin. Das Gefährliche: Ich kann Ihnen so auch suggerieren, dass ich Ihr Anliegen unterstütze – während ich mich durch Wiederholung *Ihres* Standpunkts nur um eine eigene Stellungnahme drücke, sprich: Ihnen die Möglichkeit raube, unsere unterschiedlichen Standpunkte zu diskutieren.

Das nächste Kapitel wird Sie gegen unfaire Methoden wappnen!

> **Geheimnis:** Knurrt der Chef zu Ihren Forderungen, so hat das nichts zu heißen. Meist wird er mit diesem Betriebsgeräusch lediglich seiner Chefrolle gerecht; es dient der Abschreckung.
>
> **Tipp für Sie:** Fordern Sie mit Nachdruck und mit Ausdauer! Wenn der Chef erst nach zäher Verhandlung nachgibt, fühlt er sich besser: Er wurde seiner Rolle gerecht.

Die rhetorischen Pfeile – das Gegengift

Damit Sie auf alles gefasst sind: Werfen Sie am besten einen Blick in meine Trickkiste! Ich beschreibe zunächst den «rhetorischen Kniff», lasse ein «Beispiel» folgen und verrate dann, «Unter uns gesagt», welches meine (böse) Absicht sein kann. Schließlich schlage ich Ihnen eine «Gegenstrategie» vor und gehe auf die Frage ein, ob der Kniff sich durch eine «Eignung für Sie» auszeichnet – damit Sie mich mit meinen eigenen Waffen schlagen!

Suggestivfrage
Der rhetorische Trick: Meine Frage legt Ihnen die Antwort schon in den Mund. «Suggestiv» heißt so viel wie: «seelisch beeinflussend».
Beispiel: «Sind Sie nicht auch der Meinung, dass entweder alle einen Dienstwagen fahren sollen – oder keiner?»
Unter uns gesagt: Wenn ich Ihnen meine eigene Meinung so offensichtlich unterjubeln will, ist etwas faul. Soll meine Frage etwa ein berechtigtes Anliegen von Ihnen abwürgen?
Gegenstrategie: Formulieren Sie meine Frage positiv um: «Sie wollen darauf hinaus, ob ein Dienstwagen für mich angemessen wäre? Da kann ich mit einem klaren ‹Ja› antworten, weil ...»
Eignung für Sie: Vorsicht: Diese Waffe erkenne ich und könnte böse darauf reagieren. Ausnahme: Sie nutzen die Suggestivfrage, um eine positive Stimmung festzuhalten, z. B.: «Haben wir in diesem Geschäftsjahr nicht schon viel auf die Beine gestellt?»

Spiegelfrage

Der Trick: Statt auf Ihre Frage einzugehen, spiele ich den Ball einfach zurück.
Beispiel: Sie fragen: «Welches Gehalt können Sie mir in der neuen Funktion vorschlagen?» Ich antworte: «Welches Gehalt hätten Sie denn gerne?»
Unter uns gesagt: So bleibt mein Standpunkt im Dunkeln. Aber Sie bekennen immer mehr Farbe. Wenn's um Geld geht, vermeide ich zu hohe Angebote – erst mal hören, ob Sie bescheiden sind ...
Gegenstrategie: Spielen Sie den Ball erneut an mich zurück: «Auf meine Vorstellung komme ich gleich zu sprechen. Erst noch einmal meine Frage: ‹Welches Gehalt können Sie ...›»
Eignung für Sie: Wenn ich Sie mit einer Frage in die Enge treibe, verschafft Ihnen diese Technik Luft. Zum Beispiel können Sie die heikle Frage, wie hoch Sie im Unternehmen aufsteigen wollen, einfach damit kontern: «Was halten Sie denn angesichts meiner Fähigkeiten für realistisch?»

Schweigen

Der Trick: Nachdem Sie auf eine kritische Frage geantwortet oder einen brisanten Sachverhalt erläutert haben, schweige ich einfach.
Beispiel: Sie: «Der Fehler muss während meines Urlaubs passiert sein.» Ich: schweige, schaue Sie streng an, nicke vielsagend. Sie (nach fünf wortlosen Sekunden): «Ja, wirklich, in der fraglichen Zeit war ich in Urlaub. Glaube ich wenigstens ...» Ich: schweige weiter, lege die Stirn in Falten. Sie: «Na ja, also ganz sicher bin ich mir nicht ...» Aha!
Unter uns gesagt: Schweigen gilt als rhetorische Waffe. Es erzeugt enormen Druck. Dem möchte mancher entfliehen, indem er seiner Zunge den Laufpass gibt – und sich dabei garantiert verplappert!
Gegenstrategie: Wenn Sie gesagt haben, was Sie sagen wollten, schweigen Sie ebenfalls. Wird Ihnen mein Schweigen allzu unangenehm, sprechen Sie mich darauf an: «Was ist der Grund für Ihr Schweigen?»
Übrigens: Auch dieser Vorgang – das Reden über die Art, wie man miteinander redet (oder schweigt) – ist Gegenstand meiner Füh-

rungsseminare: Die Experten sprechen hier von «Metakommunikation».

Eignung für Sie: Wenn ich auf Ihre kritischen Fragen auffallend knapp antworte: Probieren Sie's einfach mal mit Schweigen. Vielleicht fühle ich mich durchschaut und liefere freiwillig die Wahrheit nach.

Unterbrechen

Der Trick: Ich falle Ihnen bewusst ins Wort – und zwar mehrfach in kurzer Folge.

Beispiel: Sie: «Angesichts meiner Leistung im letzten Jahr möchte ich fragen …» – «Wir haben alle viel geleistet, Herr Müller!» – «… möchte ich fragen, ob es möglich ist …» – «Möglich, möglich – möglich ist alles und nichts.»

Unter uns gesagt: Ich möchte Sie einschüchtern. Wer dem anderen ins Wort fällt, ist der Mächtige, hat das Sagen. Ihre Selbstsicherheit wird schwinden. Nach einigen dieser Attacken sind Sie reif für den Abschuss: die Ablehnung Ihres Anliegens.

Gegenstrategie: Lassen Sie sich in unseren Gesprächen niemals – wirklich niemals – von mir unterbrechen. Sagen Sie freundlich, aber bestimmt: «Ich möchte meinen Satz zu Ende führen; es wird Sie sicher interessieren.» Falls ich dennoch fortfahre, könnten Sie fragen: «Sie fallen mir dauernd ins Wort – was bezwecken Sie damit?» Sobald ich merke, dass Sie eine gezinkte Karte erkannt haben, werfe ich sie nicht mehr auf den Tisch!

Eignung für Sie: Als Chef reagiere ich allergisch auf alles, was meine Macht infrage stellt – auch darauf, dass Sie mich unterbrechen. Deshalb sollten Sie mir nur in zwei Ausnahmesituationen ins Wort fallen:

- Wenn ich beleidigend werde und Sie das Gespräch abbrechen wollen.
- Wenn ich Anstalten mache, ein wichtiges Anliegen von Ihnen vorschnell abzulehnen. Steht die Absage erst im Raum, ist sie für mich verbindlich. Wenn Sie mich am Aussprechen hindern und wichtige Argumente nachschieben, können Sie mich noch umstimmen.

Unterstellungstechnik
Der Trick: Ich tue so, als wüsste ich etwas (über Sie) – was ich in Wirklichkeit nur vermute.
Beispiel: «Ich weiß, Sie haben sich bei der Konkurrenz beworben. Das erstaunt mich. Welches sind Ihre Gründe?»
Unter uns gesagt: Ihre Reaktion soll Sie verraten! Da Sie fürchten müssen, ich sei bestens informiert, wird Ihnen oft der Mut zum Leugnen fehlen.
Gegenstrategie: Gehen Sie auf diese Frage gar nicht erst ein – sondern fragen Sie mit Pokerface zurück nach meiner (vermeintlichen) Quelle: «Wie kommen Sie darauf, ich hätte mich beworben?» Wenn ich jetzt nicht schlüssig antworten kann, ist meine Frage entschärft.
Eignung für Sie: So können Sie mich aushorchen, was an Gerüchten aus der Geschäftsleitung dran ist, beispielsweise zu brisanten Entscheidungen wie Fusionen, Umzügen usw.

Einlullen
Der Trick: Ich verbreite eine Atmosphäre von Friede, Freude, Eierkuchen, vor allem zu Beginn des Gesprächs.
Beispiel: «Wir haben ein gemeinsames Ziel, wir sitzen hier ja nicht als Gegner. Wie lange kennen wir uns jetzt? Zehn Jahre? Da kann man dem anderen nichts mehr vormachen! Also kommen wir gleich auf den Punkt – ohne taktische Spielchen.»
Unter uns gesagt: Sie sollen das Gefühl bekommen, ich wäre ein zahnloser Verhandlungspartner ohne taktische Finessen. Als wollte ich mit Ihnen kuscheln – und nicht meine Interessen durchsetzen!
Gegenstrategie: Glauben Sie mir kein Wort! Je mehr ich betone, wie harmlos ich bin, wie einig wir uns sind, desto mehr sollten Sie auf der Hut sein!
Eignung für Sie: Heben Sie gemeinsame Interessen nur dann hervor, wenn sie tatsächlich gegeben sind. Sonst weisen Sie mich am Ende noch auf Widersprüche hin!

Ausklammerung

Der Trick: Ich erkläre einen Punkt zur Selbstverständlichkeit, über den es nichts zu diskutieren gibt.

Beispiel: «Es versteht sich von selbst, dass ich diese Dienstreise nicht genehmigen kann.» Oder: «Ich brauche Ihnen sicher nicht zu erklären, warum ...»

Unter uns gesagt: So will ich mich um die Diskussion eines kritischen Themas drücken – oft deshalb, weil mir in der Sache die Argumente fehlen.

Gegenstrategie: Zwingen Sie mich durch Nachfragen, meine Behauptung zu begründen: «Warum versteht sich das von selbst?» Oder: «Ich glaube schon, dass Sie das erklären sollten ...»

Eignung für Sie: Zu windig! Damit könnten Sie sich schaden.

Moralische Erpressung

Der Trick: Ich setze Sie unter Druck, indem ich an Ihre Solidarität mit der Firma, den Kollegen oder mir appelliere.

Beispiel: «Ich verstehe, dass Sie ein Einzelbüro wollen. Aber was soll ich dann all den Kollegen sagen, die klaglos im Großraum ...?» Oder: «Wenn Sie bei der jetzigen Wirtschaftslage Forderungen stellen, bringen Sie uns alle in Teufels Küche ...»

Unter uns gesagt: Sie sollen ein ganz, ganz schlechtes Gewissen bekommen! Von Kindheit an wurde Ihnen beigebracht, dass Sie sich selbst nicht so wichtig nehmen sollen – sondern an die anderen denken. Darum fällt meine Saat auf fruchtbaren Boden.

Gegenstrategie: Machen Sie deutlich, welchen Vorteil es bringt, wenn Sie Ihre eigenen Interessen wahrnehmen. Zum Beispiel: «Ich bin es der Firma schuldig zu definieren, welche Voraussetzungen ich für eine optimale Leistung brauche.» Und dann begründen Sie, warum Ihre Forderung angemessen ist – ohne ein Wort über andere zu verlieren.

Eignung für Sie: Als Chef lasse ich mir kein schlechtes Gewissen machen – versuchen Sie's erst gar nicht!

Vorauseilende Diffamierung
Der Trick: Ich drücke meine Verachtung für eine bestimmte Haltung oder Forderung aus, von der ich annehme, Sie würden mich damit konfrontieren.
Beispiel: «Nur Ignoranten würden sich bei der jetzigen Marktlage vor Überstunden drücken. Was kann ich für Sie tun?»
Unter uns gesagt: Sie sollen von Ihrem ursprünglichen Anliegen abgebracht werden. Ich baue darauf, dass Sie alles tun, um Ihr Ansehen in meinen Augen (scheinbar) nicht zu verlieren.
Gegenstrategie: Bekennen Sie ganz offen: «Wenn Sie das so sehen, gehöre ich vielleicht zu diesen Ignoranten.» Und dann zwingen Sie mich zu sachlicher Argumentation: «Aber erklären Sie mir doch mal, warum ...»
Eignung für Sie: Falls Sie keine Abmahnung wollen: Finger weg!

Und wenn Ihnen die Worte fehlen?

Haben Sie schon erlebt, dass Ihnen im entscheidenden Moment die Worte fehlen? Eigentlich waren Sie auf jedes meiner Argumente hervorragend vorbereitet. Hundertmal hatten Sie Ihre Antworten durchgespielt. Aber jetzt? Jetzt ist Ihr Kopf leer. Und Ihr Mund so trocken, dass kein Wort über die Lippen kommt – zumindest nicht das richtige!

Für mich ist es ein Geschenk, wenn Sie über die Hürde Ihrer eigenen Anspannung stolpern. Dann kann ich Ihr Anliegen mit Leichtigkeit ablehnen – wie überfällig es auch sein mag!

Die Verhandlung ist eine Stresssituation für Sie. Und zwei kluge Herren, die Psychologen Yerkes und Dodson, haben herausgefunden: Unter hohem Druck funktioniert Ihr Gehirn nur unzulänglich. Das ist der Grund, warum Ihnen auch bei Prüfungen oder im Streit oft die passenden Antworten fehlen – während sie unmittelbar danach wieder da sind.

Ist es also zwecklos, dass Sie sich auf eine Verhandlung mit mir vorbereiten? Im Gegenteil! Nur sollten Sie ein aktives Training wählen, ein Training, bei dem Sie eine vergleichbare Situation wie bei der Verhandlung erleben. Diese Vorbereitung gelingt vor allem dann besonders gut, wenn Sie mit einem professionellen Trainer, einem Coach, arbeiten.

Malen Sie sich das aus: Der Coach, möglichst als Führungskraft erfahren, nimmt die Rolle Ihres Chefs ein. Sie haben ihm im Vorfeld gesagt, mit welchen Argumenten Sie schlimmstenfalls rechnen. Und nun beginnt die Verhandlung – ganz wie in Wirklichkeit. Beim ersten Mal haben Sie vielleicht noch einen Kloß im Hals, kommen nicht auf die passenden Antworten oder geraten gar ins Stottern.

Aber was passiert bei der zweiten, der dritten oder gar der vierten Sitzung? Der Druck lässt nach, die Situation verliert ihren Stresscharakter. Die Folge: Sie werden immer selbstsicherer – zumal der Coach Ihnen eine qualifizierte Rückmeldung gibt: Er fördert Ihre rhetorischen Stärken und zeigt Ihnen, wie Sie Ihre Schwächen überwinden.

Nach einem solchen Training kann Sie die reale Verhandlung nicht mehr schrecken. Mag sein, Sie freuen sich sogar darauf. Schließlich sind Sie auf alles vorbereitet und haben beste Chancen. Aber wie finden Sie den richtigen Coach? Hören Sie sich um im Bekanntenkreis. Achten Sie auf redaktionelle Empfehlungen. Lesen Sie gezielt Bücher zum Thema «Verhandlung»; einige Autoren bieten auch Coachings an. Und bestehen Sie immer auf ein kurzes kostenloses Vorgespräch, um zu klären: Stimmt die Chemie zwischen Ihnen und dem Coach? Das ist die Voraussetzung für eine erfolgreiche Zusammenarbeit.

> *Geheimnis:* Viele Chefs bauen darauf, dass Sie in der Verhandlung über Ihre eigene Nervosität stolpern.
>
> *Tipp für Sie:* Üben Sie das Gespräch mit einem professionellen Coach! Dann wird der Chef sein blaues Wunder erleben.

Körpersprache: Von Chef-Gesten und Bücklingen

Manchmal verlaufen unsere Gespräche so, als ob ein kleiner Hund einen großen Hund trifft: Der kleine, natürlich Sie, zieht kampflos den Schwanz ein und unterwirft sich. Der große, natürlich ich, behält den Riesenknochen im Maul – und freut sich insgeheim, dass er nicht dafür kämpfen muss. Ein wortloses Kräftetaxieren – nur durch Gestik und Mimik!

Je schwächer meine Argumente sind, desto mehr baue ich auf die Strategie der Einschüchterung. Ich blase mich zu Scheingröße auf, um Sie von einer ernsthaften Verhandlung abzuschrecken. Vielleicht lasse ich Sie im Vorzimmer schmoren und führe ein Telefonat zu Ende. Beim Händeschütteln drehe ich Ihr Pfötchen nach unten. Schließlich lege ich meine Handflächen in den Nacken, fahre die Ellbogen zur Seite und lehne mich in den Chefsessel. Botschaft: «Das ist mein Revier! Ich bin stärker, hier ist nichts zu holen.»

Diese Gestik kann auch eine instinktive Reaktion auf Ihr Verhalten sein. Je ausgeprägter Ihre Bücklinge, desto großartiger meine Chef-Gesten! Viele Mitarbeiter schlurfen gebeugt in mein Zimmer, heften ihren Blick an den Teppich und nehmen fluchtbereit auf der Kante des Stuhls Platz. Auch wenn ihre Wortwahl selbstbewusst ist – solche Gesten machen mich zum Unterwerfer!

Durch meine Rhetorik-Seminare habe ich ein geschultes Auge für Gestik und Mimik. Ich durchschaue Widersprüche zwischen Wort- und Körpersprache. Vielleicht sprechen Sie mit Engelszungen – während mir Ihre geballte Faust signalisiert, dass sie am liebsten mit meiner Nase Bekanntschaft machen möchte. Oder Sie drehen in Worten wahre Leistungssaltos – während Ihre Hand am Mund kratzt, als wollten Sie alles zurückrufen (schamlose Übertreibung!). Oder Sie brüllen mit dem Selbstbewusstsein eines Löwen nach einer Beförderung – während Ihre Handflächen nach unten gerichtet sind (Heuchlergeste!), Ihre Füße am Boden scharren (Nervosität!) und Ihre Augen meinem Blickkontakt immer wieder ausweichen (Unsicherheit!).

Was halten Sie von der Idee, sich ein Buch über Körpersprache zu besorgen? Dann wissen Sie endlich, wie ich Ihre Gesten interpretiere! Auch könnten Sie Ihre Körpersprache verbessern, beispielsweise durch regelmäßiges Üben vor dem Spiegel.

Sagen Sie jetzt nicht, das würde Ihnen die Natürlichkeit rauben.

Genau die geht doch durch den Verhandlungsstress flöten! Sonst würden Sie Ihre überfällige Gehaltsforderung durch selbstbewusste Gestik unterstreichen – und nicht durch klappernde Zähne sabotieren. Rhetorisches Training führt Sie nicht weg von der Natürlichkeit, sondern dorthin zurück!

Zudem verändert eine selbstbewusste Körpersprache auch Ihre Gedanken. Den kriecherischen Bittgesang eines Untertanen anzustimmen, während sie aufrecht sitzen, die Handflächen nach oben drehen und mir mit Siegerlächeln in die Augen schauen – unmöglich! Umgekehrt kann eine eingefallene Körperhaltung Ihr geplantes Löwenbrüllen zum Bittgesang verstimmen.

Geheimnis: *Wer durch seine Körperhaltung wie ein ängstliches Schaf wirkt, weckt in seinem Chef den reißenden Wolf!*

Tipp für Sie: *Sitzen Sie aufrecht, die Füße fest am Boden. Suchen Sie Blickkontakt. Sprechen Sie laut, deutlich, tief. Und vermeiden Sie nervöse Gesten.*

Mitarbeitergespräch: Karriere im Visier

Alle Jahre wieder flattert das Fähnlein der Demokratie über unserer Firma. Für einen Tag, beim Mitarbeitergespräch, gelten Maximen wie: «Bestimmen Sie Ihre Ziele selbst, statt nur zu gehorchen!» – «Bringen Sie unbequeme Ideen ein, statt sie runterzuschlucken.» – «Üben Sie Kritik an Ihrem Chef, statt immer nur von ihm kritisiert zu werden!»

Das Drehbuch für unser Mitarbeitergespräch geht aus einem Leitfaden der Personalabteilung hervor und strotzt vor Sozialromantik: Ich soll von meinem hohen Ross als Chef steigen und Ihnen «auf *einer* Augenhöhe begegnen».

Verordnete Heuchelei – Ihre Chance!

In der ersten Hälfte des Gesprächs schauen wir zurück auf das vergangene Jahr: Wo lagen die Höhen und Tiefen unserer Zusammenarbeit? Haben Sie Ihre zuletzt vereinbarten Ziele erreicht? Wenn nicht – was hat Sie gehindert? Wie haben Sie mich als Chef erlebt? Wie ich Sie als Mitarbeiter?

In der zweiten Halbzeit schauen wir nach vorne: Welches sollen Ihre Ziele fürs kommende Jahr sein? Wie kann ich Sie bei Ihrer Entwicklung unterstützen? Wie können wir in Folgegesprächen kontrollieren, ob Sie auf dem richtigen Weg sind? Abschließend, wie zur Verbrüderung, bestätigen wir per Unterschrift die Ergebnisse unseres Gesprächs. Klingt nach einem Tag der offenen Cheftür, nach Freiheit, Gleichheit, Brüderlichkeit! Die Nagelprobe ist der Alltag: Was bleibt dann von diesen Werten übrig?

Genau hier liegt der Grund, warum Mitarbeitergespräche in den meisten Firmen für peinliche Verlegenheit sorgen. Würden Werte wie Gleichberechtigung, Austausch und Demokratie auch im Führungsalltag gelebt: Das Mitarbeitergespräch könnte der unspektakuläre Strich unter einer Bilanz sein, deren Zwischenergebnisse wir durch kontinuierlichen Austausch längst kennen – es müsste nicht als Großereignis zelebriert werden!

Aber wie sieht die Wirklichkeit oft aus? Für Gespräche nehme ich mir im Alltag kaum Zeit. Vielleicht wehre ich Ihre Ideen ab, kümmere mich nicht um Ihre Entwicklung, gebe unklare Ziele vor und kritisiere stets mit dem Hammer.

Dann erkennen Sie im Mitarbeitergespräch hinter dem, was ich «konstruktives Feedback» nenne, doch die gewohnte Kritik an Ihrer Arbeit. (In vielen Firmen werden die «Mitarbeitergespräche» von den Arbeitnehmern ironiefrei als «Kritikgespräche» bezeichnet!) Und «gemeinsame Zielsetzung» bedeutet dann in Ihren Augen: Ich als Chef drehe an der Kompassnadel – und Sie dürfen noch die Richtung ablesen und losmarschieren.

Aber der Oberboss in den Wolken des Firmenhimmels ist natürlich stolz auf diese demokratische Errungenschaft, auf «Management by Objectives», wie die Amerikaner das Führen durch Zielvereinbarung nennen. Wahrscheinlich hat er gerade den Pressereferenten beauftragt, anlässlich der Jahresgespräche einen Hurra-Artikel für die Betriebszeitung zu schreiben.

Mag das Mitarbeitergespräch auch eine Schauveranstaltung sein: Ich brauche Vorzeigeergebnisse. Gerade darin liegt Ihre Chance! Der Oberboss könnte mich ja fragen, welche Fortbildungen ich bewilligt habe, welche Beförderungen ich vorsehe und für welchen Mitarbeiter ich die Erhöhung meines Gehaltsetats eigentlich so dringend benötige.

Sie dürfen davon ausgehen: Es ist ein Kuchen da, den ich vergeben kann. Wie groß Ihr Stück ist, darauf haben Sie Einfluss – durch Ihre Eigenwerbung! Das Jahresgespräch gibt Ihnen die seltene Gelegenheit, mir Ihre Leistung zu präsentieren – ohne dass ich, wie sonst, von allen Seiten abgelenkt bin.

Begehen Sie aber nicht den Fehler, sich als Schatzkiste voller Talente darzustellen, die es endlich zu heben gilt – was hätte ich von dieser Schweißarbeit? Vielmehr sollte die Überschrift Ihres Auftritts lauten: «Diese Vorteile bringe ich Ihnen, Chef!»

> *Geheimnis: Die meisten Chefs halten das Mitarbeitergespräch für ziemlich überflüssig. Dennoch machen sie gute Miene – weil es die Firmenleitung so will!*
>
> *Tipp für Sie: Ihr Chef muss sich vor dem Oberboss rechtfertigen: Wen hat er dieses Jahr beim Mitarbeitergespräch unterstützt? Gefördert wird, wer auch fordert. Keine falsche Bescheidenheit!*

Zeitdistanz: Sprint oder Marathon?

Meiner Einladung entnehmen Sie, dass wir uns «um 13.30 Uhr in meinem Büro zum jährlichen Mitarbeitergespräch treffen». Sie notieren sich den Termin; der formale Rahmen scheint geklärt. Dabei übersehen Sie, dass zwei wichtige Fragen noch offen sind:
1. Wie lang wird das Gespräch dauern?
2. Ist es richtig, dass wir uns in meinem Chefbüro treffen?

Zur Dauer des Gesprächs: Würden Sie als Spitzenläufer zu einem Wettkampf antreten, ohne zu wissen, über welche Distanz er geht – Sprint oder Marathon? Das wäre heller Wahnsinn! Dem Sprintenden geht beim Marathon die Puste aus. Und der Marathonläufer wird beim Sprint abgehängt.

Warum meinen Sie, beim Jahresgespräch ginge es Ihnen besser? Nehmen wir an, Sie gehen von einem Zwei-Stunden-Marathon aus. Dann brauchen Sie eine entsprechende Strategie. Sie werden zum Beispiel Ihre besten Argumente lange aufsparen – um gegen Ende des Gesprächs, wenn meine Entscheidungen anstehen, die Waage zu Ihren Gunsten kippen zu lassen. Falls das Gespräch aber nach 45 Minuten ein (für Sie) ziemlich unverhofftes Ende nimmt? Pech gehabt!

Umgekehrt werden Sie Ihre Munition wahrscheinlich zu früh verschießen, wenn sich das Gespräch wider Erwarten über zweieinhalb Stunden hinzieht. Ich dagegen habe die Dauer des Gesprächs gekannt – und werfe Ihnen meine Top-Argumente kurz vor der Ziellinie als Knüppel zwischen die Beine.

Sprint oder Marathon – das müssen Sie im Vorfeld unbedingt klären! Zum Beispiel durch die Frage: «Wie viel Zeit ist für das Gespräch geplant?» Falls ich Sie um einen Vorschlag bitte: Eineinhalb Stunden haben sich bewährt. Kürzere Gespräche sind zu gehetzt. Bei längeren rutsche ich immer unruhiger auf meinem Stuhl hin und her. Was helfen Ihnen die richtigen Argumente, wenn ich am Ende gar nicht mehr bei der Sache bin?

Zum zweiten Punkt, dem Verhandlungsort: Würden Sie als Sportler im gegnerischen Stadion antreten – wenn Sie Anspruch auf neutralen Boden haben? In jedem Leitfaden für Mitarbeitergespräche steht: Niemals im Chefbüro! Aber es ist schon viele Jahre her, dass ich diesen gefühlsduseligen Kram zuletzt überflogen habe ...

Außerdem schätze ich meinen Reviervorteil! Eine Wolfshöhle bleibt eine Wolfshöhle, auch wenn der Hausherr Kreide gefressen hat. Selbst falls ich mich ausnahmsweise *nicht* hinter meinem massiven Schreibtisch verschanze und *nicht* von meinem Chefsessel auf Sie herabblicke: Es wird Ihnen doch an der inneren Unbefangenheit fehlen, mit mir auf einer Augenhöhe zu sprechen. Schon die Anwesenheit *meiner* Statussymbole genügt. Ich bin der Herr im Hause, Sie sind nur ein geduldeter Gast.

Ein guter Trick: Fragen Sie meine Sekretärin eine Woche vorher: «In welchem Konferenzraum findet eigentlich mein Mitarbeitergespräch statt?» Dieser sanfte Hinweis wirkt Wunder – zumal meine Sekretärin das Denken für mich miterledigt und die Richtlinien für Mitarbeitergespräche ganz genau im Kopf hat!

> *Geheimnis:* Chefs führen kritische Gespräche am liebsten in ihrem eigenen Büro; hier haben sie den Reviervorteil! Das gilt bei Mitarbeitergesprächen aber als Todsünde.

> *Tipp für Sie:* Wenn schon ein Auswärtsspiel, dann für beide Parteien. Sorgen Sie durch Nachfrage im Vorfeld für neutralen Boden!

Fragebogen: Hier benoten Sie sich selbst!

Der Traum aller Schüler, für Sie wird er in großen Firmen wahr: Sie dürfen sich selbst benoten. Ungefähr drei Tage vor dem Mitarbeitergespräch drücke ich Ihnen einen mehrseitigen Fragebogen in die Hand. Dort sind zahlreiche «Fächer» gelistet, die Ihre Arbeitsleistung betreffen. Zum Beispiel «Effizienz», «Geschwindigkeit», «Gründlichkeit», «Durchsetzungsfähigkeit», «Teamgeist» usw.

Nun dürfen Sie hinter jeden Begriff Ihre «Note» schreiben. Meist nach einem Punktesystem von 1 bis 5, wobei 1 oft negativ und 5 positiv ist.

Natürlich hat die Sache einen Haken: Ich benote Sie ebenfalls! Beim Mitarbeitergespräch vergleichen wir Punkt für Punkt unsere Einschätzungen.

Oft scheren die Fragebögen Mitarbeiter aus verschiedenen Bereichen über einen Kamm. Manche Stichpunkte werden Sie mit Recht befremden: Wie sollen Sie als Archivar über Ihre «Kundenfreundlichkeit» urteilen – obwohl Sie nie einen Kunden zu Gesicht bekommen? Oder als Chemiker über Ihr «Verhandlungsgeschick» – obwohl die Elemente nicht mit sich reden lassen?

Selbst wenn Sie Ihre Tätigkeiten erkennen, lauert eine Gefahr: Vielleicht wollen Sie Ihre Schwächen beschönigen. Wer langsam arbeitet, gibt sich bei «Geschwindigkeit» 4 Punkte – um jede Diskussion über das heiße Thema zu vermeiden.

Ein fataler Fehler! Denn die Personalpsychologen haben mir eingebläut: Ich soll gerade dort nachhaken, wo Ihre Einschätzung von meiner deutlich abweicht. Je mehr Sie eine Schwäche unter den Teppich kehren wollen, desto größer die Wahrscheinlichkeit, dass sie auf den Tisch kommt.

Ein fantastisches Gegenmittel in zwei Schritten:
1. Schminken Sie Ihre Schwächen nicht schön – sondern beurteilen Sie diese realistisch! Wenn wir uns über 2 Punkte als Note einig sind, kann ich Sie über dieses Thema nicht mehr in lange Diskussionen verstricken.
2. Benoten Sie sich bei Ihren Stärken so gut wie möglich! Wenn Sie begründen müssen, warum Sie sich als redegewandter Mensch bei «Kommunikationsfähigkeit» 5 Punkte gegeben haben (statt 4 wie ich), ist das nur zu Ihrem Vorteil: Sie können von Ihren Stärken sprechen.

Mag sein, Sie fühlen sich beim Gedanken an den Fragebogen wie ein Schüler am Zeugnistag. Dann sollten Sie sich zur Motivation ein paar weitere Vorteile vergegenwärtigen:
- Sie haben die Garantie, dass ich gründlich über Ihre Qualitäten nachdenke – schließlich stehen alle Aspekte von A bis Z auf dem Zettel. So ergibt sich ein vollständigeres Bild als bei einer Beurteilung aus dem Bauch. Zum Beispiel können Ihre 5 Punkte in «Gründlichkeit» erklären, warum Sie es bei «Geschwindigkeit» nur auf 2 oder 3 bringen.
- Am Ende des Fragebogens sind freie Zeilen für die Zielsetzung – oft nicht nur für kurzfristige Ziele über ein Jahr, sondern auch für mittel- und langfristige über drei bis fünf Jahre. Sie haben also die Gelegenheit, die Weichen für Ihre Karriere auf längere Sicht zu stellen: Mit Volldampf zum Karriereziel!

Geheimnis: Wenn Sie Ihre Schwächen im Fragebogen verleugnen, liefern Sie Ihrem Chef Munition: Er hakt überall dort nach, wo Ihre Einschätzung von seiner abweicht.

Tipp für Sie: Es gilt das Motto: Schwäche bekannt, Gefahr gebannt! So könnten Sie die Konzentration des Chefs auf Ihre Stärken lenken.

Ihr erstes Wort – Stolperstein oder Sprungbrett!

Meist spiele ich den Ball durch meine Eröffnungsfrage an Sie: «Wie ist das vergangene Jahr denn aus Ihrer Sicht gelaufen?» Dieses Vorgehen ist schlitzohrig; Sie sollen keinen Anhaltspunkt bekommen, wie ich Ihre Leistung sehe. Sonst reagieren Sie auf meine Vorlage und reden mir womöglich nach dem Mund! Viel aufschlussreicher wird Ihre Antwort sein, wenn Sie einfach ins Blaue reden müssen, Inhalt und Länge selbst bestimmen. Ihre Ausführungen werden mir einiges über Sie verraten:

- Haben Sie überhaupt erkannt, worauf es bei Ihrer Arbeit ankommt (natürlich auf die Ziele aus dem letzten Jahr!)? Oder heben Sie beim Rückblick auf das Jahr nur Nebensächlichkeiten hervor: «Dass diesen Sommer die Klimaanlage ausgefallen ist, war ganz schön nervig ...»
- Inwieweit sind Sie zu einer realistischen Einschätzung Ihrer Leistung fähig? Ich werde Ihr Selbstbild mit meinem Fremdbild vergleichen. Nicht selten sind es gerade Spitzenmitarbeiter, die ihre Leistung völlig unterschätzen oder allzu bescheiden darstellen. Dann ist mir schon klar: Hier kann ich die geplante Gehaltserhöhung um ein paar Prozent einschmelzen – und sie einem anderen geben, der mir durch selbstbewusstes Fordern keine Wahl lässt.
- Hebt Ihre Stimmung das Arbeitsklima? Sind Sie ein zupackender Mensch, der seine Energie auf andere überträgt? Oder gehören Sie zum firmeninternen Jammerzirkel e.V. und erklären lang und breit, warum alles schiefgehen musste?

Natürlich habe ich schon vor Ihrer Selbstpräsentation ein Bild über Ihre Leistung im Kopf – aber das besteht nur aus wenigen Puzzleteilen! Schließlich gingen Hunderte von Arbeiten über Ihren Schreibtisch, ohne dass ich jede einzelne gesehen habe. Oft sind wir uns tagelang nicht einmal über den Weg gelaufen.

Sie haben eine großartige Gelegenheit: Sie können Werbung in eigener Sache machen! Stellen Sie sich vor, ich sei Ihr Publikum. Und

Ihre Aufgabe ist es, mich von den Qualitäten und Leistungen eines Produkts – von Ihnen! – zu überzeugen.

Und wie überzeugt man einen Kunden? Indem man auf seine Bedürfnisse eingeht! Fragen Sie sich bei allem, was Sie vom abgelaufenen Jahr berichten:

- Inwiefern hat es dem Chef genützt?
- Inwiefern hat es die Abteilung weitergebracht?
- Wie hat die Firma davon profitiert?

In dieser Reihenfolge – nicht etwa umgekehrt! – setzen Sie auch den Schwerpunkt Ihrer Leistungspräsentation! Sie haben es immer geahnt: Ich bin mir selbst am wichtigsten. Die Firma kommt erst an dritter Stelle.

Das Skelett Ihrer Präsentation sind Ihre Leistungen. Deshalb sollten Sie schon im Alltag ein Erfolgstagebuch führen. Dort halten Sie Woche für Woche Ihre besonderen Leistungen fest: Haben Sie einen Kunden gewonnen? Eine Projektidee entwickelt? Oder einen Ablauf optimiert? Waren Sie bereit zu Überstunden? Haben Sie einen neuen Kollegen eingearbeitet? Oder eine Urlaubsvertretung übernommen?

Zur Unterstützung Ihrer Argumente können Sie eine Leistungsmappe vorbereiten. Vielleicht zeigen Sie mir auf, was das Rhetorik-Seminar, das ich nur knurrend genehmigt habe, im Alltag gebracht hat: «Und diese Kurve hier – ja, die ziemlich steil ansteigende –, das sind meine Erfolge beim Aushandeln der Rabatte. Vor meinem Seminar war ich bei 30 Prozent der Verhandlungen erfolgreich – danach bei 40 Prozent!» Besonders die Chef-Typen «Prinzipienreiter» und «Erbsenzähler» werden Sie mit solcher zahlenhaltigen Argumentation überzeugen (siehe Kapitel «Chef-Typen», S. 145 und 160).

Reden Sie also nur über Gelungenes? Nicht unbedingt! Falls Sie wissen, was ich Ihnen garantiert um die Ohren hauen möchte: Nehmen Sie meine Kritik vorweg, indem Sie den Fehler kurz zugeben, Ihr Bedauern ausdrücken – und dann ausführlich beschreiben, was Sie für die Zukunft daraus gelernt haben. So wird meine Konzentration vom Negativen (Fehler!) aufs Positive (Lernfähigkeit!) gelenkt.

Und ich bin meine Munition los, mit der ich später vielleicht Ihren Beförderungswunsch torpediert hätte ...

> **Geheimnis:** *Der Chef überlässt Ihnen das «erste Wort» im Mitarbeitergespräch nicht selbstlos. Er möchte klären, ob Sie einen Blick fürs Wesentliche und eine realistische Selbsteinschätzung haben.*
>
> **Tipp für Sie:** *Bereiten Sie Ihre Eröffnung gründlich vor! Orientieren Sie sich an den letzten Jahreszielen. Und heben Sie Erfolge ohne falsche Bescheidenheit hervor!*

Warum Chefs schwammige Ziele lieben

Eigentlich sollen Sie bei Ihrem Jahresziel ein gewichtiges Wörtchen mitreden. Eigentlich! In der Praxis lege ich Ihnen oft meine Worte in den Mund: «Ihr Ziel ist doch in etwa ... – nicht wahr?» Überlegen Sie gut, ob Sie jetzt nicken. Diese Messlatte fürs nächste Jahr kann auch zu Ihrem Galgen werden! Da Sie das Ziel durch Ihre Unterschrift bestätigen, können Sie später kaum behaupten, ich hätte Sie über den Tisch gezogen.

Tatsächlich breche ich mir beim Formulieren Ihres Ziels fast den Bleistift ab – so schwierig ist es, aus dem großen Firmenziel ein kleines Ziel für Sie abzuleiten. Das Ergebnis sind oft windelweiche Formulierungen. Zum Beispiel, dass Sie «mit ganzer Kraft an der schnellen Abwicklung von Aufträgen» arbeiten.

Das heißt? Alles und nichts! Welche Kraft ist «ganz», welche Abwicklung «schnell»? Das Interpretationsmonopol liegt bei mir! Was tun Sie, wenn mein Daumen in einem Jahr nach unten zeigt? Und das vielleicht nur, weil ich die Erfolgsprämie sparen will, die beim Erreichen des Ziels auf Ihr Konto geflossen wäre?

Achten Sie darauf, dass Ihr Jahresziel drei Grundsätze erfüllt:
1. Es sollte messbar sein,
2. aus eigener Kraft erreichbar
3. und realistisch.

Messbar: «Herr X. wird dafür sorgen, dass die Zeit der Auftragsabwicklung von derzeit durchschnittlich fünfeinhalb Tagen um einen halben Tag sinkt.» Ob Sie dieses Ziel erreicht haben, darüber kann es keine zwei Meinungen geben.

Aus eigener Kraft erreichbar: Können Sie das Ziel allein oder durch die Hilfe von Mitarbeitern erreichen, die Ihnen unterstellt sind? Dann ist es akzeptabel! Oder laufen die Aufträge über viele Tische, auf die Sie keinen Einfluss haben? Dann sollten Sie es ablehnen; Sie würden sich sonst zum Spielball der Fähigkeit oder Unfähigkeit anderer machen. Versuchen Sie immer, das Ziel ausschließlich auf Ihren Arbeitsplatz zu beziehen, etwa: «Herr X wird die Durchlaufzeit der Aufträge über seinen Schreibtisch von derzeit acht Stunden auf sieben Stunden verkürzen.» Das liegt tatsächlich in Ihrer Hand; den Nachweis könnten Sie durch Ein- und Ausgangsstempel führen.

Realistisch sein: Achten Sie darauf, dass die Latte nicht zu hoch liegt! Vielleicht wissen Sie jetzt schon, dass im neuen Jahr zusätzliche Arbeiten durch eine interne Umstellung anfallen – unter dieser Voraussetzung könnte bereits das Halten der jetzigen Bearbeitungszeit ein Erfolg sein. Sprechen Sie solche kritischen Punkte an – ich habe sie nicht immer auf dem Zettel (oder übersehe sie bewusst!). Was die inhaltliche Richtung Ihres Jahresziels betrifft: Für konstruktive Vorschläge bin ich dankbar! Warum bringen Sie nicht ein paar Zielideen für unser Gespräch mit? Ein Vorgehen in zwei Schritten hilft Ihnen weiter. Fragen Sie sich:

- In welche Richtung möchten Sie sich entwickeln, zum Beispiel, um Ihre Talente auszubauen?
- Inwieweit können Sie dadurch die Firma, namentlich mich als Chef, voranbringen?

Wenn Sie Ihr Jahresziel nach dieser Methode definieren, also von Ihren persönlichen Bedürfnissen ausgehen, kommen Sie voran. Beispiel: Sie sind Computer-Fan und verspüren den Wunsch, sich in eine neue Software einzuarbeiten. Gleichzeitig sehen Sie die Möglichkeit, durch eine Umstellung der Datenverarbeitung die Verwaltungskosten im Lager zu senken. Nun bauen Sie zwischen beidem im Jahresgespräch eine Brücke.

Natürlich stellen Sie *nicht* Ihr persönliches Interesse an der Software in den Mittelpunkt. Dafür erwähnen Sie umso mehr, dass Sie die Kosten in meiner Abteilung senken könnten – sagen wir nur um 1 oder 2 Prozent; das wären bei 2 Millionen locker 20 000 bis 40 000 Euro!

Keine Frage, dass Sie eine Fahrkarte für die entsprechenden Fortbildungen bekommen – was Ihren Horizont erweitern und Ihren Marktwert steigern wird.

Geheimnis: Chefs lieben schwammige Jahresziele. Dann können sie nach Lust und Laune entscheiden: erreicht oder nicht erreicht.

Tipp für Sie: Achten Sie darauf, dass Ihr Ziel objektiv messbar ist! Außerdem sollte es für Sie aus eigener Kraft erreichbar und realistisch sein.

Beförderung & Co.: Sahnehäubchen des Mitarbeitergesprächs

Nie gehe ich mit leeren Händen ins Mitarbeitergespräch – immer habe ich Fortbildungen, Gehalt und oft auch Beförderungen zu vergeben. Aber Sie müssen zäh mit mir verhandeln, ich rücke kaum etwas von alleine raus; schließlich bin ich nicht der Weihnachtsmann, sondern Ihr Chef!.

Das Geschäft läuft ungefähr so: Zuerst einigen wir uns darauf, was Sie erreichen sollen (Ihre Leistung) – und dann, was Sie als Voraussetzung dafür brauchen (meine zähneknirschende Gegenleistung). In den Genuss welcher Bonbons können Sie beim Mitarbeitergespräch kommen? Hier ein Überblick:

Weiterbildung

Eine klassische Frage im Mitarbeitergespräch: «Was brauchen Sie, um Ihre Ziele zu erreichen?» Könnte es ein besseres Stichwort für Sie geben, um Fortbildungen anzusprechen? Damit Sie Ihre Ziele erreichen, Ihre Schwächen abstellen, Ihr Talente ausbauen, bedarf es einer kleinen Gegenleistung: der entsprechenden Lehrgänge, Workshops usw.

Gibt es ein Seminar, das Sie schon lange mal besuchen wollten? Beispielsweise ein Seminar zum Umgang mit Stress? Dann stellen Sie elegant einen Zusammenhang zu Ihrem Jahresziel her, beispielsweise: «Meine Ergebnisse im Direktvertrieb zu verbessern ist eine große Herausforderung. Das bedeutet aber auch viel Stress. Damit ich möglichst leistungsfähig bleibe, schlage ich vor ...»

Wie könnte ich da «Nein» sagen, ohne das Mitarbeitergespräch endgültig als Schaumschlägerei zu entlarven?

Beförderung
Wenn Sie Karriere machen wollen, gilt beim Mitarbeitergespräch dasselbe wie im Lift: Von alleine bewegt sich nichts; Sie müssen den richtigen Knopf drücken!

Doch bedenken Sie: Durch eine Beförderung werde ich Sie als direkten Mitarbeiter verlieren; daran habe ich eigentlich kein Interesse! Es sei denn, Sie machen mir deutlich: Sie werden Ihre Beförderung auf jeden Fall durchsetzen – zur Not in einer anderen Firma (was Sie nicht aussprechen, aber andeuten).

Nun habe ich die Wahl, Sie auf zwei Arten zu verlieren: schmählich, indem Sie zur Konkurrenz abwandern, was der Oberboss sicher *mir* ankreidet, oder rühmlich, indem ich Sie zur Beförderung vorschlage – womit das schnelle Pferd aus *meinem* Stall kommt!

Um zu prüfen, ob eine Beförderung für Sie realistisch ist, können Sie sich fragen: Haben Sie Ihre Ziele in den letzten Jahren deutlich übertroffen? War meine Rückmeldung auf Ihre Arbeit auffallend positiv? Und sind Sie im Team als fachliche Autorität akzeptiert? Beste Voraussetzungen!

Halten Sie erst unsere Einigkeit über Ihre Spitzenleistung fest und formulieren Sie dann klar Ihr Karriereziel. Beispiel: «Ich sehe, wir sind beide der Auffassung, dass ich mein Jahresziel nun schon zum dritten Mal weit übertroffen habe. Vor diesem Hintergrund habe ich ein festes Ziel: Ich möchte in den nächsten 18 Monaten Gruppenleiter werden – am liebsten in diesem Unternehmen.»

Der letzte Satz ist positiv formuliert, doch es schwingt mit: Wenn nicht hier, dann woanders! Nun bitten Sie mich um Stellungnahme: «Wie sehen Sie die Chancen?» Lassen Sie sich nicht mit meinen üblichen Seifenblasen vertrösten («Mal sehen …», «Unter gewissen Umständen …»), sondern zwingen Sie mich zu konkreten Aussagen: «Unter welchen Voraussetzungen würden Sie meinen Beförderungswunsch unterstützen?»

Jetzt muss ich Farbe bekennen. Im Idealfall definieren wir ein entsprechendes Jahresziel – womit Sie meine Zusage schriftlich haben und mir die beliebte Flucht in meine Gedächtnislücken verbaut ist!

Falls ich behaupte, es würde nicht am guten Willen fehlen, nur an einer entsprechenden Position – warum erfinden Sie nicht Ihren eigenen Arbeitsplatz (wie das geht, steht auf Seite 123)?

Gehalt
Nehmen wir an, mein Daumen zeigt nach oben: voll zufrieden! Und im neuen Jahr sollen Sie Ihre Leistung weiter ausbauen: zusätzliche Arbeiten, zusätzliche Verantwortung. Dann ist völlig klar (obgleich ich es nicht von alleine anspreche): Da Sie auf der einen Seite der Waage Leistung nachlegen, ist auf der anderen Seite auch mehr Gehalt fällig! Wohlgemerkt: Sie wollen keine «Gehaltserhöhung» – das klingt nach Wucher, als würden Sie teurer! Sondern Sie wollen nur eine «Gehaltsanpassung», damit die Waage wieder im Gleichgewicht steht.

Aber sprechen Sie nicht nur über Grundgehalt. Eine elegante Möglichkeit, gerade in Krisenzeiten, ist die Prämie. Sie lässt sich mit Ihren Jahreszielen verknüpfen (siehe ab Seite 210).

Ressourcen
Was Sie an Ihrem Arbeitsplatz bewegen können, hängt nicht nur von Ihren Fähigkeiten ab – sondern auch von Ihren Möglichkeiten. Und die bestimme ich mit! Wie wollen Sie ideale Präsentationen halten – ohne modernen Laptop? Wie Ihren Schriftverkehr und Ihre Ablage

mit wenig Zeitaufwand erledigen – ohne Sekretärin? Vielleicht werden Sie von Ihrer Kernarbeit sogar durch Tätigkeiten abgelenkt, die ein Praktikant erledigen könnte – wenn Sie nur einen hätten! Oder fehlt es Ihnen an einem Etat für freie Mitarbeiter?

Das Mitarbeitergespräch ist eine ideale Gelegenheit, um für diese Ressourcen zu kämpfen! Gehen Sie vor wie ein guter Verkäufer: Zeigen Sie zunächst, welche Vorteile mir winken. Und nennen Sie mir dann den Preis: die nötigen Ressourcen. Da ich so sehe, was ich davon habe, dürfen Sie auf meine Unterstützung bauen.

> *Geheimnis:* Der Chef weiß sehr wohl: Wenn er mit der einen Hand im Mitarbeitergespräch fordern will, muss er mit der anderen geben. Allerdings gibt er nichts freiwillig!
>
> *Tipp für Sie:* Machen Sie deutlich, was Sie brauchen, um Ihre Ziele zu erreichen. Dann werden Sie es auch kriegen!

Dornröschen-Kuss: Wie kritisiere ich meinen Chef?

Falls Sie mir schon immer mal die Meinung sagen wollten: Im Mitarbeitergespräch sind Sie ausdrücklich dazu aufgefordert. Scheinbar kann Ihnen nichts passieren; die Chef-Ratgeber sagen: «Bedanken Sie sich für jedes Feedback, auch für negatives!»

Müssen Sie also kein Blatt vor den Mund nehmen? Kommt ganz drauf an, *wie* Sie kritisieren! Mit einem Dornröschen-Kuss lasse ich mir gern die Augen öffnen – aber nicht mit einem Keulenschlag! Nehmen wir an, meine Abteilung überzieht immer wieder Lieferfristen. Zu meinem großen Ärger. Allerdings bin ich unter den Mitarbeitern berüchtigt, dass ich ihnen oft in letzter Sekunde mit Änderungswünschen ins Handwerk pfusche. Der Zusammenhang zwischen meinen Interventionen und den Terminschwierigkeiten ist mir nicht klar. (Ein Freund von Selbstkritik war ich noch nie!) Und im Alltag spricht mich, den Kaiser, keiner auf die Kleider an.

Das Mitarbeitergespräch ist *die* Gelegenheit. Doch hüten Sie sich vor einer vernichtenden Pauschalkritik! Damit schaden Sie sich zweifach: Sie ziehen sich meinen Zorn zu. Und Sie erreichen nichts in der Sache, denn Sie greifen mich nur an, statt Lösungen zu zeigen. Außerdem wecken Sie meinen Trotz: Mal sehen, wer am längeren Hebel sitzt!

Vier goldene Regeln, wie Sie mich nach der Dornröschen-Kuss-Methode kritisieren können:
1. Seien Sie nicht pauschal («Immer …»), sondern konkret («Beim Projekt X …»).
2. Unterlassen Sie persönliche Angriffe («Sie haben sich eingemischt!»), sondern sprechen Sie über die Sache («Ihre Anweisung hat sich so ausgewirkt: …»).
3. Schließen Sie konstruktiv, also mit einem Vorschlag, wie es künftig besser werden könnte. («Dieses Problem ließe sich beim nächsten Auftrag vermeiden, indem …»)
4. Zeigen Sie auf, was ich davon hätte. («In diesem Fall könnten Sie die zugesagten Lieferzeiten einhalten.»)

Ein Beispiel, das Ihnen den Unterschied zwischen Keulenschlag und konstruktiver Dornröschen-Kuss-Kritik verdeutlicht:
Keulenschlag: «Bei jedem Auftrag wollen Sie in letzter Minute eine Extrawurst, Chef! Ist doch kein Wunder, dass wir immer zu spät dran sind …» (Als könnten Sie eine Extra- von einer Bratwurst unterscheiden! Was richtig ist, bestimme immer noch ich. Jetzt erst recht! Darum bin ich schließlich der Chef!)
Dornröschen-Kuss-Kritik: «Beim Auftrag der Firma Müller haben uns Ihre Änderungswünsche zwei Tage vor Abgabe erreicht. Diese beiden Tage waren für die Fertigstellung kalkuliert. Die Änderung hat einen zusätzlichen Tag gedauert – deshalb die Verspätung. (Diese Rechnung leuchtet ein. Ich höre unvoreingenommen zu, da ich mich nicht auf dem Stuhl des Angeklagten fühle – sondern wir sprechen gemeinsam über eine Sache.) Was halten Sie davon, künftig eine Woche vor Auftragsabgabe eine Zwischenkontrolle vorzunehmen? (Sie bieten mir eine Lösung an – ein konstruktiver Vorschlag! Zudem stellen Sie Ihre Idee als Frage in den Raum. Ich habe beim Antworten

das Gefühl, dass es sich um ein gemeinsames Geisteskind handelt – und kein Stiefkind, das ich von Ihnen adoptieren soll!) Dann hätten wir noch einen Tag für mögliche Änderungen in Reserve – und Sie könnten den zugesagten Liefertermin halten. (Mein Vorteil ist völlig klar. Und was sollte gegen diesen Vorschlag sprechen? Davon haben wir doch alle was!)»

> **Geheimnis:** Chefs sind Mimosen, was Kritik betrifft! Rügen unterliegen für sie dem Gesetz der hierarchischen Schwerkraft: Sie haben sich von oben nach unten zu bewegen!
>
> **Tipp für Sie:** Wenn Sie Ihrem Chef die Augen öffnen wollen: Gehen Sie bei Ihrer Kritik nach dem Dornröschen-Kuss-Prinzip vor – sanft, konstruktiv und im Zweifel auch mal durch die Blume.

Im Kreuzfeuer der Chefkritik

Und was, wenn das Mitarbeitergespräch ein für Sie unerwartetes Debakel wird? Wenn Sie plötzlich erfahren, dass ich mit Ihrer Arbeit unzufrieden bin? Ich spreche nicht von taktischen Dämpfern, die ich Ihnen am Rande verpasse, um überzogenen Forderungen vorzubeugen. Ich spreche davon, dass meine Kritik das Lob überwiegt.

Dann ist die Versuchung groß, dass Sie Kontra geben! Sie springen als Ihr eigener Verteidiger in die Kanzel, rechtfertigen sich für dieses und jenes. Aber je mehr Sie reden, desto sicherer bin ich mir: Ich habe meinen Finger in eine offene Wunde gelegt!

Ihre Reaktion beruht auf der Annahme: Kritik vom Chef ist das Schlimmste, was mir passieren kann! Doch fragen Sie sich: Ist Kritik von mir nicht vielmehr ein Geschenk – wenn Sie nur wissen, wie Sie das Beste daraus machen?

Sehen Sie mich als Chef wie einen Kunden: Sie liefern Ihre Arbeit, ich bin der Abnehmer. Allein meine Zufriedenheit entscheidet, ob Sie gut im Geschäft sind – oder auf Ihre Beförderung und Ihre Gehaltserhöhung bis zum Sankt-Nimmerleins-Tag warten. Jeder

Hinweis auf meine Unzufriedenheit ist so gesehen eine Chance für Ihre Zukunft; Sie können Steine aus dem Weg rollen.

Zugegeben: Ich kann ein schwieriger, ein ungerechter Kunde sein! Meine Kritik ist oft destruktiv – ich baue vor Ihnen ein Sackgassen-Schild auf («So nicht!»), ohne Auswege zu zeigen. Aber Sie wissen ja schon: Ihr Verhalten kann meines beeinflussen! Warum leiten Sie nicht ein paar kluge Nachfragen aus den Dornröschen-Kuss-Regeln des letzten Kapitels ab – und entlocken mir so konstruktive Hinweise!?

Wenn ich Ihnen vorwerfe, «Immer sind Sie so und so ...», fragen Sie freundlich zurück: «Können Sie bitte ein Beispiel nennen?» *(Ich muss konkret werden!)* Und dann: «Wie wünschen Sie, dass ich mich künftig in solchen Situationen verhalte?» *(Ich muss konstruktiv werden!)* Abschließend fassen Sie meine Aussage durch aktives Zuhören zusammen («Verstehe ich Sie richtig ...»), um sicher zu sein, dass mein Anliegen bei Ihnen angekommen ist.

Sie werden staunen, wie schnell Ihnen der gerade noch reißende Wolf aus der Hand frisst! Vielleicht war meine Kritik doch überzogen, denke ich heimlich. Schließlich bellen Sie nicht wie ein betroffener Hund! Auch zeigen Ihre Nachfragen, wie ernst Sie meine Worte nehmen. Wenn Sie so mit der Kritik umgehen, machen Sie die Not zur Tugend. Erst recht dann, wenn wir beim nächsten Jahresgespräch feststellen: Sie haben Ihren Worten auch Taten folgen lassen!

Geheimnis: Chefs wissen aus Erfahrung: Je heftiger ein Mitarbeiter auf Kritik reagiert, desto eher haben sie einen wunden Punkt getroffen!

Tipp für Sie: Nehmen Sie Kritik ruhig entgegen. Zwingen Sie Ihren Chef durch Nachfragen, konkret zu werden. Und setzen Sie seine Wünsche um wie die eines schwierigen Kunden.

Gehaltsverhandlung: Mehr Geld – so geht's!

Den Blick gesenkt, den Gang gebeugt, so treten viele Mitarbeiter zur Gehaltsverhandlung bei mir an. Sie flüstern, statt deutlich zu sprechen. Sie bitten, statt deutlich zu fordern. Und manchmal entschuldigen sie sich sogar für ihre Forderung. So kommt nicht ein Geschäftspartner zum anderen – sondern ein Diener zum Herrn. Als wäre Ihre Gehaltsforderung ein unsittlicher Antrag! Dabei sehe ich solche Verhandlungen als das Natürlichste der Welt: Sie haben mir Ihre Arbeitsleistung für ein bestimmtes Gehalt verkauft. Und von Zeit zu Zeit müssen wir prüfen: Stimmt das Verhältnis zwischen Preis und Leistung noch?

Bosse, die knurren, geizen nicht

Bedenken Sie: Wenn es ein Thema gibt, das *mir* nicht peinlich ist, dann das Feilschen um Gehalt. Nur weil ich diese Kunst beherrsche, haben meine Chefbezüge luftige Höhen erreicht. Insgeheim schätze ich es, wenn Sie mir in der Gehaltsverhandlung Paroli bieten. Dann kann ich sicher sein: Sie lassen sich auch von Kunden und Lieferanten nicht so schnell um den Finger wickeln. Ihr Auftreten ist eine Arbeitsprobe: Können Sie verhandeln?

Zwar habe ich keinen Grund, Ihnen Ihre Gehaltsforderung übel zu nehmen – aber allen Grund, so zu tun! Ein taktisches Manöver, damit ich nicht in den Ruf gerate: Beim Chef rennst du mit Gehaltsforderungen offene Türen ein!

Vielleicht verschreckt Sie mein Theaterdonner so, dass Sie froh sind, wenn Sie die Tür wieder hinter sich schließen dürfen – auch ohne Gehaltserhöhung. Ihr schlechtes Gewissen ist mein bester Komplize. Da wirken Sätze aus der Kindheit nach: «Über Geld spricht man nicht.» Oder: «Bescheidenheit ist eine Zier.» Oder: «Man muss froh sein, dass man überhaupt Arbeit hat ...»

Falls Sie Ihre Forderung wirklich ernst meinen, lassen Sie sich erfahrungsgemäß nicht so schnell ins Bockshorn jagen. Mein Motto bei der Gehaltsvergabe: Nur das quietschende Rad wird geölt! Je selbstbewusster Sie fordern, desto besser Ihre Chancen.

Allerdings müssen Sie mir klar machen, was *ich* von der Erhöhung habe. Die Schlüsselfrage: Bringen Sie mir und der Firma einen größeren Nutzen? Haben Sie Ihre Arbeitsleistung, Ihre Verantwortung oder Ihre Qualifikation ausgebaut? Wenn ja, ist mir als Geschäftsmann klar: Ich muss auch beim Gehalt nachlegen.

Aber was, wenn die Wirtschaft lahmt? Gefährden Sie dann durch eine Forderung nicht Ihren Arbeitsplatz? Im Gegenteil! Beobachten Sie mal, wer im Krisenfall zuerst gefeuert wird: Gut- oder Schlechtverdiener? Zuerst stehen immer die mit der schmalen Lohntüte auf der Straße! Das hat zwei Gründe:

- Diese Kandidaten haben mich als Chef nicht von ihren Qualitäten überzeugt – sonst würden sie ja mehr verdienen!
- Je höher ein Gehalt ist, desto höher auch die Abfindung. Erst sind die «billigen Entlassungen» fällig.

Wenn Sie von einer Gehaltsforderung absehen, um Ihren Arbeitsplatz zu sichern, sägen Sie am eigenen Stuhl! Dagegen steigert eine Gehaltserhöhung nicht nur Ihren Kontostand – sondern auch die Sicherheit Ihres Arbeitsplatzes!

Geheimnis: Für Chefs sind Gehaltsverhandlungen etwas ganz Natürliches. Trotzdem setzen sie Theaterdonner ein, um Ihr schlechtes Gewissen zu verstärken

Tipp für Sie: : Sehen Sie die Gehaltsverhandlung als Arbeitsprobe: Sie können den Chef von Ihrem Verhandlungsgeschick überzeugen. Er schätzt diese Qualität, denn im Alltag profitiert die Firma davon.

Eigenlob macht reich

Falls Sie so richtig absahnen wollen, vergessen Sie nicht: Sahne braucht Zeit, bis sie steif ist! Am besten werfen Sie den Quirl Ihrer Selbst-PR schon im Alltag an. Eine Studie aus den USA besagt: Als Chef schätze ich Sie nur zu 10 Prozent nach Ihrer Leistung ein – aber zu 90 Prozent nach Ihrer Eigenwerbung und Ihrer Beziehung zu mir.

Schauen Sie sich doch um in unserer Firma! Sind es nicht oft die Schaumschläger, die Windmacher, die ganz Gescheiten, die mich in Gehaltsgesprächen rumkriegen? Sehen Sie's positiv: Wenn es schon möglich ist, mich mit Luftblasen zu überzeugen – sollte es Ihnen dann nicht erst recht gelingen?

Allerdings müssen Sie aktiv für Ihre Leistung werben! Verlassen Sie sich nicht darauf, dass ich als Chef Ihre Leistung im Blick habe. Ich bezahle Sie gerade dafür, dass Sie mir gewisse Vorgänge vom Leib halten. Was ich sehe, ist nur der Wellenschlag Ihrer Arbeit.

Hier liegt der Unterschied: Selbstverkäufer sorgen dafür, dass nur die Wellen Ihrer (seltenen) Spitzenleistungen vor meine Füße schlagen. Bei Bescheidenen, die sonst in aller Stille funktionieren, sorgen dagegen nur die (seltenen) Fehler für Lärm – woran ich mich prompt in der Gehaltsverhandlung erinnere!

Dass Eigenlob stinkt, dieser Irrglaube hält sich hartnäckig. Gerade bei fleißigen Mitarbeitern, die an sich höchste Ansprüche stellen. Sogar *meine* Komplimente weisen sie zurück. Wenn ich zum Beispiel sage: «Bei diesem Projekt haben Sie besonders effektiv gearbeitet», lautet die Antwort: «Finden Sie wirklich? Dabei ist vieles schiefgelaufen, zum Beispiel ...» Ist ja interessant!

Machen Sie sich bewusst: Sie bewegen sich auf einem (Arbeits-)Markt. Dort verkaufen Sie ein Produkt: sich und Ihre Arbeitsleistung. Die anderen Marktschreier, Ihre Arbeitskollegen, werben für sich. Können Sie es sich da leisten, vor allem auf Ihre Mängel hinzuweisen?

Auf Ihre schwachen Seiten achte ich von alleine, schließlich schlagen die Fehler bei mir auf. Rücken Sie Ihre Vorzüge in den Mittelpunkt! Ein paar Anlässe und Vorschläge für Ihre Selbst-PR:

- *Meetings:* Ergreifen Sie bei Besprechungen das Wort, bringen Sie Ihre Ideen ein, stellen Sie Ihre Arbeitserfolge dar. Wer schweigt, wird übersehen. Wer redet, wird angesehen. Und genießt Ansehen! Gerade in meinen Augen als Chef!
- *Einzelgespräche:* Vereinbaren Sie regelmäßige Kurzgespräche mit mir. Informieren Sie mich: Wie stehen Ihre Projekte? Welche Probleme haben Sie überwunden? Was steht als Nächstes an? So weiß ich genau, was Sie bewegen – und dass ich mich auf Sie verlassen kann!
- *Schriftliche Infos:* Setzen Sie mich bei wichtigen Briefen und Mails auf den Verteiler. Schreiben Sie freiwillig Protokolle. Fertigen Sie Aktennotizen über Gespräche an, Memos über Ideen. Warum verfassen Sie nicht mal einen Artikel für eine Fachzeitschrift?
- *Auftritte:* Nehmen Sie so oft wie möglich an Fachkongressen, Seminaren usw. teil. Geben Sie Ihr Wissen in der Firma weiter, zum Beispiel durch Vorträge und Präsentationen. Ihr Ruhm und Ihr Wissen fallen auf mich und meine Abteilung zurück – Pluspunkte für Sie!
- *Lob von Dritten:* Fädeln Sie es ein, dass andere Sie bei mir loben. Wenn Sie ein wichtiger Kunde lobt, könnten Sie sagen: «Das dürfte ruhig auch mein Chef wissen.» Wenn ich nur Gutes über Sie höre, haben Sie gute Karten für mehr Gehalt!

Geheimnis: Ihre Gehaltschancen beim Chef hängen nur zu 10 Prozent von Ihrer Arbeitsleistung ab – aber zu 90 Prozent von Ihrer Selbst-PR!

Tipp für Sie: Nutzen Sie jede Gelegenheit, Ihre Leistungen zu präsentieren. Legen Sie falsche Bescheidenheit ab.

So finden Sie Ihren Marktwert heraus

Nur wenn Sie wissen, was Sie wert sind, können Sie es in der Gehaltsverhandlung auch fordern. Ihre Chancen stehen gut! Als Chef kann ich mir nicht erlauben, dass ich unter Marktwert zahle. Sonst sind die fähigen Mitarbeiter bald weg. Und ich bleibe auf einer negativen Auslese sitzen, einem Restbestand, den außer mir keiner haben will.

Wie finden Sie Ihren Marktwert heraus? Starten Sie bloß keinen munteren Austausch über die Gehälter in unserer Firma! Unsere Gehaltsstruktur ist ein einziges Pulverfass und ich explodiere, wenn Sie daran rühren! Vielleicht habe ich Ihnen per Vertrag sogar das Schweigen über Ihr Gehalt vorgeschrieben. Das ist juristisch zwar nicht haltbar, aber schreckt immerhin ab.

Dennoch werden sich mit den Jahren einige Gehälter herumsprechen. Dieses Wissen haben Sie im Hinterkopf. Zudem nehmen Sie nun Kontakt mit *Ausbildungs- oder Studienkollegen* in anderen Betrieben auf. Was verdient man dort? Schnell werden Sie merken, wo Ihr Gehalt liegt: im unteren, mittleren oder oberen Drittel?

Weitere Recherchemöglichkeiten: Sie geben im *Internet* bei einer Suchmaschine wie Google den Begriff «Gehaltsvergleich» ein. Dann haben Sie die Gehälter der einzelnen Branchen schnell im Blick. Oder Sie drucken sich den *Tarif* aus. Bedenken Sie aber: Hier wird ein Mindestlohn für eine Mindestleistung definiert. Wenn Sie Überdurchschnittliches leisten, sollten Sie auch überdurchschnittlich verdienen!

Als Fach- oder Führungskraft könnten Sie Kontakt zu *Personalberatern*, so genannten Headhuntern, aufnehmen. Deren täglich Brot ist es, Arbeitnehmer zu möglichst hohen Gehältern zu vermitteln. Sie kennen die Gehaltsstrukturen einzelner Branchen und Betriebe ausgezeichnet (und haben nebenbei vielleicht ein interessantes Angebot für Sie in petto).

Betonen Sie in der Gehaltsverhandlung: «Meine Forderung orientiert sich am Marktwert!» Dann weiß ich, dass ich Ihnen kein X für ein U vormachen kann. Zudem frage ich mich: Haben Sie etwa ein Angebot der Konkurrenz in der Tasche? Allein dieser Gedanke stimmt mich großzügig …

> **Geheimnis:** Chefs wissen sehr wohl, was Ihnen die Konkurrenz zahlen würde – bauen aber darauf, dass Sie's nicht wissen!
>
> **Tipp für Sie:** Finden Sie vor der Gehaltsverhandlung Ihren Marktwert heraus, beispielsweise über ehemalige Studien- oder Ausbildungskollegen, übers Internet oder über Personalberater.

Chef in Spendierlaune – aber wann?

Stellen Sie sich meinen Gehaltsetat wie einen Kuchen vor. Ich habe eine begrenzte Anzahl von Stücken zu vergeben. Und wann stürmen alle auf diesen Kuchen los? Im Spätherbst und kurz vor der Jahreswende, der klassischen Zeit für Gehaltsverhandlungen. Je mehr Hände nach dem Kuchen greifen, desto schneller ist er vergeben; für Sie bleibt nur ein kleines Stück übrig.

Ihr Gehalt überdurchschnittlich zu erhöhen wäre jetzt ohnehin riskant für mich – wer garantiert mir, dass Sie Ihr Verhandlungsergebnis nicht ins Ohr des Nächsten flüstern, der schon vor meiner Tür steht? Dann wird meine Freigiebigkeit zum Bumerang: «Aber der Herr Müller hat doch auch 8 Prozent ...»

Es gilt dasselbe Gesetz wie an der Börse: Wenn Sie überdurchschnittlich kassieren wollen, müssen Sie der Masse einen Schritt voraus sein! Zum Beispiel, indem Sie schon im Frühsommer verhandeln. Dann ist noch kein Krümel vom Etat vergeben, Ihr Anspruch steht ganz oben auf der Liste. Meine Skrupel, ihn großzügig zu bedienen, sind geringer: Es handelt sich offensichtlich um eine Einzelforderung. Vor Nachahmungstätern muss ich mich nicht fürchten!

Die Zeit im Jahr ist das eine – der Wochentag und die Uhrzeit sind das andere. In dieser Hinsicht tickt jeder Chef anders. Überlegen Sie mal: An welchen Wochentagen zeigt mein Stimmungsbarometer Hochdruck? Montags wohl kaum – dann ist das Wochenende schon wieder vorbei, Post türmt sich auf meinem Schreibtisch und alle Telefone rufen meinen Namen. Am Freitag dagegen habe ich mich in Gedanken schon in mein Wochenendhäuschen verabschiedet. Bleiben die Tage dazwischen. Welcher? Sie kennen mich am besten!

Die ideale Tageszeit finden Sie nach demselben Prinzip heraus. Falls ich ein Morgenmuffel bin: nachmittags! Falls ich immer in Hochstimmung aus der Kantine komme: nach dem Mittagessen usw. Vereinbaren Sie den Termin mit meiner Sekretärin. Achten Sie jedoch darauf, dass er nicht unmittelbar vor oder nach anderen Verabredungen steht, die für mich wichtiger sind. Wenn ich gerade aus einem Gespräch mit dem Oberboss komme oder gleich eine Pressekonferenz ansteht, sind meine Gedanken ganz woanders – und meine Ohren schalten auf Durchzug, ganz gleich, wie geschickt Sie auch argumentieren.

Ideal ist ein aktueller Aufhänger für Ihr Gehaltsgespräch. Haben Sie gerade ein Projekt erfolgreich abgeschossen? Einen neuen Kunden gewonnen? Ein Abendstudium beendet? Ein Produkt oder eine Dienstleistung entwickelt? Solche Erfolgsmeldungen sind Rückenwind für Ihr Anliegen.

Daneben helfen gute Nachrichten aus der Firma weiter: Geht es aufwärts in den Bilanzen? Sagt uns eine Studie dicke Gewinne voraus? Haben wir gerade einen Wettbewerber geschluckt und unsere Macht vergrößert?

Zur Not geht es auch ohne besonderen Aufhänger. Vor allem in größeren Firmen. Dort bietet Ihnen das Mitarbeitergespräch einen ungezwungenen Anlass, auch Ihr Gehalt anzuschneiden (siehe ab Seite 185).

> *Geheimnis:* Ende des Jahres fordern alle mehr Gehalt. Der Etatkuchen des Chefs ist blitzschnell vergeben, noch dazu in kleinsten Stücken.
>
> *Tipp für Sie:* Melden Sie Ihre Forderung früher an, beispielsweise im Sommer. Wer zuerst fordert, hat Aussichten auf das größte Stück.

Drei Ziele für ein Ja-Wort

Mag Ihre Forderung auch bescheiden sein: Ich werde feilschen wie ein Schotte! Das gehört einfach zu meiner Chefrolle. Ich will Ihnen zeigen, dass Sie höchstens meinen kleinen Finger kriegen – aber nie die ganze Hand!

Der schlimmste Fehler: Sie beharren auf Ihrer ersten Forderung! Habe ich einmal «Nein» gesagt, kann ich nicht mehr zurück, ohne mein Gesicht zu verlieren. Das ist keine Frage des Etats, wie ich es behaupte, sondern der Ehre.

Warum sorgen Sie nicht dafür, dass ich mir erst die Hörner an einer (zu) hohen Forderung abstoße? Zum Beispiel könnten Sie mit drei Zielen in die Verhandlung gehen: einem Maximalziel (circa 10 bis 15 Prozent über Ihrem Ist-Gehalt), das Sie im Idealfall erreichen wollen; einem Minimalziel (circa 4 bis 7 Prozent), unter das Sie sich nicht drücken lassen; und einem Alternativziel, zum Beispiel einer Prämienlösung, falls der Verhandlungskarren feststeckt.

Natürlich setzen Sie bei Ihrem Maximalziel an, sagen wir 12 Prozent. Das klingt anders, als wenn Sie um 3 Prozent betteln. Bescheidene Forderungen signalisieren Selbstzweifel. Wer nur 3 Prozent will, dem kann ich auch eine Nullrunde zumuten, ohne dass er gleich zur Konkurrenz läuft.

Ihre Maximalforderung zeigt mir: Sie meinen es ernst! Ich reagiere mit dem üblichen Theaterdonner: «Niemals!» Wollen wir doch mal sehen, ob es mir nicht gelingt, dieses Traumschiffchen an den Felsen der Realität zerschellen zu lassen!

Geben Sie nicht bei meinem ersten Störfeuer nach – das würde mir ja den Spaß am Verhandeln rauben! Stattdessen kämpfen Sie tapfer für Ihre Forderung. Freundlich im Ton, aber hart in der Sache. Wenn es mir nun gelingt, Sie von 12 auf 8 Prozent runterzuhandeln (mit Ihrer Hilfe, was ich aber nicht weiß!) – wie werde ich mich fühlen? Natürlich als der junge Siegfried des Verhandelns! Der Oberboss wäre stolz auf mich!

Dagegen wären dieselben 8 Prozent, die ich Ihnen nun mit Freude bewillige, «völlig unrealistisch» und «nur über meine Leiche» durchzusetzen gewesen – hätten Sie mit dieser Forderung die Gehaltsverhandlung eröffnet! Nicht logisch zu erklären – aber psychologisch.

Bleibt eine Frage: Was tun Sie, falls ich mich auf dem Gehaltsohr völlig taub stelle, etwa durch den Satz: «Es gibt keine Gehaltserhöhung. Basta!»? Dann haben Sie immer noch einen Joker im Ärmel – Ihre Alternativlösung! Warum nicht über Prämie oder Bonus sprechen? Eben kein «Gehalt», sondern Zusatzvergütung.

Der Vorteil für mich: Ich kann diese Zahlungen mit Leistungszielen verknüpfen. Keine Investition ins Blaue – sondern mit definierter Gegenleistung! Gerade in Krisenzeiten kann mich dieser Köder verlocken.

Geheimnis: Ihr Chef hat den Ehrgeiz, Ihre Forderung nach unten zu handeln – unabhängig von der Höhe.

Tipp für Sie: Bauen Sie einen Verhandlungsspielraum in Ihre Forderung ein – aber setzen Sie sich ein Minimalziel als Limit.

Prämie & Co.: Seitenwege zum Top-Verdienst

Ich wette, dass Sie gar nicht unbedingt eine Gehaltserhöhung wollen! Klar doch, mehr Geld soll's schon sein – aber muss es unbedingt «Gehalt» heißen? Wenn Sie in der Verhandlung offen für andere Vergütungsformen sind, zum Beispiel für Prämien, erhöhen Sie Ihre Chancen beträchtlich. Das hat zwei Gründe, einen psychologischen und einen praktischen.

Der psychologische Grund: Habe ich erst mal «Nein» zu Ihrer Gehaltsforderung gesagt, was oft wie im Reflex passiert, kann ich nicht mehr zurück von meinem Standpunkt. Welcher Chef macht gern einen Rückzieher! Auch wenn ich später meine Reaktion bereue, weil mich Ihre Argumente überzeugen.

Der praktische Grund: Wenn ich Ihnen mit der einen Hand mehr Geld geben soll, will ich mit der anderen mehr Leistung nehmen. Und zwar garantiert mehr! Zahlungsmodelle wie Prämie und Provision sind direkt an Ihre Leistung gekoppelt: Ich zahle also nur, falls Sie Ihre Leistung messbar steigern. So profitieren wir beide. Hier eine Auswahl alternativer Vergütungsformen, die Sie mir in der Gehaltsverhandlung vorschlagen können:

- *Prämie:* Sie wird jedes Jahr neu ausgehandelt und ist an Ihre individuellen Leistungsziele gebunden. Als Chef ist mir diese Vergütungsform sympathisch. Zum einen, weil ich sie von meinem eigenen Einkommen kenne. Zum anderen, weil ich nur im Erfolgsfall zahle: wenn Sie Ihr Ziel erreichen!
- *Bonus:* Dasselbe Prinzip wie bei der Prämie, allerdings an den Erfolg der Firma gekoppelt. Gerade der Oberboss steht auf diese Vergütungsform. Sie sollen spüren: Der Erfolg der Firma ist auch Ihr finanzieller Erfolg! Dass dies auch für den Misserfolg gilt, werde ich wohlweislich verschweigen ...
- *Gratifikation:* Ihr Weihnachtsgeld ist das prominenteste Beispiel. Diese einmalige Leistung fließt aus besonderem Anlass. Ihrer Fantasie sind keine Grenzen gesetzt. Zum Beispiel könnten Sie vorschlagen, dass ich Sie so für ein erfolgreich abgeschlossenes Projekt belohne.
- *Provision:* Ein großer Ansporn, falls Sie im Vertrieb arbeiten: Ich beteilige Sie prozentual an Ihrem Umsatz. An dieser Prozentschraube sollten Sie von Zeit zu Zeit drehen – je mehr Sie verkaufen, desto höher sollten Sie beteiligt sein. Ich werde mich kaum sperren – schließlich gehen Ihre hohen Umsätze auf mein (Erfolgs-)Konto.
- *Belegschaftsaktien:* Sie können Aktien des Unternehmens mit Preisnachlass erwerben – maximal 50 Prozent des Börsenkurses (bis zu 360 Euro im Jahr). Natürlich hole ich Sie gerne als «Miteigentümer» der Firma ins Boot. Auch wenn es sich eher um einen schmalen Anteil handelt.

Neben diesen alternativen Vergütungsformen gibt es noch eine weitere Brücke, über die wir uns bei der Verhandlung treffen können. Ich spreche von den geldwerten Vorteilen. Der Dienstwagen ist das bekannteste Beispiel. In seinen Genuss kommen allerdings fast nur leitende Angestellte und Reisende.

In jedem Fall haben Sie die Chance, mit mir über Fahrtgeld zu sprechen. Ich darf Ihnen für jeden Kilometer, den Sie zwischen Wohnort und Arbeitsplatz fahren, 0,30 Cent zahlen. Davon profitieren wir beide: Sie versteuern den Betrag mit nur 15 Prozent – statt mit, je nach persönlichem Steuersatz, fast 50 Prozent. Zudem machen wir dem Staat eine lange Nase – und schenken uns die Sozialabgaben.

Diese Angaben entsprechen der Gesetzeslage im Herbst 2011. Sollte es nach Druck des Buches zu Änderungen kommen, halte ich Sie im Internet auf dem Laufenden. Sie finden aktuelle Änderungen und jede Menge weitere Gehaltstricks auf der Homepage www.gehaltscoach.de.

Geheimnis: Wenn der Chef mit der einen Hand gibt, möchte er mit der anderen Hand nehmen. Eine Erhöhung des Grundgehalts scheint ihm oft als Investition ohne Gegenleistung.

Tipp für Sie: Schlagen Sie in solchen Fällen alternative Bezahlungen wie Prämie & Co. vor. Chefs lieben erfolgsgebundene Vergütung.

Stumpf-Argumente: So treiben Sie Ihren Chef auf die Palme

Viele Mitarbeiter treiben nur meinen Blutdruck in die Höhe – aber nicht ihr Gehalt! Das Rezept ist einfach: Legen Sie die wahren Gründe für Ihre Forderung auf den Tisch. Zum Beispiel Ihre unbezahlte BMW-Rechnung. Und bloß kein Wort, was mir als Chef Ihre Arbeitsleistung bringt; jeder soll sich um seine eigenen Belange kümmern!

Hier ein paar häufig erlebte Beispiele für Stumpf-Argumente. Zur Nachahmung nur dann empfohlen, wenn Ihre Forderung sofort in den Brunnen fallen soll:

«**Die Raten für mein Häuschen drücken. Jetzt brauch' ich mehr Geld!**»
Im Stillen denke ich: Wer bin ich denn! Ihr Schuldenberater? Offenbar können Sie nicht kalkulieren. Und Geld rinnt Ihnen durch die Finger. Auch in der Firma? Sie sind ein Risikofaktor – aber kein Kandidat für mehr Gehalt!

«**Ich habe erfahren, was der Kollege Walter verdient. Jetzt will ich dasselbe!**»
Im Stillen denke ich: Aha, Sie flüstern sich hinter meinem Rücken die Gehälter zu. Obwohl Sie wissen, wie sehr ich das hasse! Und jetzt soll ich diese Untreue auch noch belohnen? Niemals! Außerdem fällt Gerechtigkeit nicht in mein Ressort – ich zahle nach Leistung.

«**Ich habe zehnjähriges Dienstjubiläum. Höchste Zeit für eine Erhöhung!**»
Im Stillen denke ich: Seit wann gibt's bei uns einen Sitzfleisch-Bonus? Viele Mitarbeiter sind nicht wie Wein im Keller, der wird mit den Jahren besser – sondern wie Fisch in der Sonne, der wird schnell faul. Da hilft nur die Peitsche. Und nicht das Zuckerbrot.

«**Sie haben die Wahl: Mehr Gehalt – oder ich bin weg!**»
Im Stillen denke ich: Sie drücken mir eine Verbal-Pistole an den Kopf. Nun habe ich die Wahl, was ich lieber verliere: einen guten Mitarbeiter – oder mein Gesicht? Völlig klar, wie ich mich entscheide. Gerade wenn ich Sie wirklich brauche. Abhängigkeit will ich nicht eingestehen!

«**Wo wir gerade in der Sauna sind: Eine dienstliche Frage …**»
Im Stillen denke ich: Frechheit! Sie wollen unser privates Verhältnis vor den Karren Ihrer Gehaltsforderung spannen. Höchste Zeit, dass ich Ihnen die Grenzen zwischen Schnaps und Geschäft zeige. Überhaupt: Haben Sie sich bei mir nur eingeschleimt, um Kapital daraus zu schlagen?

«Die Kollegen übertreffe ich bei weitem. Das sollte auch für mein Gehalt gelten!»
Im Stillen denke ich: Warum machen Sie Ihre Kollegen schlecht? Diese Krücke brauchen Sie nur, weil Ihre Leistung an sich zu wenig hergibt. Klingt, als wären Sie ein Sprücheklopfer – und noch dazu ein Spaltpilz im Team. Und dafür wollen Sie mehr Geld?

«Entweder mehr Geld. Oder ich mache Dienst nach Vorschrift!»
Im Stillen denke ich: Sie haben sich innerlich von Ihrem Arbeitsplatz verabschiedet. Nun wollen Sie ein Schmerzensgeld, um die Qual doch noch ein paar Tage zu ertragen. Eine Abmahnung wäre wohl die bessere Medizin!

«Ich könnte am Markt das Doppelte bekommen – oder sagen wir: ein Drittel mehr!»
Im Stillen denke ich: Klarer Fall von Realitätsverlust! Womöglich gehen Sie auch an Ihrem Arbeitsplatz so leichtfertig mit Fakten um. Mein Vertrauen in Sie? Auf dem Nullpunkt! Und Ihr Gehalt darf ruhig im Keller bleiben – damit Sie die letzte Bodenhaftung nicht verlieren!

> *Geheimnis:* Chefs warten nur darauf, dass Sie die ehrlichen Gründe für Ihre Gehaltsforderung auf den Tisch legen. Wenn Sie mit Ihrem eigenen Vorteil argumentieren, haben Sie verloren!
>
> *Tipp für Sie:* Stellen Sie die Vorteile des Chefs und der Firma in den Mittelpunkt. Ihre privaten Motive dürfen Sie denken – aber nie aussprechen!

Trumpf-Argumente: So treiben Sie Ihr Gehalt nach oben

Bevor ich Ihr Gehalt erhöhe, frage ich mich: Wäre das Geld gut investiert? Bekomme ich für einen Euro, den ich Ihnen gebe, vielleicht 1,10 Euro zurück? (Wir Chefs nennen diesen Rückfluss des Geldes

«ROI», «Return an Investment».) Dann sage ich «Ja!». Oder verursachen Sie nur zusätzliche Kosten? Dann sage ich «Nein!».

Was zählt, sind harte Fakten. Aber viele Mitarbeiter kommen in der Gehaltsverhandlung mit butterweichen Argumenten. Sie wollen die «Qualität unserer Dienstleistungen heben». Sie schwärmen mir vor, «die Kundenzufriedenheit zu steigern», «den Informationsfluss zu vereinfachen» oder «die Kommunikation zu verbessern».

In meinen Ohren klingt das nur nach Kosten! Völlig ungewiss ist: Fließt auch nur ein Cent zurück? Selbst wenn Sie beispielsweise eine höhere Produktqualität nachweisen könnten (woran ich zweifle): Mehr verkaufen müssen wir deshalb noch lange nicht! «Idealqualität» heißt rechnerisch: etwas besser als die Konkurrenz. Und nicht «möglichst gut», denn das bedeutet meist auch: möglichst teuer!

Ein Beispiel: Nehmen wir an, ich leite eine Regionalzeitung. Sie schlagen als Redakteur das neue Ressort «Verbraucherschutz» vor – eine pfiffige Idee! Die Qualität unseres Blattes ließe sich zweifellos verbessern. Das ist der Köder, mit dem Sie mir eine Gehaltserhöhung entlocken wollen. Im vergangenen Jahr haben Sie schon in diese Richtung vorgearbeitet.

Der Nachteil: Ihr Plan kostet. Das steht fest. Aber können Sie neue Leser gewinnen? Zumal wir in der Region ohnehin fast alle Haushalte abgedeckt haben? Völlig ungewiss!

Überspitzt gesagt (und in meiner cheftypischen Kurzsichtigkeit gedacht): Sie wollen dafür, dass Sie Geld aus dem Fenster werfen, auch noch mit einer Gehaltserhöhung belohnt werden. Abgelehnt! Die Kunst einer guten Argumentation: Sie fragen nicht nach mehr Geld, sondern Sie bieten mir mehr Geld an, nämlich zusätzliche Einnahmen oder Einsparungen! Vier Trumpf-Argumente, mit denen Sie mich überzeugen können:

Trumpf-Argument 1: «Die Firma spart Geld durch mich!»
So fädeln Sie's ein: Nehmen Sie an, die Ausgaben der Firma würden von Ihrem Konto abgebucht – wo würden Sie dann den Rotstift ansetzen? Sie kennen Ihren Arbeitsbereich am besten. Wetten, dass Sie

Ideen haben! In jeder Firma fliegt Geld aus dem Fenster. Zeigen Sie mir, wie's anders geht. Und kassieren Sie Ihren Anteil.

Pfiffige Spar-Ideen:
- Sie ziehen Arbeiten auf Ihren Tisch, die bislang ausgelagert und gesondert bezahlt wurden.
- Sie vermitteln eine Fachkraft in unsere Firma – und sparen die Headhunter-Gebühr von drei bis vier Monatsgehältern.
- Sie übernehmen Urlaubsvertretungen, für die bislang teure Kräfte der Zeitarbeitsfirmen kamen.
- Sie handeln vorteilhaftere Rabatte mit Lieferanten und Dienstleistern aus.
- Sie lassen Dienstreisen über ein Reisebüro abwickeln. Dort gibt es günstigere Konditionen.
- Sie sorgen dafür, dass Rechnungen schnell beglichen werden (Skonti nicht verschenken!).
- Sie wälzen Versandkosten auf Lieferanten ab.
- Sie gehen alte Versicherungsverträge durch – und suchen im Internet günstigere Angebote.
- Sie regen an, dass Synergien zwischen Abteilungen genutzt werden. Statt zwei Farbkopierer anzuschaffen, kann einer an der räumlichen Schnittstelle reichen.
- Sie vermindern die Lagerbestände und sparen Lagerkosten.
- Sie reduzieren die Ausschussmenge.

Trumpf-Argument 2: «Ich bringe der Firma zusätzliches Geld!»
So fädeln Sie's ein: Malen Sie sich aus, Sie wären der Unternehmer. Was würden Sie tun, um zusätzliches Geld zu verdienen? Neue Kunden an Land ziehen, neue Geschäftsfelder erschließen? Lassen sich Ideen der Konkurrenz verbessert übernehmen (Benchmarking)? Wie können wir auf Trends von morgen schon heute reagieren? Jede Idee, die der Firma bares Geld bringt, zahle ich Ihnen in derselben Münze zurück!
Pfiffige Einnahme-Ideen:
- Sie gewinnen neue Kunden, vielleicht über persönliche Kontakte.

- Sie entwickeln neue Dienstleistungen oder Produkte, die zusätzliche Umsätze bringen.
- Sie sorgen durch ein neues Mahnverfahren dafür, dass die Quote der Zahlungsausfälle sinkt.
- Sie erschließen für Ihre Firma ein neues Marktsegment.
- Sie tragen zur Fortbildung des Vertriebspersonals bei, was sich in höherem Verkauf bemerkbar macht.
- Sie verkürzen die Entwicklungszeiten unserer Produkte oder Dienstleistungen, so dass neue und besser zu verkaufende Angebote früher am Markt sind.
- Sie publizieren in Fachmedien, wodurch Sie kostenlos für die Firma werben und immer wieder gewinnbringende Kontakte knüpfen.
- Sie erfahren durch gute Kontakte von Innovationsplänen einer Konkurrenzfirma – und wir sind schneller!
- Als Kreativer haben Sie eine Ausschreibung gewonnen und so einen großen Auftrag an Land gezogen.
- Sie haben herausgefunden, dass unserer Firma ein staatlicher Zuschuss zusteht.
- Sie organisieren die Wochenendvermietung unserer Geschäftsautos, zum Beispiel an Mitarbeiter.

Trumpf-Argument 3: «Ich habe meine Qualifikation zum Vorteil der Firma verbessert!»

So fädeln Sie's ein: Reisen Sie in Gedanken in die Zukunft! Was müssen Sie in einigen Jahren können, um meine Probleme (und die der Firma) zu lösen? Sind moderne Techniken auf dem Vormarsch? Kommt eine bestimmte Software? Werden neue Fremdsprachen benötigt? Sie sollten sich auf einen Bereich spezialisieren, der interessant und nicht überlaufen ist. Dann haben Sie bald ein Monopol und werden in der nächsten Gehaltsverhandlung davon profitieren.

Pfiffige Ideen für Fortbildungen:
- Lesen Sie Fachzeitschriften, um Trends zu erkennen. Weisen Sie mich als Chef bei passender Gelegenheit darauf hin – zum Beispiel, wenn Sie sich Fortbildungen genehmigen lassen.

- Spitzen Sie die Ohren, was die Vorreiter Ihrer Branche aushecken (zum Beispiel in den USA). Software und Techniken, die heute noch als «Spinnerei» gelten, können morgen schon gefragt sein (so war es auch beim Internet!). Bereiten Sie sich entsprechend vor.
- Erkennen Sie, welche Doppelqualifikationen in Ihrer Branche gefragt sind. So wird ein Zweitstudium in BWL in fast allen akademischen Berufen hoch vergütet.
- Achten Sie darauf, wie sich die Globalisierung auf Ihre Firma auswirkt. Lernen Sie nötige Sprachen, am besten durch Aufenthalte im jeweiligen Kulturkreis.
- Bauen Sie Ihre rhetorischen Fähigkeiten durch Lektüre und Seminare aus.
- Gönnen Sie sich ein Coaching, zur Not auch aus eigener Tasche (Talent- und Zielentwicklung).
- Schulen Sie Ihre Stimme, falls Sie viel telefonieren. Sie ist Ihr bester Türöffner.
- Schlagen Sie Brücken zwischen Hobby und Beruf. Als Schachspieler könnte Sie strategisches Verhandeln begeistern.
- Ihr Kopf ist Ihr Kapital! Betreiben Sie Gedächtnis- und Kreativitätstraining.
- Belegen Sie Seminare über Zeitmanagement!

Trumpf-Argument 4: «Ich leiste mehr und trage größere Verantwortung»

So fädeln Sie's ein: Sehen Sie Ihren Arbeitsplatz, wie er anfangs ist, nur als Startrampe. Überlegen Sie täglich: Kann ich meine Verantwortung ausbauen? Kann ich Arbeiten übernehmen, die noch anspruchsvoller sind? Wie könnte ich den Chef entlasten? Dann existiert Ihr alter Arbeitsplatz bald nicht mehr; Sie haben einen neuen geschaffen! Und mit Ihrer Aufgabe – völlig klar! – muss auch Ihr Gehalt wachsen!

Pfiffige Ideen für mehr Verantwortung:
- Bieten Sie mir immer wieder an, in eigener Regie kleinere Vorgänge zu regeln, die ich bislang abnicken muss.

- Holen Sie Arbeiten auf Ihren Schreibtisch, die zu hohen Preisen ausgelagert wurden.
- Schlagen Sie die gezielte Rotation von Arbeitsplätzen vor. Das erweitert Ihren Horizont und befähigt Sie, alle möglichen Aufgaben zu übernehmen. Und sei es nur zur Urlaubsvertretung.
- Übernehmen Sie Personalverantwortung. Schon die Betreuung des Auszubildenden oder der Praktikantin ist eine «Führungsaufgabe».
- Geben Sie interne Workshops zu Ihren Spezialthemen. Das zeugt von hohem Verantwortungsbewusstsein. Außerdem schonen Sie meinen Fortbildungsetat!
- Schreiben Sie in der Betriebszeitung und in Fachzeitschriften über die Erfolge unserer Abteilung. Dann sehe ich Sie bald (zusätzlich) als internen PR-Manager!
- Lassen Sie sich keine Chance entgehen, bei Sitzungen das (meist ungeliebte) Protokoll zu führen.
- Geizen Sie nicht mit Verbesserungsvorschlägen, Chancenanalysen usw. Natürlich immer schriftlich.
- Achten Sie darauf, ob es ungeliebte «Chefarbeiten» gibt, von denen Sie mich entlasten können. Dass mir diese Aufgaben etwas wert sind, liegt in der Natur der Sache.

Geheimnis: Chefs geben sich als Schotten beim Erhöhen der Gehälter – es sei denn, Sie wollen kein Geld von ihnen, sondern stellen der Firma Geld in Aussicht!

Tipp für Sie: Heben Sie hervor, wo Sie für die Firma Geld bringen oder sparen (können). Zeigen Sie die Vorteile Ihrer erweiterten Qualifikation und die Ersparnisse durch Ihre Mehrarbeit auf.

Unwilliger Chef: So kriegen Sie ihn rum!

Ihr Ziel scheint zum Greifen nah! Aber im letzten Moment werfe ich Ihnen einen Knüppel zwischen die Beine, eine unsachliche

Killerphrase. Und plötzlich fehlen Ihnen die Worte, Sie geraten ins Straucheln.

Was wollen Sie auch erwidern, wenn ich behaupte «Die Firma hat kein Geld»? Oder: «Ich würde ja gerne Ihr Gehalt erhöhen, aber der Oberboss will nicht»? Oder: «Das wäre ungerecht gegenüber den Kollegen!»?

Damit Sie auf alles gefasst sind, verrate ich Ihnen nun meine Killerphrasen. Ich werde Ihnen jeweils zeigen, welches «Der Trick» ist, was Sie «Unter uns gesagt» davon zu halten haben und mit welcher «Konterstrategie» Sie mich doch noch rumkriegen:

«Der Firma fehlt das Geld!»
Der Trick: Ich spreche von «der Firma», als wäre sie eine anonyme Macht – dabei bin ich ihr Bevollmächtigter! Und natürlich hat das Unternehmen Mittel zum Investieren, sonst wäre es ja pleite. Die Frage ist nur: Wohin soll das Geld fließen – wirklich zu Ihnen?
Unter uns gesagt: Ich tue so, als wären mir die Hände gebunden. Das erspart mir lange Diskussionen. Und womöglich arbeiten Sie mit derselben Energie wie bisher weiter.
Gegenstrategie: Greifen Sie den Ansatz meiner Argumentation durch aktives Zuhören auf: «Die Mittel der Firma sind also knapp?» *(Ich nicke.)* Dann wenden Sie die Sache zu Ihrem Vorteil: «Gerade deshalb dürfte es sich für die Firma lohnen, in mich zu investieren. Immerhin habe ich im letzten Jahr …» Sie zählen Ihre Trumpfargumente auf, am besten Einsparungen oder zusätzliche Einnahmen. Zudem heben Sie hervor, was Sie mir und der Firma in Zukunft bringen werden. Schon sehe ich die Erhöhung nicht mehr als Kostenfaktor – sondern als lohnende Investition!

«Das wäre ungerecht gegenüber den Kollegen!»
Der Trick: Sie sollen ein schlechtes Gewissen bekommen. Als würde Ihre Gehaltserhöhung nicht vom Konto der Firma abgebucht – sondern direkt bei den Kollegen!
Unter uns gesagt: Unfair ist nur, wenn Sie sich von mir unter Ihren Marktwert drücken lassen. So verderben Sie den Kollegen die Preise!

Gegenstrategie: Machen Sie mir deutlich, dass Sie über Ihr Gehalt – und nur Ihres! – sprechen. Greifen Sie mein Stichwort «Gerechtigkeit» auf und legen Sie dar, welche Leistung ursprünglich für Ihr Gehalt vereinbart war. Dass Sie inzwischen deutlich mehr auf die Beine stellen, zeigt Ihre Leistungsmappe. Abschlussfrage: «Welche Gehaltserhöhung können Sie mir als gerechte Gegenleistung vorschlagen?» Schon diskutieren wir über einen Betrag – und nicht mehr über die Gehälter der Kollegen.

«Ich würde ja gerne – aber der Oberboss will nicht!»
Der Trick: Ich wasche meine Hände in Unschuld, gebe mich als Ihr Gönner aus («würde gerne …»). Der schwarze Peter und Ihr Groll sollen ausschließlich am Oberboss hängen bleiben.
Unter uns gesagt: Als Chef kann ich Ihr Gehalt immer erhöhen – oder zumindest eine Erhöhung durchfechten. Die Frage ist: Will ich das?
Gegenstrategie: Halten Sie meine indirekte Zustimmung fest: «Es freut mich, dass Sie persönlich für eine Gehaltserhöhung sind!» Schlagen Sie mir vor, dass wir zusammen ein Gespräch mit dem Oberboss führen. Ich stehe bei Ihnen in der Pflicht und werde an Ihrer Seite kämpfen – statt Ihnen in den Rücken zu fallen, wie es bei einem Einzelgespräch unter Bossen passieren könnte.

«Nicht jetzt – aber in zwölf Monaten!»
Der Trick: Ich serviere Ihnen meine Absage in Zuckerwasser. In einem Jahr ist mein Versprechen vielleicht hinfällig. Obwohl Sie sich, angesichts der Aussicht, so richtig ins Zeug gelegt haben!
Unter uns gesagt: Unter Geschäftsleuten ist das Versprechen als Währung nicht bekannt. Eine Leistung, die erbracht ist, verlangt eine angemessene Gegenleistung.
Gegenstrategie: Zeigen Sie mir, dass Ihre Leistung in der Waagschale liegt – und dass meine Gegenleistung auf der anderen Seite fehlt! Auch sollten Sie Ihre jetzige Gehaltserhöhung als überfällig darstellen, etwa: «Ich wollte meine Gehaltsforderung schon vor zwölf Monaten stellen – habe aber bewusst damit gewartet, um noch mehr Leistung vorweisen zu können.» Falls ich partout nicht will: Halten

Sie schriftlich fest, wann Ihr Gehalt um welchen Betrag erhöht wird. Damit ich Sie nicht erneut vertrösten kann.

«Mehr Gehalt – was fällt Ihnen ein!»

Der Trick: Ich tobe los, um Sie einzuschüchtern. Ihr mühsam aufgebautes Selbstbewusstsein soll wie ein Kartenhaus einstürzen.

Unter uns gesagt: Die meisten Gehaltsforderungen sind ein Fall für die Portokasse (verglichen mit den Summen, die ich sonst verhandle). Sie regen mich innerlich nicht auf. Mein Kläffen ist ein Betriebsgeräusch, das der Abschreckung dient.

Gegenstrategie: Reagieren Sie eben nicht so, wie ich es provozieren will: nämlich mit Flucht, indem Sie resignieren. Oder mit Kampf, indem Sie denselben Ton anschlagen. Im ersten Fall würden Sie sich selbst um die Chance bringen. Im zweiten werde ich die Verhandlung mit gespielter Entrüstung abbrechen.

Besser: Bleiben Sie ruhig, sachlich und freundlich. Das peinliche Missverhältnis zwischen meinem und Ihrem Verhalten holt mich vom Affenbaum in unseren Kulturkreis zurück. Dann können wir wieder über die Sache reden.

«Also gut, 25 Euro im Monat!»

Der Trick: Ich gebe mich so geizig, dass Sie schließlich für jeden Kleinstbetrag dankbar sind. Dann haben Sie Ihre Gehaltserhöhung bekommen, sind die nächsten 12 bis 18 Monate für Gehaltsforderungen blockiert und stehen moralisch in meiner Schuld.

Unter uns gesagt: Eine Gehaltserhöhung, die ihren Namen verdient hat, darf sich nicht unter 4 Prozent bewegen. Sonst ist es ein Almosen, das Sie eher frustriert als motiviert.

Gegenstrategie: Zeigen Sie mir auf, was Ihre Leistung der Firma an Geld bringt oder spart. Als Sparfuchs empfange ich auf dieser Frequenz besonders gut. Machen Sie mir zugleich klar, dass Sie Ihren Marktwert kennen. Wenn Sie selbstbewusst auf Ihrer Forderung beharren, bekomme ich Hosenflattern: Haben Sie etwa ein Angebot in der Tasche? Höchste Zeit, dass ich nachlege! Denn kurzfristig einen

Nachfolger für Sie bei der Konkurrenz abzuwerben, das würde viel mehr Geld kosten – und Nerven noch dazu!

> **Geheimnis:** Oft tun Chefs so, als wären ihnen die Hände gebunden. Dabei ist das Einzige, was einer Gehaltserhöhung im Weg steht, ihr Wille.
>
> **Tipp für Sie:** Lassen Sie sich nicht vom ersten Widerstand abschrecken. Bleiben Sie hartnäckig und selbstbewusst am Ball. Weitere Tipps für die Gehaltsverhandlung finden Sie in meinem Buch «Geheime Tricks für mehr Gehalt» (Econ, 2003).

Vorstellungsgespräch: Endspurt zum Traumjob

Wenn Sie bis heute dachten, nur einer müsste beim Bewerbungsgespräch zittern – Irrtum! Auch für mich als Chef steht viel auf dem Spiel. Ein Fehlgriff kostet die Firma nach einer Studie von Kienbaum ungefähr zwei Jahresgehälter, also locker 60 000, 80 000 oder 100 000 Euro. Über diese Investition muss ich blitzschnell entscheiden, meist in nur zwei Gesprächen von 60 Minuten. Jeder Fehlgriff fällt auf mich zurück!

Die Angst des Chefs vorm Interview

Verstehen Sie nun, warum ich nicht gerade gelassen ins Vorstellungsgespräch gehe? Zumal wir Chefs in keiner anderen Phase des Bewerbungsverfahrens so viele Fehler machen – von denen jeder eine Chance für Sie ist, wie ich Ihnen noch zeigen werde! Manchmal liegt unsere Trefferquote unter der Zufallsgrenze.

Was haben Sie dagegen zu verlieren? Ob Sie im Augenblick in Lohn und Brot stehen oder nicht: Nach dem Gespräch werden Sie zumindest nicht ärmer sein! Zumal Sie wertvolle Erfahrungen sammeln können – kostenlos im Gegensatz zu mir.

Unter den Firmen tobt ein erbitterter Wettkampf um die besten Bewerber. Wenn Sie es schaffen, als einer von ihnen zu gelten, kehrt sich die Situation im Bewerbungsgespräch um. Dann bewerbe ich mich plötzlich um Ihre Mitarbeit.

Nicht umsonst lernen wir Chefs in Seminaren, wie wir Ihnen unsere Firma und den Arbeitsplatz schmackhaft machen. Ich male Ihnen ein rosarotes Bild von Ihren Aufstiegschancen, präsentiere alle

Sozialleistungen mit einem Tusch und den Firmenstandort, so schäbig er auch sein mag, rede ich zur Traumstadt.

Das größte Kapital, über das ich verfüge, sind meine Mitarbeiter. Sie entscheiden in einer Zeit, da sich die technischen Voraussetzungen immer mehr angleichen, über den Erfolg des Unternehmens.

Aber gibt es nicht Bewerber wie Sand am Meer? Wohl wahr. Aber die meisten fallen durchs Sieb der Vorauswahl. Von 50 Bewerbern bleiben erfahrungsgemäß drei bis fünf übrig. Von ihnen ist anzunehmen, dass sie fachlich der Aufgabe gewachsen wären.

Vorstellungsgespräche sind aus zwei Gründen nötig:
- Erstens habe ich Zweifel, ob Ihre Angaben in der Bewerbung stimmen. In einem persönlichen Gespräch möchte ich Ihnen auf den Zahn fühlen und offene Fragen klären.
- Zweitens geht aus Ihrer Bewerbung kaum hervor, was für ein Mensch Sie sind. Stimmt die Chemie zwischen uns? Passen Sie ins Team? Wie steht's mit Ihrem Charakter? Verfügen Sie über emotionale Intelligenz?

Deshalb gilt das Vorstellungsgespräch immer noch als wichtigstes Mittel der Personalauswahl. Oft bleibt von einer Bewerberflut nach zwei Gesprächen nur ein einziger Kandidat übrig. Dann werde ich alles Mögliche tun, um Ihre Arbeitskraft an Land zu ziehen.

> *Geheimnis:* Der Chef hat im Bewerbungsgespräch mehr zu verlieren als Sie: Ein Fehlgriff kostet die Firma durchschnittlich zwei Jahresgehälter!
>
> *Tipp für Sie:* Nehmen Sie dem Chef seine Angst – indem Sie im Detail belegen, dass Sie perfekt zur ausgeschriebenen Stelle passen. Und umgekehrt.

Das Märchen von der Offenheit

Als Chef predige ich Ihnen «absolute Offenheit». Zu Beginn des Gesprächs sage ich: «Es ist mir am liebsten, wenn Sie ganz direkt sind. Sie wollen doch sehen, ob Sie zum Unternehmen passen. Und ich will das Gleiche. Wir können also ruhig mit offenen Karten spielen.»

Klingt logisch, nicht wahr? Die schönen Worte haben nur einen Haken: Wie offen und ehrlich bin ich zu Ihnen? Frage ich gerade heraus, ob Sie Ärger mit Ihrem letzten Chef hatten? Natürlich nicht. Ich schleiche mich von hinten an, indem ich mich erkundige, was Sie «anstelle Ihres letzten Vorgesetzten anders gemacht» hätten. Frage ich Sie direkt nach Ihren Schwächen? Natürlich nicht. Ich erkundige mich listig, in welchen Bereichen Sie sich «noch entwickeln» wollen. Verziehe ich eine Miene, wenn Sie dabei sind, sich um Kopf und Kragen zu reden? Natürlich nicht. Ich ermutige Sie durch freundliches Kopfnicken, ruhig weiter über Ihre alten Kollegen zu lästern.

Während Sie mir reinen Wein einschenken sollen, trage ich mein Herz nicht gerade auf der Zunge. Und wie eine Begegnung endet, bei der einer mit offenen Karten spielt, der andere jedoch sein Blatt verbirgt, können Sie sich lebhaft vorstellen.

Zumal ich mich auch bei negativen Fakten über das Unternehmen und den Arbeitsplatz bedeckt halte. Kein Wort über den Pleitegeier, der vielleicht schon über dem Firmendach kreist. Oder über eine dünne Personaldecke, die Sie zu Überstunden zwingen wird. Stattdessen zeige ich Ihnen alles im besten Licht.

Warum machen Sie's nicht genauso? Antworten Sie ganz offen, wo es Ihrem Vorteil dient – und taktisch, wo ein Übermaß an Ehrlichkeit eher schadet.

Sogar der Gesetzgeber räumt Ihnen das Recht ein, gewisse Fragen durch Schwindeleien zu kontern. Wohlgemerkt: Sie haben nicht nur das Recht, die Antwort zu verweigern – Sie dürfen lügen. Zum Beispiel, wenn ich Sie nach Ihrer Mitgliedschaft in einer Gewerkschaft oder Partei befrage, nach Ihren Heiratsplänen oder – in vielen Fällen – auch bei der Frage nach Ihrem alten Gehalt.

Und warum das Recht zur Lüge? Weil der Gesetzgeber weiß, wo ein schädliches Übermaß an Offenheit anfängt: beim Schweigen. Wie gefährlich können dann erst «offene Worte» sein!

Als geschickter Bewerber werden Sie im Vorstellungsgespräch aber keine Maskerade betreiben. Ein solches Spiel lässt sich im Alltag nicht durchhalten! Besser gehen Sie wie beim Schminken vor: Sie betonen Ihre schönsten Züge. Und Sie verdecken die weniger vorteilhaften. So werden Sie im grellen Scheinwerfer meiner Fragen Ihr Gesicht als Top-Bewerber bewahren.

> *Geheimnis:* Der Chef ermuntert Sie im Vorstellungsgespräch zur «Offenheit» – selbst bleibt er jedoch verschlossen wie eine Muschel.
>
> *Tipp für Sie:* Öffnen Sie sich dort, wo es Ihrem Vorteil dient. Aber halten Sie Ihre Angriffsflächen bedeckt.

Gespanntes Publikum – Sie spielen die Hauptrolle

Haben Sie schon mal überlegt, wer der Star des Vorstellungsgesprächs ist? Eindeutig Sie! Ich als Chef begnüge mich mit der Nebenrolle des Stichwortgebers. Nur gelegentlich versuche ich, Ihnen unauffällig ein Bein zu stellen.

Meine egoistische Hoffnung: Ihr Auftritt möge gelingen! Wenn Sie mich überzeugen, habe ich ein Problem weniger – und einen Mitarbeiter mehr.

Sie stehen im Mittelpunkt, machen Sie sich das bewusst! Doch was tun viele Bewerber? Sie schleichen ins Gespräch wie graue Mäuse. Sie sehen es nicht als Bringschuld an, ihre Qualitäten auf den Tisch zu legen, sondern als Holschuld von meiner Seite. Sie lassen sich die Argumente einzeln aus der Nase ziehen. Wie mich das anstrengt! Wie mich das langweilt!

Es ist, als wollten diese Kandidaten um keinen Preis auffallen. Bloß kein Wort mehr als nötig sagen – es könnte ja das falsche sein! Bloß kein persönliches Profil zeigen – lieber hinter Allgemeinplätzen in Deckung gehen. Am Ende des Gesprächs ist das Klassenziel erreicht: nicht aufgefallen! Aber: Wer mir nicht auffällt, ist Durchschnitt. Und wer Durchschnitt ist, fällt durch.

Der zweite Bewerbertyp gleicht dem Wasserfall: Er sprudelt ohne Ende! Auf meine Frage nach dem Lebenslauf erfahre ich alles: wann er Masern hatte, wie das schlechte Zeugnis aus der dritten Grundschulklasse zu erklären ist und in welche Richtung sein Hund Hector mit dem Schwanz wedelt. Dabei geht unter, was mich wirklich interessiert!

Dieser Bewerber nimmt seine Hauptrolle wahr, aber mit falschem Text. Die Glut meines Interesses wird ausgetreten, nicht angefacht.

Nehmen Sie «Be-Werbung» einmal wörtlich: Sie müssen Werbung machen! Sehen Sie sich als Produkt, das es zu verkaufen gilt. Der Schlüssel zum Erfolg sind zwei Fragen:

1. Was wünscht Ihre Zielgruppe (meist ich als Fachvorgesetzter und der Personalchef)? Die Stellenausschreibung und eine gründliche Recherche werden Sie schlau machen.
2. Welche Erfahrungen, Kenntnisse und Fähigkeiten können Sie ins Rampenlicht stellen, um diesen Bedarf zu decken?

Gehen Sie im Vorstellungsgespräch auf meine Bedürfnisse ein, indem Sie Ihre Qualitäten an Beispielen darstellen. Natürlich werde ich ganz Ohr sein, es geht um meinen Vorteil! Sprechen Sie anschaulich, kurzweilig und ruhig mit einer Prise Humor gewürzt. Im Idealfall ist die Atmosphäre locker. Studien aus den USA haben ergeben: Ein exzellenter Bewerber bringt seinen künftigen Chef doppelt so oft zum Lachen wie ein durchschnittlicher.

Geheimnis: Chefs sehen Sie in der Pflicht, Ihre Qualität auf den Tisch zu legen – auch ohne bohrende Nachfragen!

Tipp für Sie: Üben Sie das Gespräch im Rollenspiel, bis Ihnen die Selbstpräsentation und die Antworten locker über die Lippen gehen.

Wenn Dilettanten Sie befragen

Vielleicht haben Sie beim letzten Kapitel gedacht: Das habe ich aber schon anders erlebt! Und zwar so, dass der neue Chef nicht zuhören, sondern selbst in der Hauptrolle glänzen wollte. Ein deutlicher Hinweis darauf, dass ein Dilettant am Werk war!

Je mehr *ich* rede, desto weniger erfahre ich von Ihnen. Je mehr ich den Scheinwerfer auf mich richte, desto eher bleiben Ihre Schwächen im Dunkeln. Zudem erhalten Sie Hinweise für Ihre Selbstpräsentation.

Plaudere ich zum Beispiel in den ersten Minuten aus, dass ich eine bestimmte Fachzeitschrift für ein «fürchterliches Käseblatt» halte – werden Sie dann noch Ihren Aufsatz, der genau dort erschienen ist, wie geplant als Argument für Ihren Fachverstand ins Feld führen?

Oder ich erzähle: «Ihr Vorgänger ist gescheitert, weil er immer den Konsens mit den Kollegen gesucht hat – statt Beschlüsse durchzusetzen!» Werden Sie nun, wie geplant, Ihre Teamfähigkeit rühmen? Oder doch eher Ihre Durchsetzungsfähigkeit?

Meine Redelust hat einen Grund: Ich dürste nach Anerkennung! Geizen Sie nicht damit. Nicken Sie an den richtigen Stellen. Hören Sie aktiv zu und fragen Sie nach, vor allem bei Erfolgen: «Habe ich Sie richtig verstanden: den Umsatz in nur einem Jahr um 20 Prozent gesteigert?» So werden Sie schlauer und gewinnen meine Sympathie; der breite Scheinwerfer meiner Eigenliebe strahlt auf Sie über.

Die Gefahr: Sie kommen gar nicht zu Wort! Warum ergreifen Sie es nicht? Aber geschickt! Hängen Sie Ihre Qualitäten und Erfahrungen an dem auf, was ich gesagt habe: «Wirklich ein spannendes Projekt, von dem Sie da erzählen. In diesem Zusammenhang wird Sie interessieren, dass ich genau auf diesem Feld ...» Da Sie meinen eigenen Faden weiterspinnen, bin ich ganz Ohr!

So wird es Ihnen gelingen, in meinen Augen den Rest der Bewerber zu überragen. Die haben ja – seltsam! – kaum ein Wort gesagt. Oder sind mir – Frechheit! – einfach mit ihrem eigenen Kram ins Wort gefallen. Sie und ich dagegen – ein ideales Team!

> **Geheimnis:** Wenn der Chef im Vorstellungsgespräch mehr als Sie redet, haben Sie es mit einem Amateur zu tun.
>
> **Tipp für Sie:** Hören Sie genau hin, sammeln Sie Hinweise für Ihre Selbstpräsentation. Aber versäumen Sie bei den wichtigsten Stichwörtern Ihren Einsatz nicht!

Vorstellungsgespräch: Reise nach Fahrplan

Viele Bewerber sehen Vorstellungsgespräche wie Naturkatastrophen – als völlig unberechenbar! Dabei laufen neun von zehn Gesprächen nach demselben Muster ab. Wir Chefs schwören auf das «halbstandardisierte Interview». Keine Fahrt ins Blaue wie das unstrukturierte Gespräch, sondern eine Reise mit geregeltem Fahrplan.

Mit allen Bewerbern klappere ich dieselben Frage-Stationen ab. So habe ich den direkten Vergleich: Was antworten Sie auf eine bestimmte Frage – was Ihr Mitbewerber? Der Fragenkatalog beugt der Gefahr vor, dass ich mich im Gestrüpp der Details verliere. Dennoch bin ich offen für Kurzabstecher, die sich aus unserem Gespräch ergeben (darum «*halb*standardisiert»).

Wenn Sie wissen, wohin die Reise geht, können Sie sich auf die einzelnen Stationen bestens vorbereiten. Hier mein typischer Fahrplan für Vorstellungsgespräche mit einigen Tipps für Sie:

- *Aufwärmphase:* Ich lege los mit Eisbrecher-Fragen: «Wie haben Sie den Weg gefunden?» Wenn Sie jetzt eine Irrfahrt schildern, denke ich: «Unorganisierter Blindgänger!» Was ich Sie aber nicht merken lasse – Sie sollen arglos ins Gespräch gehen!
- *Sie präsentieren sich/Fragen zu Ihrem Werdegang:* Sie haben das erste Wort, können Ihren Berufsweg präsentieren. Verwenden Sie keine blutleeren Floskeln («Ich bin engagiert!»), sondern schildern Sie mir Beispiele («Ich habe eine neue EDV eingeführt, und zwar so …»). Rechnen Sie mit Nachfragen zu Ihrem letzten Arbeitgeber und zu Ihren Wechselmotiven.

- *Fragen zur Weiterbildung und zu unserem Unternehmen:* Sind Sie ein Experte von gestern – oder halten Sie Ihr Wissen auf dem neuesten Stand? Und: Wie gut sind Sie auf dieses Gespräch vorbereitet? Kennen Sie unsere Firmenstrategie, die Produkte, den Geschäftsbericht, die Wettbewerber, den Internetauftritt usw.? Haben Sie sich gar einen persönlichen Eindruck verschafft, etwa durch einen Probekauf in einer Filiale (großer Vorteil!)?
- *Fragen zu Freizeit und Familie:* Ihre Hobbys verraten mir, was Sie wirklich motiviert – vielleicht so sehr, dass die Arbeit leidet! Ihre Familie ist im Idealfall eine Tankstelle, wo Sie Erholung zapfen – statt Kraft zu lassen.
- *Informationen zur Stelle und zum Unternehmen:* Ich präsentiere die Firma mit einem Tusch. (Nur Anfänger tun dies bereits zur Eröffnung des Gesprächs; das verrät Ihnen mehr als nötig!) Sie können Fragen stellen, Interesse und Intellekt beweisen. Es sei denn, Sie erkundigen sich nach Punkten, die längst geklärt sind (begriffsstutzig!). Oder nach möglichen Tabuthemen wie zum Beispiel «Warum gibt's hier eigentlich keinen Betriebsrat?» (Querulant!).
- *Vertragsfragen:* Jetzt geht es vor allem ums Gehalt. Ich werde so tun, als seien die Spielräume gering. Doch für einen besonderen Bewerber sind auch immer besondere Konditionen drin (siehe Seite 245).
- *Gesprächsabschluss:* Ich fasse unser Gespräch kurz zusammen und erkundige mich, ob Sie Interesse an einem Zweitgespräch haben. Bejahen Sie unbedingt; absagen können Sie immer noch! Dann erkläre ich Ihnen das weitere Vorgehen.

Sie fragen sich, was das Zweitgespräch eigentlich soll? Zum einen möchte ich als Chef meinen Eindruck überprüfen: Überspringen Sie erneut die Messlatte – oder hatten Sie nur einen Glückstag? Zum anderen verschiebt sich der Schwerpunkt, oft durch neue Gesprächspartner. In der ersten Runde hatten Sie es nur mit dem Personalchef zu tun? Dann ist Ihr Fachwissen noch ungeprüft – und ich als Abteilungsleiter fühle Ihnen auf diesen Zahn. Falls Sie dagegen Ihren

Sachverstand schon bewiesen haben, könnte jetzt Ihre soziale Kompetenz auf dem Prüfstand stehen.

Ein Spiel wird bekanntlich in der zweiten Halbzeit entschieden – und die müssen Sie erreichen! Das bedeutet: Im Erstgespräch halten Sie sich mit Forderungen zurück, stellen Ihre Qualitäten in den Vordergrund und sammeln Informationen über die offene Stelle. Und im Zweitgespräch, wenn ich angebissen habe, ziehen Sie den Vertrag an Land.

> *Geheimnis: Die meisten Chefs reisen beim Vorstellungsgespräch nicht ins Blaue, sondern sie klappern immer wieder dieselben Stationen ab.*
>
> *Tipp für Sie: Bereiten Sie sich auf die einzelnen Fragenkomplexe gründlich vor. Dann erreichen Sie Ihr Ziel: ein Angebot!*

Profil zeigen – aber richtig!

Meine Stellenausschreibung ist ein Hilferuf: Ich stehe vor einem Problem, einem Loch in der Personaldecke, das ich dringend stopfen muss. Vielleicht ist der alte Stelleninhaber abgesprungen. Oder die Arbeit wächst uns über den Kopf. Oder ein neuer Aufgabenbereich erfordert neue Mitarbeiter.

Können Sie mich im Vorstellungsgespräch überzeugen, dass Sie meine Probleme lösen? Dann werde ich Sie als Erlöser einstellen! Zunächst müssen Sie also herausfinden: Welches ist eigentlich mein Problem? Am besten gehen Sie in drei Schritten vor:
1. Studieren Sie die Stellenausschreibung gründlich. Welche Anforderungen sind Bedingungen («ist erforderlich»), welche nur wünschenswert («wäre von Vorteil»)? Was erfahren Sie über die Position? (Neu zu besetzen, neu geschaffen?) Stimmen Sie Ihre Selbstpräsentation darauf ab.
2. Holen Sie alle möglichen Informationen über mein Unternehmen und seine Strategie ein. Wie passt die ausgeschriebene Stelle in dieses Puzzle? Welcher Mitarbeitertyp entspricht dem Image

des Unternehmens? Heben Sie hervor, was Sie für die zu besetzende Stelle prädestiniert!
3. Fassen Sie telefonisch nach, um weitere Auskünfte über die Stelle zu bekommen. Das zeugt von Initiative und Interesse, hebt Sie aus der Masse. Sicher werde ich mit Informationen nicht geizen – am Telefon kosten sie ja nichts, während jede Zeile einer Anzeige am Etat knabbert. Oft souffliert Ihnen auch meine Sekretärin, die mich perfekt kennt, die Stichwörter für Ihren Auftritt.

Sehen Sie Ihren beruflichen Lebenslauf wie ein Kartenspiel: Sie entscheiden selbst, welche Trümpfe Sie aufdecken – und welche Karten besser nicht. Das hat nichts mit Schwindelei zu tun, nur mit geschickter Informationsauswahl. Bei jeder Stelle stechen andere Trümpfe. Stimmen Sie Ihre Erfahrungen, Kenntnisse und Fähigkeiten perfekt auf die vakante Stelle ab. Ein paar Beispiele:

Erfahrung
Was haben Sie bisher in Ihrem Berufsleben auf die Beine gestellt? Idealerweise merke ich: Mein Problem ist für Sie kein Neuland – sondern Sie kennen sich auf diesem Feld bestens aus!
Beispiel: Vielleicht geht aus der Anzeige hervor, dass es sich um eine Position handelt, die aufgrund von Wachstum neu geschaffen wurde. Ich suche einen Mitarbeiter «mit Pioniergeist, der unter anderem die Infrastruktur entwickelt und sich um organisatorische Belange kümmert».
Treffer: Sie haben gerade einen neuen Bereich in Ihrer jetzigen Firma aufgebaut und schildern, wie Sie dabei vorgegangen sind.
Eigentor: Dieselbe Erfahrung kann aber auch gegen Sie sprechen. Zum Beispiel, wenn ich einen Mitarbeiter suche, «der die Geschäfte des bisherigen Stelleninhabers mit Erfolg fortführt». Meine Angst: Als «Pionier» krempeln Sie zu viel um – und verschlimmbessern bloß!

Kenntnisse

Womit kennen Sie sich aus? In welchen Bereichen haben Sie sich durch Ihre Ausbildung, Ihre Fortbildung und Ihren bisherigen Berufsweg besonders entwickelt? Im Idealfall ist Ihr Können der Schlüssel zu meiner Problemtür.

Beispiel: Ich lasse in der Anzeige durchblicken, dass wir ein «international operierendes Unternehmen» sind und setze «ausgeprägte Fremdsprachenkenntnisse als unabdingbar» voraus.

Treffer: Natürlich können Sie mit Ihren Russisch- und Japanischkenntnissen punkten – zumal dann, wenn Sie bei Ihrer Recherche festgestellt haben, dass Geschäftsbeziehungen in diese Länder bestehen.

Eigentor: Aus der Anzeige geht hervor, dass wir ein «national operierendes Unternehmen» sind. Dann betrachte ich Sie durch Ihre Fremdsprachen als überqualifiziert. Zu groß ist die Gefahr, dass Sie schon bald abwandern, um Ihre Kenntnisse andernorts einzusetzen.

Fähigkeiten

Welche Talente und Anlagen stecken in Ihnen? Idealerweise verfügen Sie über Qualitäten, die zu meiner Stelle wie der Deckel auf den Topf passen.

Beispiel: Ich suche laut Anzeige einen «kreativen Kopf» für ein «innovatives Projekt, das lösungsorientiertes Denken abseits der Konventionen» erfordert.

Treffer: Legen Sie dar, wie kreativ und unkonventionell Sie bei der Problemlösung vorgehen. Geben Sie Kostproben aus Ihrem bisherigen Berufs- und Privatleben. Und machen Sie Vorschläge, wie Sie mein Problem aus der Welt zaubern könnten.

Eigentor: Ihre Kreativität schreckt mich ab, falls ich einen Mitarbeiter in «verwaltender Funktion» suche; wenn ich «kreativ» höre, denke ich «Chaos»! Außerdem würden Sie sich zu Tode langweilen.

Nicht Ihre Qualitäten an sich machen Sie zu meinem Traumbewerber – entscheidend ist die Schnittfläche zwischen Ihrem Angebot und meiner Nachfrage. Je größer Sie diese Fläche durch geschickte

Selbstpräsentation halten, desto größer sind Ihre Chancen auf meine Zusage!

> **Geheimnis:** Ihre Qualifikation kann zum Bumerang werden – zum Beispiel dann, wenn der Chef sieht, dass sie in der neuen Position brachliegen würde.
>
> **Tipp für Sie:** Stimmen Sie Ihre Selbstpräsentation perfekt auf die freie Position ab. Lassen Sie Qualitäten, die nicht gefragt sind, unbedingt im Hintergrund.

Von der Kunst, zwei Chefs zu überzeugen

Oft haben Sie es beim Vorstellungsgespräch mit zwei Exemplaren der Gattung Chef zu tun: mit mir, dem Fachvorgesetzten, und mit dem Personalchef. Nun müssen Sie vorgehen wie ein Architekt, der ein Ehepaar von seinem Entwurf überzeugen will: Dem Mann, einem Bastler, macht er den großzügigen Hobbyraum schmackhaft. Die Frau, eine Sonnenanbeterin, ködert er mit der Südterrasse.

Nur wenn Sie *beide* Gesprächspartner überzeugen, wird Ihnen der Triumphzug in die neue Firma gelingen. Aber welcher Chef will was?

Mir als Fachvorgesetztem geht es ums «Handwerkliche»:
- Wie steht es mit Ihrem Sachverstand? Sind Sie in der Materie wirklich zu Hause? Ist Ihr Wissen auf dem neusten Stand?
- Inwiefern können Ihre Ausbildung und Ihre Erfahrungen für mich und meine Abteilung nützlich sein?
- Denken wir fachlich in einer Richtung – oder droht zwischen uns «Expertenstreit»?
- Verströmen Sie den für meine Abteilung typischen Stallgeruch? Sprechen wir eine (Fach-)Sprache?

Der Personalchef achtet eher auf Ihre Persönlichkeit, Ihre Schlüsselqualifikationen und aufs Formale:

- Waren Ihre Bewerbungsunterlagen komplett und glaubwürdig? Welche Fragen sind noch offen?
- Was motiviert Sie zu dem Wechsel? Warum geben Sie (eventuell) eine andere Stelle auf?
- Welche Rückschlüsse lässt Ihr Auftritt zu: Kleidung, Körpersprache, Ausdrucksweise?
- Wie steht es mit Ihrer Teamfähigkeit? Verfügen Sie über emotionale Intelligenz?

Vernachlässigen Sie keinen am Tisch, weder mit Worten noch mit Blicken. Mich als Fachvorgesetzten können Sie gewinnen, indem Sie einschlägige Fragen auf Fachchinesisch beantworten. Dann versteht der Personalchef kein Wort – wertet es aber als Zeichen sozialer Kompetenz, dass Sie ihm die Übersetzung nachliefern.

Wenn Sie den Raum verlassen haben, tauschen wir Chefs unsere Eindrücke aus. In größeren Unternehmen auf Formularen, die wir streng vor den Blicken der Bewerber hüten – sonst wüssten Sie ja, wie Sie uns um den Finger wickeln können!

Das Formular auf der folgenden Doppelseite wird so – oder ähnlich – von vielen Unternehmen verwendet. Pro Punkt kreuzen wir Chefs eine Note von 1 (über Durchschnitt) bis 5 (unter Durchschnitt) an. Fällt das Gesamturteil am Ende gegen Sie aus, sind Sie aus dem Rennen – auch falls nur einer gegen Sie votiert; es gilt das Veto-Recht.

Vielleicht haben Sie Lust, sich selbst zu beurteilen. Am besten anhand eines vergangenen Gesprächs: Wo würden Sie sich die besten, wo die schlechtesten Noten geben? Wie können Sie Ihre fachliche Qualifikation und Ihr persönliches Auftreten verbessern, um künftig überall Top-Noten zu erzielen?

Chefformular Bewerbungsgespräch

	Bewertung				
	über Durchschnitt			unter Durchschnitt	
	1	2	3	4	5

1. Berufliches Können

1.1 Ausbildung   1   2   3   4   5
Wird die Ausbildung der zu
besetzenden Stelle gerecht
(Fachrichtung, Abschlüsse)?

1.2 Berufserfahrung   1   2   3   4   5
Allgemeine und spezifische
Berufserfahrung, ausschließlich
im Hinblick auf die vakante Stelle.

2. Verhalten im Gespräch

2.1 Auftreten   1   2   3   4   5
arrogant – aufdringlich –
befangen – bescheiden –
distanziert – ernst – forsch –
gehemmt – gewinnend usw.

*2.2 Intellektuelle Leistungs-
fähigkeit/Auffassungsgabe*   1   2   3   4   5
aufgeweckt – denkt gut –
gute/durchschnittliche/
schwerfällige Auffassung –
gesunder Menschenverstand usw.

2.3 Sprachlicher Ausdruck   1   2   3   4   5
(nicht ganz) fehlerlos – flüssig –
präzise – klar – knapp – leicht
missverständlich – macht viele Worte
schlagfertig usw.

| 2.4 Zielstrebigkeit | 1 | 2 | 3 | 4 | 5 |

hat bisher wenig für sein berufliches Fortkommen getan – hat sich selbstständig weiter gebildet – impulsiv – matt – sehr/weniger begeisterungsfähig usw.

3. Gesamturteil

3.1 Eignung für die gebotene Stelle

persönlich	Ja / Nein	1	2	3	4	5
fachlich	Ja / Nein	1	2	3	4	5

> **Geheimnis:** Gewöhnlich hat jeder Chef, der an dem Gespräch teilnimmt, ein Veto-Recht. Wenn einer gegen Sie stimmt – Personal- oder Fachchef –, sind Sie aus dem Rennen.
>
> **Tipp für Sie:** Überzeugen Sie beide: den Fachchef durch Sachverstand, den Personalchef durch Persönlichkeit und soziale Kompetenz.

Der Chef auf Lügenjagd

Als kluger Kopf werden Sie mir Tatsachen, die für Sie ungünstig sind, nicht auf dem Silbertablett servieren. Mir bleibt keine Wahl: Ich muss mich auf eine Art Wettkampf mit Ihnen einlassen. Sie tun alles, um Ihre Schwächen und Schwindeleien zu verbergen; ich dagegen bin eifrig bemüht, sie ans Licht zu ziehen.

Was die Wahl meiner Mittel angeht, bin ich dabei ausgebufft. Vor allem vier Fragetypen, die Ihnen gefährlich werden können, werden mir auf Seminaren zur Personalauswahl beigebracht:

Trichterfrage

Prinzip: Ich stelle Ihnen eine ziemlich allgemeine Eröffnungsfrage, die Sie zu einer leichtfertigen Antwort verleiten kann. Dann ziehe ich den Trichter durch Detailfragen enger und enger.

Beispiel: «Haben Sie schon mit der Meyer KG kooperiert?» Ihnen entflutscht ein «Ja» (obwohl Sie die Firma nur vom Namen kennen). Ich frage nach: «Mit welcher Abteilung?», «Mit welchem Ansprechpartner?» Und schließlich: «Wie heißt noch gleich der Einkaufsleiter?» Das war's!
Tipp für Sie: Überlegen Sie gut, was Sie auf eine scheinbar harmlose Eröffnungsfrage antworten – ich könnte eine Schrotladung gefährlicher Detailfragen hinterherschießen!

Fangfrage

Prinzip: Ich stelle Ihnen eine Frage, die Sie zu einer Schwindelei verführen kann. Es bedarf großer Charakterfestigkeit, dieser Einladung zu widerstehen!
Beispiel: «Kennen Sie die Zeitschrift ‹Werbung und Service›?»
  Sie nicken – obwohl es diese Zeitschrift nicht gibt! Daraus schließe ich auf mangelndes Selbstbewusstsein; sonst hätten Sie «Nein» gesagt! Wenn Sie meine weiteren Fragen, etwa zur Qualität der Artikel, ausführlich kommentieren, habe ich Sie als Schaumschläger enttarnt!
Tipp für Sie: Kleine Wissenslücken werden Ihnen das Genick nicht brechen – falsche Antworten auf Fangfragen sehr wohl!

Kontrollfrage

Prinzip: Ich wittere eine Lüge – zum Beispiel durch einen Widerspruch zwischen Ihren mündlichen Aussagen und Ihren Bewerbungsunterlagen. Mithilfe einer Kontrollfrage hake ich nach.
Beispiel: «1994 haben Sie die Müller GmbH auf eigene Initiative verlassen – ist das richtig?» Wenn Sie Ihre mündliche Aussage erneut bestätigen, konfrontiere ich Sie mit einer Stressfrage: «Aus Ihrem Arbeitszeugnis geht hervor, dass das Arbeitsverhältnis von Seiten der Firma beendet wurde. Was stimmt denn nun?»
Tipp für Sie: Schwindeln Sie niemals dort, wo es sich nachprüfen lässt! Sonst legen Sie sich selbst die Schlinge um den Hals.

Vertiefungsfrage
Prinzip: Sie sprechen in abstrakten Worten von Ihren Eigenschaften. Ich bitte Sie, durch ein Beispiel aus Ihrem Alltag anschaulich zu werden, damit ich Wunsch und Wirklichkeit unterscheiden kann.
Beispiel: «Sie bezeichnen sich als ‹stressfähig›. Können Sie ein Beispiel erzählen, wie sich das im Alltag bemerkbar macht?» Nun müssen Sie blitzschnell ein Erlebnis aus dem Ärmel schütteln. Verdammt schwierig! Entweder Ihnen fällt nichts ein. Keine Antwort ist auch eine! Oder Sie reden ungewollt Klartext – indem Sie zum Beispiel schildern, dass Ihnen Ihr Chef «immer wieder enge Termine» setzt, die Sie aber «irgendwie doch» einhalten. (Aha, Sie haben also ein Problem mit Ihrem Chef und leiden unter Termindruck! Und «irgendwie doch schaffen» heißt wohl: unter Stress und chaotisch!)
Tipp für Sie: Sie müssen in der Lage sein, alle abstrakten Selbsteinschätzungen («Bin flexibel, kundenfreundlich, aufgeschlossen» usw.) mit konkreten Beispielen aus Ihrer Arbeitspraxis zu belegen. Vorher üben!

Und was, wenn Sie mir trotz allem auf den Leim gehen? Für diesen Fall sollten Sie noch einmal das Kapitel «Der Lügendetektor» (Seite 119) lesen. Dort steht, welche Signale Sie als Lügner enttarnen könnten – und was Sie folglich vermeiden sollten!

> *Geheimnis:* Oft verlockt Sie der Chef mit harmlosen Einstiegsfragen zu unbedachten Antworten. Dann hakt er nach und eine Schwindelei fliegt möglicherweise auf.
>
> *Tipp für Sie:* Seien Sie gerade bei den ersten Fragen zu einem neuen Thema vorsichtig. Erst wenn Sie wissen, wohin die Reise geht, können Sie rhetorisch Gas geben.

Die gefährlichsten Fragen – die besten Antworten

Meine gefährlichsten Fragen haben eines gemeinsam: Sie kommen völlig harmlos daher! Ihre innere Ampel springt auf Grün: «Keine Gefahr», denken Sie, «ich kann frei von der Leber weg antworten.» Genau das möchte ich erreichen! Sie sollen nicht in Deckung gehen wie bei offensichtlichen «Stressfragen», nicht jedes Ihrer Worte auf die Goldwaage legen. Ich will Sie arglos plaudern hören. Dabei legen Sie Schwächen offen, ohne es überhaupt zu merken.

Im Folgenden zeige ich Ihnen die «Fettnäpfchen», in die ich Sie mit scheinbar harmlosen Standardfragen locken kann – und schlage Ihnen jeweils einen Ausweg («Gegenstrategie») vor.

Welche Unterrichtsfächer fielen Ihnen in der Schule am schwersten?

Fettnäpfchen: Ich spekuliere darauf, dass Sie freimütig antworten – die Schulzeit ist lange her! Doch manche Schwächen bleiben lebenslang. Ihre Abneigung gegen Ballspiele im Sportunterricht könnte ein Hinweis auf mangelnde Teamfähigkeit sein.

Gegenstrategie: Nennen Sie am besten ein Fach, mit dem Sie zeitweise Schwierigkeit hatten. Und schildern Sie, wie Sie doch noch auf den grünen Zweig gekommen sind. So stehen Sie vor mir als Problemlöser da – genau so einen suche ich!

Welche Fortbildungen haben Sie in den letzten Jahren besucht?

Fettnäpfchen: Wenn Sie die Kurse nur so runter rattern, denke ich: Offenbar ziehen Sie Seminare der Arbeit vor – kosten Geld, statt welches zu bringen. Wenn Sie nie auf Fortbildung waren, frage ich mich: Ist Ihr Wissen auf dem neusten Stand? Wie flexibel sind Sie?

Gegenstrategie: Falls Sie oft auf Fortbildung waren: Stellen Sie das als gängige Personalentwicklung in Ihrem alten Unternehmen dar. (Sie sind also kein Fortbildungs-Querulant!) Und machen Sie mir anschaulich, wie Sie Ihr Wissen in der neuen Position einbringen könnten.

Falls Sie kaum auf Fortbildung waren: Heben Sie durch Beispiele hervor, dass Sie sich in Ihrer Freizeit autodidaktisch weitergebildet haben. (Sieht so aus, als wären Sie hoch motiviert!)

Welche Vorteile haben Sie sich bei Ihrem letzten Stellenwechsel erhofft?
Fettnäpfchen: Ich schleiche mich von hinten an, um die Motive für Ihren jetzigen Wechsel zu erfragen. Wenn Sie damals, was Sie eher bekennen werden, «ausschließlich das Gehalt» gelockt hat: Sieht es diesmal nicht ähnlich aus? Wandern Sie bei erster Gelegenheit ab?
Gegenstrategie: Stellen Sie immer die Herausforderung am (damals) neuen Arbeitsplatz in den Mittelpunkt. Legen Sie die Betonung auf ähnliche Aufgaben, wie sie nun erneut anstehen würden.

Warum haben Sie bisher recht häufig/recht selten Ihren Arbeitsplatz gewechselt?
Fettnäpfchen: Wechsel-Muffel stehen bei mir im Verdacht, dass sie auch sonst unflexible Menschen sind. Dabei würde der Wechsel in meine Firma jede Menge Flexibilität erfordern! Dauer-Wechslern scheint es an innerer Motivation und Ausdauer zu fehlen – und ich habe keine Lust, sie durch ständige «Bravo»-Rufe bei Laune zu halten.
Gegenstrategie: Als Wechsel-Muffel machen Sie mir klar: Sie haben intern immer wieder neue Herausforderungen gefunden. Auch wollten Sie Ihre alten Arbeitgeber um keinen Preis ziehen lassen. Als Dauer-Wechsler unterstreichen Sie Ihre häufig bewiesene Qualität, sich blitzschnell einzuarbeiten – und Ihre gut begründete Absicht, nun endlich sesshaft zu werden!

Was könnte Ihr jetziger Chef nach Meinung Ihrer Kollegen besser machen?
Fettnäpfchen: Meine (projektive) Frage lockt Sie in einen Hinterhalt! Mit großer Wahrscheinlichkeit werden Sie Ihre eigene Meinung in fremde Münder legen. Jede Kritik an Ihrem jetzigen Chef ist für mich ein Warnsignal. Ich weiß: An seiner Stelle sticht Ihre spitze Zunge demnächst mich!
Gegenstrategie: Antworten Sie offensiv: «Für die Kollegen kann ich nicht sprechen. Ich präsentiere meine Verbesserungsvorschläge dem Chef offen – und er greift Sie oft dankbar auf. So habe ich neu-

lich ...» (Mir wird klar: Sie flüstern nicht heimlich über Ihren Chef – sondern Sie bringen ihn konstruktiv voran! Genau davon träume ich.)

Was wollen Sie in fünf Jahren erreicht haben?
Fettnäpfchen: Ich möchte hören, ob wir nur ein Sprungbrett für Sie sind. Vielleicht wollen Sie «eine Entwicklungsabteilung leiten», aber bei uns ist gar keine solche Position in Aussicht. Völlige Ambitionsarmut («Ich bin mit dem Erreichten zufrieden») spräche ebenfalls gegen Sie: Wollen Sie bei uns nur die Rente abwarten?
Gegenstrategie: Falls die neue Position keine Aufstiegschance bietet: Beschreiben Sie, wie Sie Ihr Fachwissen im Sinne der Firma perfektionieren wollen. Falls ein Aufstieg möglich scheint: Bekennen Sie, dass Sie auf mittlere Sicht mehr Verantwortung übernehmen wollen. Intelligente Gegenfrage: «Welche Aufstiegschancen können Sie mir bieten?»

In welchen Bereichen Ihrer Arbeit wollen Sie sich entwickeln?
Fettnäpfchen: Verdeckte Frage: «Welches sind Ihre Schwächen?» Natürlich habe ich nicht vor, als Ihr Ausbilder oder Fortbildungssponsor in Erscheinung zu treten. Ich heuere Sie an, damit Sie Probleme lösen – statt mir welche zu machen.
Gegenstrategie: Nennen Sie einen Bereich Ihres Fachgebiets, der erst in Zukunft gefragt sein wird. So machen Sie die Not zur Tugend: Statt eine Schwäche zu entblößen, beweisen Sie Weitblick.

Sie nennen Bergsteigen als Hobby – wie sah denn Ihre letzte Tour aus?
Fettnäpfchen: Leben Sie nur für Ihr Hobby – und sehen die Arbeit als lästige Geldbeschaffung? Muss ich damit rechnen, dass Sie dauernd mit Sportverletzungen wie gebrochenen Knochen im Krankenhaus und mir auf der Tasche liegen?
Gegenstrategie: Stellen Sie Ihr Hobby immer als Nebensache und nützlich für die Erholung dar. Der Beruf steht für Sie im Vordergrund! Und relativieren Sie die Gefährlichkeit: «Meine letzte Tour

liegt schon sechs Monate zurück. Eher eine erholsame Bergwanderung in frischer Alpenluft.»

Was würde Ihre Familie zu dem Wechsel sagen?
Fettnäpfchen: Vielleicht erzählen Sie stolz, Ihr Partner hätte Sie auf die Stellenanzeige aufmerksam gemacht. (Fehlt Ihnen etwa die Eigenmotivation?!) Oder Sie kündigen bei einem Ortswechsel an, dass Sie am Wochenende pendeln wollen. (Keine Rückendeckung am neuen Ort! Womöglich zerreiben Sie sich zwischen Junggesellenhaushalt, Autobahn und Beziehungskrise. Für die Arbeit bleibt kaum Energie!)
Gegenstrategie: Signalisieren Sie immer, dass Ihre Familie hinter Ihnen steht. Falls Sie alleine umziehen wollen, ist das «nur eine Lösung für den Übergang». Später können Sie Ihre Meinung immer noch ändern ...

Worauf sind Sie in Ihrem Leben besonders stolz?
Fettnäpfchen: Die Antwort verrät, wo Sie Ihre Prioritäten sehen: im Privatleben («Auf meinen Sohn!») – oder im Beruf («Auf meine letzte Beförderung!»). Auch spricht es Bände, ob Sie eine Einzel- oder eine Teamleistung nennen.
Gegenstrategie: Nennen Sie Erfolge im Beruf – möglichst solche, die an Ihrem neuen Arbeitsplatz ebenso erwünscht wären. Falls ausdrücklich ein Teamplayer gesucht wird, sollten Sie einen Mannschaftserfolg nennen («Wir haben mit unserer Projektgruppe ...»).

Welches sind Ihre größten Stärken/Schwächen?
Fettnäpfchen: Vielleicht nennen Sie eine Stärke, die gar nicht zur Aufgabe passt. Was hilft es mir, dass Sie ein kreativer Kopf sind, wenn ich nur einen Verwalter suche? Wenn Ihnen keine Schwäche einfallen will, schließe ich auf Selbstüberschätzung – oder Mangel an Ehrlichkeit.
Gegenstrategie: Nennen Sie unbedingt eine Stärke, die zur neuen Aufgabe passt – zum Beispiel Organisationstalent, falls Sie einen Arbeits-

bereich umstrukturieren sollen. Bei der Schwäche verfahren Sie umgekehrt. Was kümmert mich Ihr mangelndes Französisch, falls wir nur national operieren?

Geht es Ihnen beim Wechsel um das Gehalt – oder doch eher um eine spannende Herausforderung?
Fettnäpfchen: Wenn Sie das Gehalt nun kleinreden, präsentiere ich Ihnen bei der folgenden Verhandlung die Quittung: «Aber Sie haben doch gesagt ...» Wenn Sie dagegen Dollar-Zeichen in den Augen haben, zweifle ich an Ihrer inneren Motivation.
Gegenstrategie: Betonen Sie, dass beides für Sie wichtig ist: die Herausforderung und das Gehalt. Motto: Erst will ich bei der Jagd auf den Bären das meine tun – dann möchte ich an seinem Fell beteiligt sein.

> *Chef-Geheimnis:* Gerade Fragen, die scheinbar nichts mit Ihnen zu tun haben, können die gefährlichsten sein. Etwa: «Was sagen Ihre Kollegen über den Chef?»
>
> *Tipp für Sie:* Denken Sie immer daran: Aus jeder Antwort werden Rückschlüsse auf Sie und auf Ihr künftiges Verhalten gezogen. Niemals Kritik am alten Chef üben – nicht mal aus dem Munde Dritter.

Gehaltsrakete: So starten Sie durch!

Viele Bewerber stolpern über ihren Gehaltswunsch. Nicht, weil sie zu gierig sind – sondern zu bescheiden! Malen Sie sich aus, Sie haben mich von Ihren Qualitäten überzeugt. Ich halte Sie für ein Spitzenprodukt, das ich kaufen will. Aber kurz vor Ende des Gesprächs erfahre ich: Sie sind für einen Schleuderpreis zu haben!
Zweifel packen mich. Warum sind Sie so billig? Ich denke:
- Ihr Gehaltswunsch ist geschmolzen, weil Sie bei anderen Firmen abgeblitzt sind. Warum will Sie keiner haben? Übersehe ich den Pferdefuß?

- Sie wollen Ihre alte Firma um jeden Preis verlassen. Ärger mit dem Chef? Grobe Fehler? Alkohol?
- Sie haben im Vorstellungsgespräch Wasser als Wein gepriesen – und sich jetzt beim Preis verraten?

Eine saftige Gehaltsforderung würde mich dagegen in meiner Einschätzung bestärken: Ich halte Sie für eine Spitzenkraft, sonst hätte ich Sie nicht unter all den Bewerbern ausgesucht. Und Qualität hat ihren Preis – im Gegensatz zu Ramsch!

Ihr Ausgangsgehalt muss kein Hindernis sein; Sie können es verschweigen. Das lasse ich mir sogar gefallen, wenn Sie's geschickt anstellen: «Ich bitte Sie um Verständnis, dass ich mit Dritten über mein Gehalt nicht sprechen darf. Das habe ich meinem Chef bei der Einstellung versichert. Sogar schriftlich.»

So wird die Not zur Tugend: Statt mich vor den Kopf zu stoßen, geben Sie mir eine Kostprobe Ihrer Cheftreue. Solche Mitarbeiter wünsche ich mir!

Stellen Sie keine Forderung in den Raum – spielen Sie den Ball zu mir: «Welcher Etat ist denn für die Stelle vorgesehen?» Tatsächlich habe ich ein Budget und sogar ein gewisses Interesse daran, es voll auszugeben – sonst streicht der Controller womöglich den Rest! So sind manchmal deutlich mehr als die üblichen 15 bis 20 Prozent über Ihrem Ausgangsgehalt drin.

Reden Sie immer von der Jahresvergütung – aus dem Monatsgehalt geht nicht hervor, ob Sie beispielsweise mit Weihnachtsgeld, Urlaubsgeld oder Prämie rechnen dürfen. Und das macht oft den Unterschied!

Und wenn Sie Ihr altes Gehalt doch offenlegen müssen? Dann hilft Ihnen das Arbeitsrecht: Falls Ihre neue Aufgabe andere Qualitäten als die alte erfordert, ist das Schwindeln ausdrücklich erlaubt.

Beim Wechsel zum Jahresbeginn kriege ich Ihre alte Lohnsteuerkarte nicht zu Gesicht. Auch während des Jahres kann ich nicht nachvollziehen, ob Sie am Jahresende eine Prämie, eine Gratifikation oder sonstige Zusatzleistungen bekommen hätten.

Die Kunst besteht darin, meinen Etat auszuschöpfen, ohne den

Bogen zu überspannen. Wichtige Schlüsse auf die Etathöhe können Sie aus Ihrem Vorgänger schließen. Je älter und je qualifizierter er war, desto höher dürfte die Stelle dotiert sein.

Bleibt die Frage: Wann kommen Sie aufs Gehalt zu sprechen? Möglichst spät! Das hat zwei Gründe, einen psychologischen und einen taktischen.

Der psychologische Grund: Wenn Sie mir erst den Mund wässrig machen, indem Sie Ihre Qualitäten schildern, kann mich der Preis später kaum bremsen. Umgekehrt hätten Sie mir den Appetit von Beginn an verdorben!

Der taktische Grund: Das erste Gespräch gleicht einer Vorauswahl. Oft sprechen Sie mit dem Personalchef oder mit meinem Stellvertreter. Die fühlen sich akribisch an die Etatvorgabe gebunden – wenn Ihre Forderung nur einen Euro über dem Etat liegt, können Sie aus dem Rennen sein.

Beim Zweitgespräch haben Sie bessere Chancen: Ich sitze mit am Tisch und entscheide. Für eine Spitzenkraft werde ich den Etat auch um ein paar Euro überziehen – schließlich wird der Glanz Ihrer Arbeit auf mich zurückfallen!

Geheimnis: Chefs schließen aus einer geringen Gehaltsforderung oft auf geringe Qualitäten – oder darauf, dass Sie dringend auf einen Arbeitsplatz angewiesen sind.

Tipp für Sie: Sehen Sie sich als Spitzenware. (Warum sonst sollte der Chef von all den Bewerbern ausgerechnet Sie einstellen wollen?) Und verlangen Sie auch einen Spitzenpreis – also im oberen Drittel des Üblichen.

CHEF-TÜV: Verhandelt Ihr Chef skrupellos?

Bei den folgenden Fragen geht es wieder um Ihren eigenen Vorgesetzten. Kreuzen Sie jeweils eine Lösung an. Am Ende erfahren Sie, ob Ihr Chef fair oder skrupellos verhandelt.

1. Ihr Chef muss eine Rede halten, um Ihnen und Ihren Kollegen eine unangenehme Tatsache mitzuteilen. Wie, glauben Sie, schlägt er sich?
   a) Er spricht Klartext – auch auf die Gefahr, dass nicht alle applaudieren.
   b) Er verkauft jedem Eskimo einen Kühlschrank. Erst später wird klar, was er da gesagt hat!
   c) Er lobt erst, spricht von Erfolgen und rückt dann mit der bitteren Wahrheit raus.
   d) Er ist so aufgeregt, dass man es ihm anmerkt und schon im Voraus ahnt, worauf er hinaus will.

2. Welche Körpersprache ist typisch für Ihren Chef bei öffentlichen Auftritten?
   a) Theatralisch wie ein Politiker vor Kameras.
   b) Er fummelt oft im Gesicht herum und tippelt von einem Bein aufs andere.
   c) Sein Körper spricht besonders dann, wenn ihn der Inhalt seiner Rede selbst bewegt.
   d) Er lässt seinen Blick gezielt durch die Reihen wandern und fixiert vor allem die (noch) nicht Überzeugten.

3. Ihr Chef will Sie von einer Reform überzeugen, der Sie skeptisch gegenüberstehen. Welches Vorgehen passt zu ihm?
   a) Er druckst herum, weil er eine offene Diskussion mit mir scheut.
   b) Er verweist mich darauf, es hätten «bislang alle halbwegs vernünftigen Mitarbeiter» seiner Idee zugestimmt.
   c) Er hebt nur die positive Seite hervor, während er sich über den Rest ausschweigt.
   d) Er sagt klar, was er will, nimmt meinen Widerspruch an – und versucht dann, eine gemeinsame Lösung zu entwickeln.

4. Ihr Chef hat eine brisante Verhandlung mit Ihnen zu führen. Womit haben Sie, nach Ihrer Erfahrung, zu rechnen?

a) Er wird mir die kritischen Punkte so geschickt verkaufen, dass ich auf der Hut sein muss, sie überhaupt zu bemerken.
b) Wir tauschen unsere Argumente in ruhiger Atmosphäre aus. Bei seiner Entscheidung berücksichtigt er das Für und Wider.
c) Er verhaspelt sich öfter und bringt seine Sätze kaum zu Ende.
d) Er fällt mir oft ins Wort – meist dann, wenn ich gerade zu guten Argumenten anhebe.

5. Ihr Chef will etwas herausfinden, mit dem Sie nicht rausrücken wollen. Zu welchem Vorgehen wäre er fähig?
a) Er spricht mit mir darüber, was mich am Reden hindert. Gleichzeitig betont er, warum die Antwort so wichtig für ihn ist.
b) Er kann nach meinen Antworten brutal schweigen – so lange, bis ich doch noch mehr sage, als ich eigentlich wollte.
c) Er beschreibt, wie hoch er doch Aufrichtigkeit bei seinen Mitarbeitern schätzt und anerkennt.
d) Er jammert, wie schwer es ihm Mitarbeiter wie ich machen.

6. Wie ehrlich schätzen Sie Ihren Chef im Mitarbeitergespräch ein, wenn es um Ihre Karriereaussichten geht?
a) Er behauptet, dass ihm von oben die Hände gebunden seien. Bei seinem Ruf tatsächlich möglich!
b) Er verspricht mir das Blaue vom Himmel – wenn's nur seinem Vorteil dient!
c) Auf sein Wort ist Verlass.
d) Er malt mir eine «glänzende Zukunft» aus – wird auf Nachfragen aber nicht konkret.

7. Sie fragen Ihren Chef nach einer Gehaltserhöhung. Welche Reaktion passt zu ihm?
a) Er wird auf den Oberboss verweisen, der angeblich keinen Euro rausrückt.

b) Er wird mit Begründung zustimmen oder ablehnen – je nachdem, wie zufrieden er mit meiner Leistung ist und was der Etat hergibt.
c) Er wird grundsätzlich zustimmen – mich aber auf die Zukunft vertrösten.
d) Er springt im Dreieck oder bedauert mit Engelszungen – je nachdem, wie er glaubt, meine Forderung am leichtesten abwehren zu können.

8. Ihr Chef führt ein Einstellungsgespräch. Teilt er es dem Bewerber mit, falls zahlreiche Überstunden anfallen?
a) Er belässt es bei Andeutungen, weil er fürchtet, der Bewerber könnte abspringen.
b) Kein Wort! Er präsentiert eiskalt die Vorzüge der Stelle.
c) Er sagt es positiv: «Die Auftragslage ist so gut, dass wir alle kaum mit der Arbeit nachkommen ...»
d) Er spricht an, wie viele Überstunden zu erwarten sind und wie es mit der Entlohnung und dem Freizeitausgleich steht.

Vergleichen Sie Ihre angekreuzten Antworten mit der folgenden Aufstellung. Ordnen Sie die Kreuze zu und zählen Sie am rechten Rand zusammen.

Skrupelloser	1b,	2a,	3b,	4d,	5b,	6b,	7d,	8b =	_____
Schönredner	1c,	2d,	3c,	4a,	5c,	6d,	7c,	8c =	_____
Angsthase	1d,	2b,	3a,	4c,	5d,	6a,	7a,	8a =	_____
Ehrliche Haut	1a,	2c,	3d,	4b,	5a,	6c,	7b,	8d =	_____

Wo stehen die meisten Kreuze? Dann haben Sie Ihren Chef in der Verhandlung wie folgt einzuschätzen:

Skrupelloser: Ihr Chef arbeitet mit allen Tricks! Er sieht eine Verhandlung als Wettkampf – und will gewinnen! Dabei kümmert er sich nicht um die Wahrheit, die Gerechtigkeit oder gar um Ihren Vorteil.

Chance für Sie: Dieser Cheftyp ist leicht zu durchschauen. Lassen Sie sich nicht ins Boxhorn jagen. Falls er mit gezinkten Karten spielt – deuten Sie an, dass Sie das Spiel durchschauen!

Schönredner: Ihr Chef ist ein raffinierter Psychologe. Er will Sie knacken, indem er schöne Worte macht und Ihren (vermeintlichen) Vorteil in den Mittelpunkt stellt. Dabei trägt er oft eine Spur zu dick auf.
Chance für Sie: Dieser Cheftyp versetzt sich immerhin in Ihre Situation. Durch konkrete Nachfragen und Forderungen können Sie zu annehmbaren Abschlüssen kommen.

Angsthase: Ihr Chef fürchtet sich vorm Verhandeln. Er ist Ihnen und dem Oberboss gegenüber unsicher. Seine Rhetorik ist unbeholfen. Wenn er einen austrickst, dann sich selbst. Oder ist er ausgebufft und tut nur hilflos?
Chance für Sie: Bleiben Sie freundlich, aber hartnäckig bei Ihren Forderungen. Ihr Chef hat wenig Rückgrat und gibt in den meisten Fällen nach anfänglichem Widerspruch doch noch nach.

Ehrliche Haut: Ihr Chef spielt mit offenen Karten. Er ist an Lösungen interessiert, die Ihrem und seinem Vorteil dienen. Dabei verzichtet er auf den Griff in die rhetorische Trickkiste.
Chance für Sie: Nehmen Sie das Angebot zum fairen Verhandeln an! Entwickeln Sie vor der Verhandlung Ideen, die dem Vorteil beider Seiten dienen.

Traumberuf: Karrierecoach

Die erste Ausbildung im deutschsprachigen Raum.
8 Module von uns – 1000 Chancen für Sie.

PERSPEKTIVE
«Die Nachfrage nach professionellen Karriereberatern nimmt stetig zu», schreibt das «Manager Magazin.» Bauen Sie sich ein lukratives Geschäft auf.

TRAINER
Martin Wehrle, Autor von «Karriereberatung» (Beltz 2007).
«Sein Erfahrungsreservoir ist eine Fundgrube ...» (FAZ)

IHRE VORTEILE
- alle relevanten Themen (Bewerbung bis Konflikt),
- große Praxisnähe (u. a. reale Klientenberatung),
- berufsbegleitend; Sie schließen mit Zertifikat ab,
- Buchung ohne Risiko: Sie können das erste Modul probeweise besuchen.

Ideal für Fach- und Führungskräfte, Trainer und Coaches, Psychologen und Personaler. Alle Infos zur Ausbildung unter:
www.karriereberater-akademie.de
(mit Gratis-Newsletter und Leseproben)

Wir beraten Sie gerne, auch in allen Karriere-, Gehalts- und Bewerbungsfragen: www.gehaltscoach.de

Weiterführende Literatur

Scott Adams, Das Dilbert-Prinzip, Heyne, 2000
Anne Backer, Arbeitszeugnisse, Haufe, 2008
Petra Begemann, Den Chef im Griff, Eichborn, 2009
Jürgen W. Goldfuß, Endlich Chef, was nun?, Campus, 2006
Daniel Goleman u.a., Emotionale Führung, Econ, 2003
Roger Fisher u.a., Das Harvard-Konzept, Campus, 2009
Jürgen Hesse u.a., Die Neurosen der Chefs, Piper, 1999
John Hoover, Chefs und andere Idioten, Redline, 2007
Heinz Knebel, Das Vorstellungsgespräch, Windmühle, 2011
Jörg Knoblauch, Die Personalfalle, Campus, 2010
Rupert Lay, Führen durch das Wort, Ullstein, 2006
Samy Molcho, Alles über Körpersprache, Mosaik, 2002
Laurence J. Peter u.a., Das Peter-Prinzip, Rowohlt, 2009
Alena Sarholz, Sicherer Umgang mit dem Chef, Haufe, 2010
Friedemann Schulz von Thun, Miteinander reden 1 – 3,
    Rowohlt, 2011
Reinhard K Sprenger, Vertrauen führt, Campus, 2007
Gabriele Stöger, Wie führe ich meinen Chef?, Orell Fuessil, 2008
Martin Wehrle, Geheime Tricks für mehr Gehalt, Econ, 2003
Martin Wehrle, Der Feind in meinem Büro, Econ, 2005
Martin Wehrle, Karriereberatung. Beltz, 2007
Martin Wehrle, Lexikon der Karriere-Irrtümer, 2009
Martin Wehrle, Das Chefhasser-Buch. Knaur, 2009
Martin Wehrle, Am liebsten hasse ich Kollegen, Knaur, 2010
Martin Wehrle, Die 100 besten Coaching-Übungen, Verlag
    managerSeminare, 2010
Martin Wehrle, Ich arbeite in einem Irrenhaus, Econ, 2011

Martin Wehrle war Führungskraft in einem Konzern, ehe seine Erfolgsstory als Berater begann. Heute ist er «Deutschlands bekanntester Karriere- und Gehaltscoach» (so der *Kurier* aus Wien). Ein breites Publikum kennt ihn aus Fernsehen, Zeitschriften und durch seinen Nummer-1-Wirtschafts-Bestseller «Ich arbeite in einem Irrenhaus» (Econ, 2011).

Seine Bücher wurden in sieben Sprachen übersetzt und haben rund um den Globus begeisterte Leser gefunden. Zu den beliebtesten gehören «Geheime Tricks für mehr Gehalt» (Econ, 2003) und «Lexikon der Karriere-Irrtümer» (Econ, 2009). Gleichzeitig schreibt Wehrle Fachbücher, so den Beratungsbestseller «Die 100 besten Coaching-Übungen» (managerSeminare, 2010).

An seiner Hamburger Karriereberater-Akademie leitet er mit großem Erfolg den ersten Ausbildungsgang zum Karrierecoach im deutschsprachigen Raum. Bei diesem Kurs verrät er auch, wie man sich als Coach selbstständig macht, Bücher schreibt und schnell Klienten findet.

Vor seiner Tätigkeit als Coach und Autor hat Martin Wehrle, der gelernter Journalist ist, mehrere Führungspositionen bekleidet. Unter anderem war er Chefredakteur und hat eine Doppelabteilung für ein M-Dax-Unternehmen aufgebaut und geleitet. Mehrfach wurde er für seine Arbeit als Autor ausgezeichnet. Wehrle lebt in der Nähe von Hamburg.